교회의 ROSC

교회의 ROSC

발행일	2025년 10월 31일
지은이	김경민
펴낸이	손형국
펴낸곳	(주)북랩

출판등록	2004. 12. 1(제2012-000051호)
주소	서울특별시 금천구 가산디지털 1로 168, 우림라이온스밸리 B동 B111호, B113~115호
홈페이지	www.book.co.kr
전화번호	(02)2026-5777 팩스 (02)3159-9637
ISBN	979-11-7224-891-8 03230 (종이책) 979-11-7224-892-5 05230 (전자책)

잘못된 책은 구입한 곳에서 교환해드립니다.
이 책은 저작권법에 따라 보호받는 저작물이므로 무단 전재와 복제를 금합니다.
본 도서는 (주)북랩이 보유한 리코 인쇄 장비 등 자체 생산 인프라를 통해 제작되었습니다.

작가 연락처 문의 ▶ ask.book.co.kr
전용 게시판에 문의를 남기시면 저자에게 직접 전달됩니다.

(주)북랩 성공출판의 파트너

북랩 홈페이지와 SNS에서 다양한 출판 솔루션을 만나 보세요!

홈페이지 book.co.kr • 블로그 blog.naver.com/essaybook • 출판문의 text@book.co.kr
카톡채널 북랩

평범한 그리스도인들의 저항과 교회의 개혁

교회의 ROSC

김경민 지음

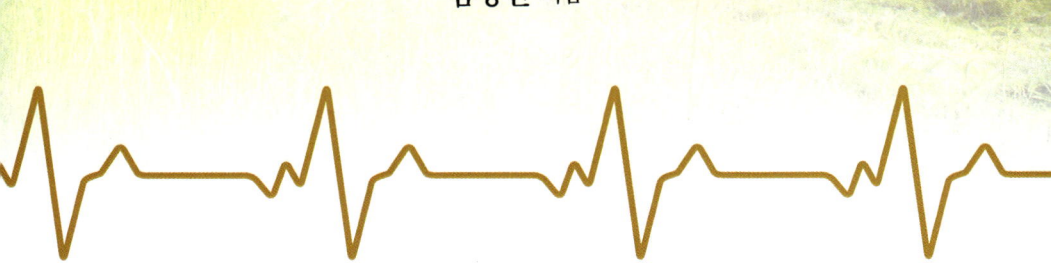

서문
PREFACE

우리의 교회에 예수님이 계실까요?
우리의 교회에 예수님이 계실 수 있을까요?

당신에게는 양심Conscience[1]과 위엄Majesty[2]이 있습니까.
당신은 예수 그리스도를 믿는 사람으로서 선한 양심과 위엄이 있습니까.
예수 그리스도가 없는 믿음을 어떻게 생각하십니까.
예수 그리스도가 없는 교회를 어떻게 생각하십니까.
예수 그리스도가 없는 신앙의 삶을 어떻게 생각하십니까.

---

1) [성경적 의미] 헬라어 '쉬네이데시스'(suneidesis) 보편적인 선(善)에 대해 함께 아는 같은 지식, 공통의 사실을 인식하는 것, 선악을 구별할 수 있는 기능이자 정서. [사전적 의미] 사물의 가치를 변별하고 자기의 행위에 대하여 옳고 그름과 선과 악을 판단하고 선을 명령하며 악을 물리치는 도덕의식.

2) [성경적 의미] 히브리어 '고델'(godel)은 왕 혹은 나무의 크기, 하나님의 능력, 하나님의 인자하심, 하나님 자신의 크심을 나타냄. 의젓하고 엄숙함. 헬라어 '메갈로쉬네'(megalosyne)는 하나님의 명칭으로도 사용됨. [사전적 의미] 존경할 만한 위세가 있어 점잖고 의젓하고 엄숙한 태도나 기세.

당신의 신앙과 믿음은 성경의 신앙과 믿음입니까. 당신의 신앙과 믿음은 예수님의 신앙과 믿음입니까. 우리의 신앙과 믿음이 성경과 무관하다면 어떻게 하시겠습니까. 우리의 신앙과 믿음이 개신교 예수님과 무관하다면 어떻게 하시겠습니까. 우리의 신앙과 믿음이 하나님의 나라와 무관하다면 당신은 어떻게 하시겠습니까.

「비인부전 부재승덕(非人不傳 不才承德)」이란 말이 있습니다. 중국 5호 16국 시대 명필 왕희지가 제자들에게 남긴 유명한 가르침입니다. "사람됨에 문제가 있는 자에게 벼슬이나 재능을 전수하지 말며, 재주나 지식이 덕을 앞서게 해서는 안 된다."라는 뜻입니다.

우리는 신앙 대부분을 목사로부터 배웁니다. 성경에 대하여, 종교와 신학에 대하여, 본질에 대하여, 신앙에 대하여, 하나님에 대하여 목사로부터 가르침을 받고 있습니다.

예수님을 올바르게 알기 위해서는 올바른 가르침이 필요합니다. 하나님의 말씀을 올바르게 깨닫기 위해서는 올바른 가르침이 필요합니다. 성경에서 올바른 가르침의 은사와 사명은 목사에게 주어집니다. 목사는 바른 신학과 성경적 신앙을 가지고, 선지자의 마음으로 예수님과 예수님의 말씀을 두렵고 떨린 마음으로 그 어떠한 왜곡과 변질도 없이 가르쳐야 합니다.

사람답지 못한 목사에게는 예수님과 예수님의 말씀을 맡겨서는 안 됩니다. 사람을 귀하게 여기지 못하는 사람, 사람을 함부로 대하는 사람에게는 신학 교육을 하게 하면 안 됩니다. 예수님이 그토록 귀하게 여기시며 생명처럼 여기시는 한 영혼 한 영혼을 두려워하지 않는 사람은 목사로 세워서는 안 됩니다. 늘 예수님처럼 사람을 귀하게 여길 수 있는 사람을 목사로 세워야 합니다.

우리는 늘 성경을 기준으로 목사의 설교와 가르침을 자발적으로 상고해야 합니다. 우리는 성경을 가지고 목사다운 목사를 분별해야 합니다. 교회다운 교회를 분별해야 합니다. 잘못된 가르침은 늘 저항하고, 왜곡되고 변질된 가르침은 늘 개혁해야 합니다. 목사 개인에게 열광하는 개신교를 향해 저항하고 개혁해야 합니다. 교회당 건물에 열광하는 개신교를 향해 저항하고 개혁해야 합니다. 우리는 목사의 교묘하고 유사한 가르침에 세뇌되지 않도록, 늘 스스로, 적극적으로, 능동적으로 저항하고 개혁해야 합니다.

성경의 자의적 해석, 신학의 인본화, 신앙의 세속화, 목사와 돈의 우상화, 빚 위의 대형 교회당 건물의 기업화, 욕심과 욕망의 정당화, 불법과 불의의 합리화, 외식과 위선의 세뇌화, 거짓과 미혹의 이단화, 교회 헌금 횡령과 편법 세습의 사유화를 거절하고 거부해야 합니다. 생명과 인격의 존엄을 짓밟고 있는 목사는 거부해야 합니다. 교인을 돈으로 보는 목사는 거부해야 합니다. 교인을 향해 정죄와 저주를 퍼붓는 목사는 거부해야 합니다. 예수님과 예수님의 말씀에 무관한 목사의 목회에는 동참하지 않아야 합니다.

목사들을 떠나 예수님에게로 스스로 돌아가야 합니다. 교회당을 떠나 예수님의 말씀으로 스스로 돌아가야 합니다. 우리의 신앙과 믿음은 언제나 예수님께 스스로 돌아가야 합니다. 늘 성경으로 돌아가야 합니다. 그래야 모두가 살 수 있습니다. 우리도 살고 목사도 살고 교회도 살 수 있습니다.

"ROSC"[3]라는 의학 용어를 아십니까. "자발순환회복"이라는 의미입니다. 심장이 멈춘 상태에서 심폐소생을 통해 호흡이 자발적으로 돌아온 상태라고 합니다. 인공호흡기에 의존하지 않고, 자발적으로 호흡할 수 있는 상태를 "ROSC"라고 합니다. 우리의 신앙에 "ROSC"가 필요합니다. 우리의 생명을 목사에 의한 인공호흡기에 연명할 수는 없습니다. 우리 심장이 언제 멈출지 모르는데 왜곡되고 변질된 목사의 가르침에 우리의 생명을 맡길 수는 없는 것입니다. 우리는 늘 우리 스스로, 적극적으로, 능동적

---

3) "Return of Spontaneous Circulation"의 약자로, 심정지 환자가 심폐소생술의 결과로 흉부 압박 없이 환자의 자발적인 심장박동으로 인해 맥박이 자발적인 순환으로 회복된 상태. 심폐소생술 중 맥박이 다시 느껴지거나 혈압이 일정 수준 이상으로 회복된 상태.

으로 죽어가는 우리 생명에 "ROSC"를 해야 합니다. 늘 예수님에게로 돌아가는 "ROSC"는 우리의 몫입니다. 우리의 책임이고 사명입니다. 늘 성경으로 돌아가는 "ROSC"는 우리의 몫입니다.

선한 양심과 위엄을 가진 평범한 그리스도인들이여!
오염된 물보다 목마름이 낫습니다. 독이 든 물보다 목마름이 낫습니다. 오염되고 독이 든 물이 아니라 늘 생수를 선택하십시오. 변질되고 왜곡된 신앙은 오염된 물과 독이 든 물을 마시는 것과 같습니다. 유사하고 비슷하고 위장된 말씀은 오염된 물과 독이 든 물을 마시는 것과 같습니다. 서서히 중독되어 결국은 죽습니다. 나도 죽고 가족도 죽고 교회도 죽고 세상도 죽고 함께 하는 우리 모두가 죽습니다.

우리가 살고 우리 교회가 다시 살길은 오직 한 가지, 평범한 그리스도인들의 저항과 교회의 개혁뿐입니다. 예수님이 아닌 것과 예수님과 유사한 것들을 향해 저항하십시오. 성경이 아닌 것과 성경과 유사한 것들을 개혁하십시오. 이는 예수님은 지금도 변함없이 우리의 그리스도시오, 살아계신 하나님의 아들, 곧 유일한 구원자이기 때문입니다. 다른 이로써는 구원을 받을 수 없습니다. 천하 사람 중에 예수 그리스도 외에 구원받을 만한 다른 이름을 우리에게 주신 일이 없기 때문입니다.

성토하며 외칩니다. 거짓된 종교 지도자들에게 저항하십시오. 외식하는 종교 지도자들에게 저항하십시오. 타락한 종교 지도자들에게 저항하십시오. 돈에 환장하고 성범죄를 서슴지 않는 종교 지도자들에게 저항하십시오. 사람들을 세뇌[4]하고 그루밍[5] 하고 가스라이팅[6]하는 종교 지도자들에게 저항하십시오. 지금 당장 사기꾼 종교 지도자들에게서 떠나십시오. 목사나 교주는 그 누구도 구원자가 될 수 없으며, 또 다른 보혜사 성령도 될 수 없습니다. 목사나 교주는 그 누구도 하나님을 대리할 수도 없습니다. 태초에 계신 말씀은 하나님 한 분밖에 없습니다. 목사나 교주의 설교나 가르침은 태초에 계신 하나님의 순전한 말씀을 대신할 수 없습니다. 이제는 하나님의 자리에 앉아 하나님의 말씀이라고 거짓말하고 있는 목사와 교주를 향해 평범한 그리스도인들이 저항해야 합니다. 그리고 평범한 그리스도인들이 교회

---

4) 세뇌(coercive persuasion). 믿지 않는 사람에게 충성·명령·신조 등을 받아들이도록 설득하는 조직적인 노력 과정. 일반적으로 개인의 욕구·의지 또는 지식에 반대되도록 생각이나 행동을 조종하도록 고안된 기술을 총칭한다. 출처_다음 백과
5) 그루밍(grooming). 잠재적 가해자가 성적 착취를 목적으로 아동이나 청소년과 친밀한 관계를 만드는 수법. '다듬다, 길들이다'라는 뜻. 사전에 피해자와 신뢰 관계를 형성해 성적 학대가 쉽게 이뤄지도록 만들고 학대가 시작된 뒤에는 이를 은폐하기 위해 하는 행위 전반을 의미한다. 주로 취약한 환경에 놓인 아동이나 청소년에게 접근해 신뢰를 얻은 다음 성적 학대를 시작하며, 이후로는 회유나 협박을 통해 폭로를 막는 방식으로 진행된다. 출처_다음 백과
6) 가스라이팅(gaslighting). 상황을 조작해 상대방이 스스로를 의심하게 만들어 판단력을 잃게 함으로써 행동을 통제하고 조종하는 정서적 학대 행위. 출처_다음 백과
상대방의 자주성(自主性)을 교묘히 무너뜨리는 언행을 의미하는 신조어. 이는 학대적인 관계에서 자주 사용되는 전술이며 피해자에게 심각한 심리적 영향을 미쳐 혼란스럽고 불안하며 자신의 판단을 신뢰할 수 없게 만들 수 있다. 출처-나무위키

를 성경대로 개혁해야 합니다. 목사나 교주의 교회가 죄인 된 우리들의 교회, 즉 우리 주 예수 그리스도의 교회가 될 수 있도록 저항하고 개혁해야 합니다.

다시 회복해야 할 생명의 ROSC, 저항과 개혁에 대한 주제 157개를 다루고 있습니다. 신앙에 대한 ROSC 주제 57개, 하나님에 대한 ROSC 주제 100개입니다. 매주 한 개의 주제로 3년 동안 배울 수 있는 내용입니다. 지금 우리 교회는 심정지 상태입니다. 생명의 ROSC(자발순환회복)을 위해 긴급 CPR(심폐소생술)이 필요합니다.

"ROSC"
선한 양심과 위엄을 가진 평범한 그리스도인들이여!
저항하십시오!
그리고
개혁하십시오!

2025년 10월 31일

종교개혁 508주년을 기념하여
평범한 그리스도인들의 저항과 교회의 개혁을 꿈꾸며

일하는 목사 김경빈

프롤로그
PROLOGUE

선지자의 성토

"너희는 예루살렘 성전이라는 건물이 여호와의 성전이라, 여호와의 성전이라,
여호와의 성전이라 하는 거짓말을 믿지 말라 보라
너희가 교회 지도자들의 무익한 거짓말을 의존하도다"

질문들

과연 우리에게 구원이 있는가? 과연 우리의 신앙이 옳은 것인가? 과연 우리의 믿음이 바른 것인가? 과연 우리에게는 신앙의 양심이 있는가? 과연 우리에게는 신앙의 자유가 있는가? 과연 우리는 성경을 알고 있는가? 과연 우리는 성경의 하나님을 알고 있는가? 과연 우리는 성경의 하나님을 믿고 있는가? 과연 우리는 생각하고 있는가? 과연 우리는 질문하고 있는가? 과연 이 길이 진리의 길인가?

왜 우리는 그리스도인이 되려고 하는가? 왜 우리는 주님의 제자가 되려고 하는가? 왜 우리는 주님의 교회가 되려고 하는가? 왜 우리가 저항하지 못하는가? 왜 우리는 스스로 저항할 수 없는가? 왜 우리가 개혁하지 못하는가? 왜 우리는 스스로 개혁할 수 없는가?

타락의 시대

유대교는 종교 지도자들의 정치화, 예루살렘 성전의 상업화, 말씀과 안식일의 율법화, 메시아 예수 그리스도의 거절로 타락의 길을 걸어왔다.

로마 가톨릭은 신의 대리자 교황 무오(無誤)[7]화, 교황의 절대 신격화, 교황의 세속화, 교황의 성적 타락, 교황의 돈과 명예와 권력 탐욕, 사제들의 성직 및 성서 독점, 성 베드로 성당 건축을 위한 면죄부 판매, 돈을 위한 성직 매매로 타락의 길을 걸어왔다.

---

7) [교황 무오설] 교황이 전 세계 로마 가톨릭교회의 수장(首長)으로서 신앙 및 도덕에 관하여 하느님의 특별한 은총으로 말미암아 오류가 있을 수 없다고 하는 주장.

개신교는 성경의 자의적 해석과 적용, 자칭 하나님의 대리자 목사, 목사의 절대 신격화, 목사들의 성적 타락, 목사들의 거짓말, 돈(money)에 환장하는 목사들, 신학의 인본화, 신앙의 세속화, 교회의 집단 이기주의, 교회 직분 구매, 다양하고 지능화된 면죄부 판매, 돈과 명예와 권력의 우상화, 빚 위의 대형 교회당 건물의 대기업화, 욕심과 욕망의 정당화, 불법과 불의의 합리화, 외식과 위선의 세뇌화, 거짓과 미혹의 이단화, 교회 헌금 횡령과 편법 세습의 사유화, 무분별한 목회자 배출과 교회당 증가, 교인의 무지와 맹신의 길을 걸어가고 있다.

상실의 시대

우리는 작금에 상실의 시대를 살고 있다. 본질 상실의 시대, 사람 상실의 시대, 사랑 상실의 시대, 믿음과 신의 상실의 시대, 양심과 위엄 상실의 시대, 상식과 인격 상실의 시대, 상한 심령 상실의 시대, 거룩함과 경건 상실의 시대, 생명 존엄 상실의 시대, 공공의 선 상실의 시대, 교훈과 책망 상실의 시대, 정의와 공의 상실의 시대, 진실과 정직 상실의 시대, 존중과 배려 상실의 시대, 호의와 친절 상실의 시대, 덕과 겸손 상실의 시대, 성실과 순전 상실의 시대, 관용과 절제 상실의 시대, 가치와 의미 상실의 시대, 언행일치 상실의 시대, 부끄러움 상실의 시대, 보이지 않는 가치 상실의 시대를 살고 있다.

왜곡과 변질의 시대

우리는 지금 사람을 함부로 하는 시대, 형제 중 지극히 작은 자 하나를 함부로 하는 시대, 공평하지 못한 자들의 시대, 공의를 미워하는 시대, 듣지 아니한 자들과 볼 수 없는 자들의 시대, 아첨하는 자들의 시대, 가시나무를 왕으로 삼는 시대, 즉흥적 충동 선동의 시대, 정직한 것을 굽게 하고 속임을 곧게 하는 시대, 사실과 진실보다 거짓된 말과 조작을 믿는 시대, 돈과 권력에 수단과 방법을 가리지 않는 시대, 오직 돈을 위해 성(性)과 생명을 상품화하는 시대, 무전 유죄·유전 무죄의 시대, 불법과 불의를 정당화하는 시대, 타인의 배려보다 자기애(自己愛)가 강한 시대, 상대적 박탈·사회적 박탈의 시대, 회복탄력성이 없는 시대, 생각과 질문을 못 하는 맹목적 추종의 시대를 살고 있다.

돈이 곧 권력이 되는 시대

작금의 개신교는 예수님을 함부로 하는 목사들, 위선과 외식이 가득한 목사들, 영혼을 살인하고 함께 지옥으로 가는 목사들, 부귀영화와 무병장수를 성경의 복으로 속이는 목사들, 선과 악의 심판자가 되는 목사들, 양심을 팔아 헌금 모으는 일에 권모와 술수를 쓰는 목사들, 교회 부동산, 대형 교회, 세습 교회를 사유화하는 목사들, 돈과 권력이라면 이단과 사이비와 미신과 결탁하는 목사들로 가득하다.

교회당에는 말씀을 팔고, 치유를 팔고, 위로를 팔고, 격려를 팔고, 상담을 팔고, 소통을 팔고, 공감을 팔고, 기도를 팔고, 예배를 팔고, 설교를 팔고, 찬양을 팔고, 봉사를 팔고, 사랑을 팔고, 복음을 팔고, 생명을 팔고, 예수를 팔고 있는 장사꾼 목사들이 가득하다. 영원한 가치를 돈으로 계산하는 목사들뿐이다. 오직 돈, 돈, 돈 때문에 양심과 위엄을 팔고 있는 목사들이 주류이다.

가치 있는 것은 돈으로 살 수 없다. 진리는 돈으로 살 수 없다. 돈과 비교도 할 수 없는 귀한 가치가 있기 때문이다. 그럼에도 타락한 교회당 목사들과 교인들은 신앙과 양심을 저버린 채 예수를 팔아 돈 잔치를 당당하게 하고 있다.

예수님이 주신 복음은 공짜다. 예수님은 공짜다. 예수님에게는 말씀, 치유, 위로, 격려, 상담, 소통, 공감, 기도, 예배, 설교, 찬양, 봉사, 사랑, 복음, 생명은 모두 공짜다. 이미 십자가 죽음으로 값비싼 대가를 치르신 예수님은 우리에게 값없이 돈 없이 생명과 모든 것을 나누어 주신다.

하나님에 대한 올바른 인식

  하나님을 알아야 한다. 힘써 하나님을 바르게 알아야 한다. 올바르게 인식된 하나님을 믿는 삶이어야 한다. 하나님의 말씀을 깨달아야 한다. 하나님의 말씀을 바르게 깨달아야 한다. 올바르게 깨달은 하나님의 말씀대로 살아가야 한다. 하나님을 제대로 알아야 저항할 수 있다. 하나님의 말씀을 제대로 깨달아야 저항할 수 있다. 하나님을 제대로 알아야 개혁할 수 있다. 하나님의 말씀을 제대로 깨달아야 개혁할 수 있다. 하나님을 알고자 하는 지적 욕구와 하나님의 말씀에 대한 갈망이 우리 안에 있어야 한다. 신앙의 시작과 끝은 우리 자신의 몫이다. 올바른 신앙을 위한 저항과 개혁은 늘 스스로, 늘 적극적으로, 늘 능동적으로 우리 자신의 몫이 되어야 한다. 하나님의 것과 사탄의 것을 분별하는 영성은 언제나 우리의 몫임을 잊지 않아야 한다.

대안들

평범한 그리스도인들이 자유해야 한다. 평범한 그리스도인들이 생각해야 한다. 평범한 그리스도인들이 상고해야 한다. 평범한 그리스도인들이 자각해야 한다. 평범한 그리스도인들이 제대로 알아야 한다. 평범한 그리스도인들이 깨달아야 한다. 평범한 그리스도인들이 질문해야 한다. 평범한 그리스도인들이 정신을 차려야 한다. 평범한 그리스도인들이 저항해야 한다. 평범한 그리스도인들이 개혁해야 한다. 평범한 그리스도인들이 보수해야 한다.

평범한 그리스도인들의 저항Protest과
교회의 개혁Reformation은

여호와를 알아야 한다. 힘써 여호와를 알아야 한다. 최우선으로 여호와를 알아야 한다. 예수님을 제대로 알아야 한다. 예수님의 말씀을 제대로 알아야 한다.

> "그러나 내게 유익하던 것들을 나는 그리스도 때문에 다 해로운 것으로 여깁니다. 내가 참으로 모든 것을 해로 여기는 것은 내 주 그리스도 예수를 아는 지식이 가장 고상하기 때문입니다. 그분으로 인해 내가 모든 것을 잃어버리고, 심지어 배설물로 여기는 것은 내가 그리스도를 얻고 그 안에서 발견되기 위한 것입니다."

"ROSC"

우리는 스스로 살아나야 한다. 우리는 자발적으로 호흡해야 한다. 그래야 살 수 있다. 생각과 질문의 자발적 호흡이 순환되어야 한다. 저항과 개혁의 자발적 호흡이 순환되어야 한다. 성경의 본질적 신앙의 자발적 호흡이 순환되어야 한다. 개신교 교회의 자발적 호흡이 순환되어야 한다. 하나님을 향한 자발적 호흡이 순환되어야 한다. 평범한 그리스도인들이 크게 외쳐야 한다. "ROSC"

차례
INDEX

서문 PREFACE · 05
프롤로그 PROLOGUE · 12

제1장
변질된 종교에 대하여 About the altered religion

유대교 ·27 로만가톨릭 ·33 개신교 ·36

제2장
왜곡된 논제에 대하여 On a distorted subject

목사 ·75 교회 ·87 연보 / 헌금 ·89

제3장
본질에 대하여 About the essenc

하나님 ·95 성경 ·98 인간 ·101 죄 ·105 절대주권 ·109 예수 ·112 성령 ·114
구원 ·116 신원 ·118 자유의지 ·120 성전 ·122 교회 ·124 공동체 ·127 성도 ·129
직분 ·133 개혁 ·138 연합 ·140

제4장
신앙에 대하여 About faith

질문·145 사랑·148 믿음·153 기도·159 예배·164 경배와 찬양·168 은혜·173
용서·176 하나님의 영광·179 복·181 덕·184 교제·186 봉사·188 비전·191
전도와 선교·195 주일·199 세례(침례)·204 성찬·209 심판·212 지옥·215
죽음·218 하나님의 나라와 천국·220 회개·223 십자가·227 자기부인·230
겸손·233 온유·247 만인제사장·252 직업 소명·255 가정·258 시간·264
영성·268 일용할 양식·271 영적 전쟁·274 십계명·279 주기도문·283 사도
신경·285

제5장
하나님에 대하여 About The God

5.1 절대성. 하나님 About the absoluteness of God ·289

이름·291 삼위일체·292 자존·293 완전·294 불변·295 무한·296 전능·297
전지·298 무소부재·299 유일·300 광대·301 내재·302 초월·303 영원·304

5.2 공유적 인격. 하나님 Sharing personality about God ·305

영·307 빛·308 지혜·309 거룩·310 자비·311 긍휼·312 성실·313 공의·314
공평·315 선·316 인자·317 은혜·318 사랑·319 주권자·320 창조자·321
주인·322 아버지·323 보혜사·324 말씀·325 질투·326 함께·327 져주심·328
우심·329 분노·330 한탄·331 기다림·332 뒤에 계심·333 정죄치 않음·334
중심·335 길·336 진리·337 생명·338 구원자·339

5.3 참사람. 예수님 About Jesus, the true man · 340

예수님은 다투지 아니하며 큰 소리도 내지 않으신다 · 352
예수님은 상한 갈대를 꺾지 않으시고 꺼져가는 심지를 끄지 않으신다 · 353
예수님은 마음이 온유하고 겸손하시다 · 354
예수님은 힘쓰고 애써 간절히 기도하시다 · 355
예수님은 늘 들으시고 답하신다 · 356
예수님은 늘 질문하신다 · 357
예수님은 늘 가르치신다 · 358
예수님은 자기 사람들을 끝까지 사랑하신다 · 359
예수님은 자발적 고독한 고립의 자리에 계신다 · 360
예수님은 십자가에 순종하신다 · 361
예수님은 지극히 작은 자 하나를 자신처럼 귀하게 여기신다 · 362
예수님은 12명의 작은 교회를 목회하신다 · 363
예수님은 거대 종교 건물 예루살렘 성전을 무너뜨린다고 하신다 · 364
예수님은 30년을 평범한 목수의 일상으로 3년을 하나님의 아들의
특별한 사명으로 사신다 · 365
예수님은 도움의 필요를 채우신다 · 366
예수님은 사회적 약자의 존엄을 회복하신다 · 367
예수님은 행동하는 권위를 가지신다 · 368
예수님은 안식의 율법을 어기고 생명을 살린 안식일의 주인이시다 · 369
예수님은 말씀대로 가르치시고 살아가신다 · 370
예수님은 덕과 유익을 중요하게 여기신다 · 371
예수님은 말은 거칠지만, 행동은 부드러운 어부들을 제자로 삼으신다 · 372
예수님은 강도 만난 사람을 돌본 어떤 사마리아인을 선한 이웃이라 말씀하신다 · 373
예수님은 대접을 받고자 하는 대로 남을 대접하라 하신다 · 374
예수님은 죄인들을 위해 광야 40일 금식하신 후 사탄의 시험을 감내하신다 · 375
예수님은 고난과 역경 중에도 기뻐하신다 · 376
예수님은 외식과 위선을 죽도록 싫어하신다 · 377
예수님은 죽음을 의연하게 받아들이신다 · 378
예수님은 실패한 베드로를 먼저 찾아가 식사를 대접하신다 · 379

예수님은 섬김을 받아야 할 자리에서 도리어 섬김의 삶을 사신다	·380
예수님은 하나님의 때를 기다리고, 그 시간을 사신다	·381
예수님은 자신의 살과 피를 아낌없이 일용할 양식으로 내어주신다	·382
예수님은 일곱 번씩 일흔 번까지도 용서하신다	·383
예수님은 대적하는 자들에게까지 친절하시다	·384
예수님은 십자가를 지심으로 자기부인과 자기 십자가 지는 삶의 본이 되신다	·385
예수님은 구하는 자에게 좋은 것, 곧 성령을 주신다	·386
예수님은 당을 짓고 수군거리는 것을 몹시 싫어하신다	·387
비난과 모함, 정죄와 위선의 말들을 몹시 미워하신다	·388
예수님은 낙심하는 자, 근심하는 자를 일으켜 세우신다	·389
예수님은 심령이 가난한 자들과 마음이 상한 자들과 늘 함께하신다	·390
예수님은 연약한 죄인들에게 끝도 없이 너그럽고 관대하시고, 회개하여 돌아온 죄인들을 더없이 기뻐하신다	·391
예수님은 고운 모양도 없고 풍채도 없으시다	·392
예수님은 사랑한다는 말을 단 한 번도 하신 적이 없으시다	·393
예수님은 진실한 말을 좋아하신다	·394
예수님은 항상 사는 것에 집중하신다	·395
예수님은 항상 실천하도록 가르치신다	·396
예수님은 교회에서 말을 조심해야 한다고 하신다	·397
예수님은 다양한 제자들과 동역하신다	·398
예수님은 모든 일을 질서 있게 협력하신다	·399
예수님은 성장과 성숙의 시간을 충분히 가지신다	·400
예수님은 가르침에서 전문성과 섬세함을 보이신다	·401
예수님은 비아돌로로사의 수난을 친히 담당하신다	·402
예수님은 하늘로 올라가신 그대로 다시 오신다 약속하신다	·403
예수님은 일하신다	·404

에필로그 EPILOGUE ·405

제1장

변질된 종교^{宗敎}에 대하여

About the altered religion

유대교, 이슬람교, 천주교, 개신교는 여호와, 알라로 시작된 종교들이다. 경전(經典)도 한 성경인 구약성경으로 출발했다. 하지만 현재는 그 차이가 분명하다. 유대교와 이슬람교는 예수 그리스도를 구원자로 인정하지 않고, 천주교와 개신교는 예수 그리스도를 구원자로 인정하고 있다. 유대교는 모세 오경의 율법을 통한 이스라엘 민족의 성민, 선민사상으로, 이슬람교는 마호메트를 통한 메카, 메디나 중심의 사상으로 종교를 유지하고 있다. 천주교는 71권의 성경, 교황 무오(無誤)와 마리아 숭배, 사제 성직 사상으로, 개신교는 이신칭의, 예정설, 개(個)교회 중심, 목사 담임제로 종교를 유지하고 있다.

믿는 신이 동일하고 믿는 경전이 동일한데, 현실에서 전혀 다른 종교로 나뉘어져 있음은 종교가 그만큼 변질되었다는 뜻이다. 유대교의 변질이 이슬람교와 천주교를 탄생시켰고, 천주교의 변질이 개신교를 탄생시켰다. 이후 개신교의 변질은 어떤 종교를 탄생시킬 것인가? 아니면 성경의 예언에 따라 예수의 재림으로 마무리될 것인가?

종교 1

유대교
Judaism

　모세의 율법이 기록된 지 3,000년이 넘는 시간 동안 유대교는 현재까지 지속되고 있다. 여호와 하나님을 믿고 구약의 말씀을 하나님의 말씀으로 인정하고 있다. 하지만 예수님과 신약 성경은 지금까지 인정하지 않고 있다. 구약 성경과 더불어 모세 5경을 근거로 613개의 율법 조항을 만들었고, 이 중 248개는 '하라'는 율법과 365개는 '하지 말라'는 율법으로 나누고 있다. 시간이 지나면서 유대교는 구약 성경보다 자신들이 해석하고 적용해서 만든 613개의 율법 조항을 더욱 강조하고 확대하여 유대교의 명맥을 유지하는데 총력을 다하고 있다.

　유대교에 있어서 예수님의 등장은 결코 작은 일이 아니었다. 예수님 전에도 수많은 랍비나 예언가들이 출현하여 많은 사람들을 미혹하는 일이 비일비재했다. 하지만 예수님은 그런 랍비나 예언가와는 차원이 다른 분이셨다. 그동안 유대교가 목숨처럼 지켜온 율법인 토라가 송두리째 무용지물이 될 수 있으며, 목숨처럼 지켜왔던 성전과 제사장도 그동안 유대교에서 가르쳐

온 것과 상반된 것이 될 수 있다. 유대교에서는 성전과 제사장을 건드리는 것은 신성모독으로 규정하여 그 즉시 돌로 쳐 죽여도 되는 율법을 갖고 있었다. 그런 면에서 예수님은 유대교의 이단아였다.

유대교의 중심은 예루살렘 성전이었다. 예루살렘 성전의 중심은 제사장들과 서기관들이었다. 여기에는 바리새인, 사두개인, 율법 학자, 장로들이 포함되었다. 예루살렘을 장악한 종교 지도자들은 유대교의 권력이었다. 예루살렘 성전과 종교 지도자들은 곧 유대교의 돈과 권력이었다.

예수님은 예루살렘 성전에서 행해지는 장사 행위, 즉 일반 화폐에서 성전 화폐로 바꾸어야 하는 환전, 일반 제물을 성전에서 파는 제물로 다시 바꾸어야 하는 일, 성전 화폐로 성전에서 제물을 구매해야 하는 일 등을 향해 두 번이나 분노하셨다. 강도의 굴혈이라 하셨고, 성전은 만민이 기도하는 집이라 하셨다. 분노를 넘어 채찍을 만들어 동물들을 쫓아냈고 환전상들의 상을 뒤엎었고 그야말로 난리 난동을 부리는 격이 되었다. 저들의 역린, 예루살렘 성전에서의 수입원인 돈줄을 건드린 것이다. 공생애를 시작하기 전에 한 번, 십자가형을 앞둔 시기에 또 한 번 예수님께서는 저들이 목숨처럼 지키는 성전에서의 돈줄을 끊으려고 했다. 또한 46년 동안 지어진 그야말로 거대한 예루살렘 성전을 향해 돌 하나도 돌 위에 남지 않고 다 무너뜨려지리라, 이 건물을 허물고 3일 만에 다시 짓겠다고 했으니 예루살렘 성전을 통해 호의호식하는 종교 지도자들의 눈에 예수님은 신성모독을 저지른 눈엣가시였을 것이다.

  또한 예수님께서는 3,000년이 넘는 시간 동안 모든 이스라엘 사람들로부터 존경과 경외를 한 몸에 받으며, 하나님의 사자로, 하나님의 대리자로, 하나님의 종으로 왕과 제사장과 선지자의 역할을 하고 있던 종교 지도자들 즉 대제사장과 제사장들, 서기관들, 율법 학자들, 바리새인들, 사두개인들, 장로들을 향해 저주와 욕을 퍼부었다. 외식하는 자들아! 위선자들아! 간사한 뱀들아! 사악한 독사의 새끼들아! 지옥의 판결을 피할 수 없는 자들아! 무거운 짐을 사람들에게만 지우는 자들아! 모든 행위를 사람에게 보이려고만 하는 자들아! 자신은 손가락 하나 움직이지 않는 자들아! 윗자리와 높은 자리와 문안받은 것과 칭찬받는 것만을 좋아하는 자들아! 소경 된 인도자들아! 선한 백성들을 미혹하는 자들아! 거짓과 속임수로 가득 찬 자들아! 회칠한 무덤들아! 말만 하고 행하지 않는 자들아! 도저히 변화되지 않는 자들아! 스스로 의인이라 칭하는 자들아! 죄인임을 완전히 망각한 자들아! 천국 문을 닫고 자신뿐 아니라 다른 사람도 못 들어가게 하는 자들아! 과부의 재산을 탕진하는 자들아! 남들에게 보이려고 길게 기도하는 자들아! 개종한 사람을 너희보다 두 배나 더한 지옥 자식으로 만든 자들아! 사람보다 돈과 재물에 환장한 자들아! 십일조 및 종교세를 걷기 위해 공의와 인애와 신실함을 소홀히 하는 자들아! 겉은 화려한 옷으로 깨끗하지만, 속은 강탈과 방종으로 가득 찬 자들아! 겉으로는 의롭게 보이지만 속으로는 위선과 불법이 가득 찬 자들아! 의인들을 비난하며 그들의 피 값을 함부로 여기는 배은망덕한 자들아! 화가 있도다. 불에 탈 것이다. 망할 것이다. 지옥에 떨어질 것이다. 땅에서 흘린 의인의 모든 피가 너희에게 돌아갈 것이다. 모세의 자리에 앉아 행하지 않는 위선자들을 본받지 말라. 예수님은 이스라엘 백성들에게 가장 존경받고 신뢰받는 종교 지도자들을 몹시 싫어했다. 저주하며 욕하며 싫어하셨다.

그렇기에 저들은 예수님을 죽이기로 모의하고 모함하기 시작한 것이다. 종교 지도자들은 예수님이 오실 메시아임을 분명히 알고 있었다. 자신들의 실상을 밑바닥까지 까발리는 예수님을 두고 볼 수 없었다. 저들의 모의는 결국 예수님을 죽이는 것이었다. 저들의 간악함으로 제자들의 성정을 파악하고, 제자 중 가장 의롭다고 생각하는 자를 자신들의 먹잇감으로 삼았다. 민족의 해방과 독립을 갈망하는 것과 함께 돈을 사랑하는 자, 곧 가룟 유다를 선택했고 그 선택은 적중했다. 스승을 판 제자의 그림을, 무지한 대중들을 선동하는 첫 시발점으로 삼은 것이다. 제아무리 천인공노할 죄를 지었어도 하룻밤 사이 12시간도 채 되지 않은 시간에 사형 선고에서 집행까지 불가능한 일이었다. 예수님이 잡혀 올 것을 예상하여 오래전부터 시나리오를 준비하고 있었다. 어쩌면 3년 전부터 준비한 시나리오였을지도 모른다.

3년 동안 예루살렘 성전의 종교 지도자들은 오직 자신의 치부를 낱낱이 알고 있는 예수님을 죽이고자 모의하는 일에 집중하고 있었다. 결국 그 짧은 시간에 사형 집행까지 할 수 있었던 혁혁한 공은 무지한 군중들의 외침에 있었다. 저들은 로마 제국의 통치 아래 민란이 가장 중요한 지배력이 될 수 있다고 생각했을 것이다. 무지한 군중들의 소리, 돈으로 매수된 군중들의 소리, 옳고 그름을 판단할 수 없는 군중들의 소리, 수많은 시간 동안 세뇌를 당한 군중들의 소리, 그 소리에 십자가형은 신속하게 진행됐다. 저들은 무지한 군중들을 돈으로 매수할 것도 미리 계획했을 것이다.

저들은 제자의 배신을 이용했고, 군중들의 무지함을 이용했고, 빌라도의 가장 취약한 약점을 이용했다. 비열한 인간들이다. 십자가의 처형 이후에도 부활을 두려워한 저들은 온갖 거짓과 속임수로 부활을 숨기고, 시체를 제자들이 도둑질한 것으로 위장하고 있는 모습을 볼 수 있다. 지금까지도 저들의 거짓말이 유효한 것을 보면, 저들의 악행이 얼마나 악랄한지를 실감할 수 있다.

유대교는 결국 하나님의 아들 메시아 예수 그리스도를 십자가에 처형하는 일, 곧 사탄의 추종자가 되었다. 유대교의 타락과 변질은 결국 예수 그리스도를 가장 먼저 만났지만, 스스로 잃어버리고 가장 늦게 만나야 하는 그런 지옥을 만든 것이다. 그 지옥은 지금도 유지되고 있다.

그럼에도 불구하고 여전히 유대교를 향한 하나님의 구원 계획은 유효하며 진행 중이다.

> 종교 2

로만가톨릭
Roman Catholic

　16세기 유럽에서 마르틴 루터와 장 칼뱅이 당시 가톨릭 성직자들의 타락을 비판하면서 종교 개혁이 시작되었다는 인식이 일반적이지만, 기독교가 로마 제국에 의해 국교화된 4세기 이래 지배층들이 교계로 편입되면서부터 이러한 비판은 꾸준히 존재해 왔다. 천 년여간 가운데 르네상스 시기만이 특별히 교회의 타락상이 심한 것은 아니었다. 따라서 종교 개혁자들은 중세의 신학이 교회를 잘못된 방향으로 이끌고 있다고 보았으며, 면죄부나 사제, 수도원, 신자들의 타락상 같은 것은 그 부작용에 불과했다. 교황의 타락, 사제들의 타락, 성 베드로 성당 건축, 건축비를 위한 면죄부 판매, 성직 매매 등 그 배후에는 돈이 있었다.

　마르틴 루터(Martin Luther, 1483-1546)가 95개조 반박문을 작성하게 된 결정적 계기는, 당시 가톨릭교회의 부패와 성 베드로 성당을 짓기 위한 면죄부 판매에 대한 반발 때문이었다.

　루터가 살던 그때 로마 가톨릭교회의 교황 레오 10세(재

위:1513-1521)는 성 베드로 성당의 공사비 때문에 면죄부를 팔았다. 로만가톨릭은 면죄부만 사면 모든 죄는 없어지고, 죽은 가족이나 친구의 영혼도 연옥에서 구해줄 수 있다며 신자들에게 면죄부 구매를 종용했다. 이뿐만 아니라 사제직을 돈으로 사고, 팔기도 했다.

면죄부를 파는 일행이 비텐베르크(Wittenberg)에 왔을 때, 이를 본 독일 비텐베르크의 사제였던 루터는 이러한 로마 가톨릭의 부패와 상업적인 면죄부 판매가 교리상으로 잘못되었다고 판단했다. 구원을 돈으로 살 수 있다는 교리는 전혀 성경적이지 않기 때문이다. 이에 대한 저항으로 1517년 10월 31일, 루터는 비텐베르크대학 내 교회당 대문에 "95개조 반박문(95 Theses)"을 게시했다. 이로써 종교 개혁이 시작되었다.

1521년 열린 보름스(Worms) 제국의회에서 신성 로마 제국 황제 칼 5세가 루터를 단죄하는 칙령을 내리자, 루터파 군주들이 격렬하게 '항의(protest)'하였는데, 이때부터 개신교도들을 프로테스탄트(protestant)라고 부르게 되었다.

독일어로는 복음주의 교회(Evangelische Kirche)라고 불리기도 하며, 종교 개혁 시기 가톨릭교회에 대한 저항자라는 의미에서 'Protestant'라 부른 데에서 유래하여 프로테스탄트라고도 칭한다.

오직 성경Sola Scriptura, 오직 믿음Sola Fide, 오직 은혜Sola Gratia, 오직 그리스도Solus Christus, 오직 주께 영광Soli Deo Gloria 다섯 솔라 Quinque Sola의 푯대를 가지고 「개혁된 교회는 항상 개혁되어야 한다」Ecclesia Reformata, Semper Reformanda 라는 구호를 내걸었다.

로만가톨릭은 지금도 교황 신격화, 교황과 사제 무오설, 사제 성자설, 마리아 숭배설, 고해성사를 통한 죄사함, 면죄부를 통한 연옥설 등 범신론과 인본주의와 세속주의가 결탁하여 성경과 거리가 먼 교리를 유지하고 있다.

그럼에도 불구하고 여전히 로만가톨릭을 향한 하나님의 구원 계획은 유효하며 진행 중이다.

⟨ 종교 3 ⟩

개신교
Protestant

  수많은 사람이 모이면 힘이 생긴다. 거기에는 돈이 모이기 때문이다. 수많은 사람과 돈은 곧 권력이다. 그 군중들과 돈을 한 사람이 움직이는 곳이 있다. 종교 단체이다. 목사나 교주 한 사람이 종교적 신념을 악용하여 맹신하는 추종자들을 끊임없이 세뇌하고 결국 절대적 복종을 하게 하여, 군중과 돈을 원하는 대로 종용하고 있다. 그런 곳을 가장 먼저 찾는 사람들은 정치인이다. 정치인들은 정통과 이단을 가리지 않는다. 미신과 사이비를 가리지 않는다. 돈이 되고 권력이 되면 누구와도 손을 잡고 누구에게도 무릎을 꿇고 있다. 정치권력과 종교권력이 각자의 이권에 유착되어 사회악을 생산하고 있다. 그러기에 종교 단체 그 한 사람, 목사나 교주는 수단과 방법을 가리지 않고 사람을 모으고, 돈을 착복하는 일을 마다하지 않는다. 온갖 거짓과 속임수로 사람들을 동원하고 돈을 모으는 것이다. 거기에는 진리와 정의, 상식과 이성, 양심과 인격을 찾아볼 수 없다.

  이 모든 것이 목사나 교주 한 사람에 의해 이루어질 수 있는 가장 유력한 곳은 종교 단체이고 그중에서도 개신교일 것이며, 그중에서도 대형 교회와 개신교 방송국일 것이며, 그중에서도 이단과 사이비일 것이다. 정치권력에 기생하는 개신교를 통일교, 신천지, JMS, 무속 등 신흥종교들이 그대로 답습하고 있다. 이 모든 곳의 공통점은, 한 사람인 목사나 교주가 절대 권력을 휘두르며 군중과 돈을 장악하고 있다는 것이다. 그러기에 대통령을 비롯한 정치인들이 목사나 교주 한 사람을 맹신하는 개신교회를 찾고, 신흥종교를 찾고 있다. 그곳에는 목사나 교주 한 사람에게 세뇌되어 집단적 최면에 빠진 눈먼 소경들이 득실거리기 때문이다. 돈과 권력에 환장한 개신교 목사들의 타락이, 이단과 사이비들의 정계 진출에 정당성을 부여한 셈이 된 것이다.

이제는 개신교 목사들이 이단과 사이비와 결탁하고, 저들의 돈에 매수되어 저들의 종교 정당성을 묵인하고, 저들의 종교 공공성을 암묵적으로 동의하고, 저들의 악행을 적극 옹호하고 있는 현실이다. 더 이상 개신교 목사들은 이단과 사이비, 미신에 대해 선지자적인 심판 메시지와 성경적 바른 메시지를 할 수 없는 지경에 이르렀다. 더러운 돈에 눈먼 소경들이 되어버렸다. 돈이라면 무슨 짓도 할 수 있는 우매한 자들이 되어버렸다.

개신교 목사들은 부끄러운 줄 알아야 한다. 스스로 돈과 권력에 소경 된 자 되어 수많은 소경을 이끌고 함께 지옥 불구덩이에 자발적으로 들어가고 있다는 무서운 심판을 직시해야 할 것이다. 그 많은 성도의 무고한 피 값에 대한 책임을 어떻게 지려고 하는지 모르겠다. 유대 종교 지도자들이 예수님을 죽이면서까지 목숨 걸고 지키고자 했던 돈과 권력을, 이제는 개신교 목사들이 온갖 권모술수를 동원하고 수단과 방법을 가리지 않고 예수님을 다시 죽여서라도 지키고자 혈안이 되어 있다. 목사들의 폭주를 막아야 한다. 그 방법은 오직 하나, 목사에게서 사람들이 떠나야 한다. 눈먼 돈을 떠나야 한다. 개신교 교회는 반드시 해체되어야 한다. 성도들은 목회자와 교회당을 떠나야 한다. 목회자와 교회당을 떠나 예수님과 예수님의 말씀으로 돌아가야 한다. 그래야 모두가 살 수 있다. 그래야 희망이 있다.

유대교는 3,000년, 천주교는 1,500년, 한국 개신교는 150년. 세 종교의 종교 개혁 시기이다. 150년도 안 되는 한국 개신교는 1,500여 년의 천주교보다 3,000여 년의 유대교보다 더 하면 더 했지 덜 하지 않은 것 같다. 한국 개신교 교회는 목사 개인에게 열광하고 있다. 어떤 교회는 아무나 찾아갈 수 없는 교회가 됐다. 어떤 교회는 아무나 목회할 수 없는 교회가 돼버렸다. 로만 가톨릭의 잘못된 교리는 개혁되었다고 하지만 목사 신격화, 목사 무오설, 목사 성자설, 목사 안수기도를 통한 죄사함, 면죄부를 통한 구원, 성직 매매 등 범신론과 인본주의와 세속주의와 결탁하여 성경과 거리가 먼 교리들을 보이지 않게 유지하고 있다.

개신교 목사들은 돈을 너무 사랑하고, 권력에 진리를 팔고, 성범죄가 너무 많고, 눈 하나 깜빡이지 않고 거짓말을 하고 있다. 개신교 목사들은 신앙의 양심과 위엄을 상실해 버렸고, 인간의 기본적인 이성과 상식을 잃어버렸다. 개신교 목사들은 신학과 신앙을 변질시키고 왜곡시켜 교인들을 세뇌하고 있다. 개신교는 대형 교회당 건축에 혈안이 되어 불법과 불의도 부끄러운 줄 모르고 있고, 무리한 대출 위에 부동산 사업을 확장하고 있다. 개신교 목사들은 오래전부터 하나님 자리, 하나님 말씀의 자리를 꿰차고 있다. 개신교 목사와 교회는 하나님 사랑을 잃어버리고 있다. 개신교 목사들과 교회는 스스로 자정능력을 상실하고 저항과 개혁과는 거리가 멀어지고 있는 현실이다.

○○방송 사유화 그리고 돈

○○방송 퇴사자의 증언에 따르면 ○○방송이 실상 방송에는 관심이 없고, 북방선교의 기수임을 자처하며 줄곧 앵벌이에만 치중해 왔다고 한다.

○○대학교에서는 ○○방송 이사장 ○○○목사 흉상을 설치하기까지 했다고 한다.

조찬 기도회 / 권력 기생

　조찬 기도회는 개신교가 권력에 기생하는 상징이다. 목사들은 전두환 사령관을 위한 조찬 기도회를 열었다. 전두환은 5·18 광주 시민을 총칼로 학살한 주동자이다. 목사들은 그를 위해 기도해 주었다. 반대하는 기도회가 아니라, 그런 자를 모시고 그를 찬양하며 그에게 힘과 지혜와 용기를 달라고 기도했다. 모인 자들은 대형 교회 목사들, 총회장들, 개신교 언론사 경영자들이다. 그렇게 예수님의 이름으로 권력자의 악행을 위해 기도하는 목사들은 굽신거리면서도 부끄러움을 전혀 모르는 자들이 되었다. 그들이 개신교 목사들이다. 목사들은 권력이 있는 자들, 돈 있는 자들, 지배자들에게 기생하며 오늘까지 알량한 자리를 연명하고 있다.

　일본은 36년 동안 대한민국을 총칼로 온갖 수단과 방법을 가리지 않고 짓밟았다. 그런데 그렇게 한국 민족을 짓밟는 일본을 찬양하고 경배하는 사람들이 있었으니, 그들은 다름 아닌 개신교 목사들이었다. 앞장서서 신사참배를 하고 창씨개명을 했다. 일본까지 찾아가서 차디찬 바닷물에 몸을 담그며 충성과 결의를 맹세했다. 전쟁 무기를 만들라고 교회당 종을 바쳤다. 성도들의 헌금을 모아 일본군에게 비행기를 헌납했다. 일본군 전승 무운장구 기도회를 장로교에서만 무려 8,953회를 열었다고 한다. 목사들은 자신의 지위와 권력 그리고 돈을 지키기 위해서라면 누구와도 타협했다. 그것이 악이라도 타협했다. 사탄과 타협하는 것은 그들에게 일도 아니었다.

목사들의 범죄

목사들이 성도들의 헌금으로 은행을 설립하겠다고 했다. 정부의 목사 과세 방침을 개신교만 수용할 수 없다고 했다. 돈과 권력, 여자 문제의 불명예를 안고 있는 목사를 노벨평화상 대상자로 추천하려고 했다. 목사 가족들은 헌금 횡령과 온갖 비리로 세속법의 심판을 받았고, 아들은 성도들의 헌금으로 음란한 스포츠 신문을 발행했고, 배임, 횡령, 탈세 혐의로 공판을 받았고, 법정에서 아들은 아버지가 시킨 대로 했다 하고, 목사인 자신의 아버지를 기업가라고 했다 한다. 담임목사의 가족들은 재벌 로열패밀리가 되었고, 교회는 그들의 욕망을 채우는 영업장이 되었다. 변명을 거짓말로 일관하고 있다. 분명히 저들은 알고 있을 것이다. 성경의 엘리 제사장과 그 아들들, 홉니와 비느하스가 욕망과 범죄 그리고 묵인으로 가문이 멸문한 사건을 잘 알고 있을 것이다. 그러는 사이 성도들은 수십 년 동안 가스라이팅과 그루밍을 당해 영혼 없는, 인격 없는, 판단 없는, 자유 없는, 질문과 저항도 할 수 없는 완전한 목석(木石)이 돼가고 있다.

장로 대통령

 교회를 이용하여 간증 집회라는 명목으로 선거운동을 했던 장로 대통령이 있다. 교회 목사들은 그를 메시아처럼 생각했다고 한다. 목사들이 동원되었고, 목사들에 의해 교인들이 동원되었다. 어떤 목사는 장로 대통령을 찍지 않으면 생명책에서 지워버리겠다고 했고, 장로 대통령을 찍지 않은 사람들을 종북좌파로 몰고 갔다. 결국 임기 후에 장로 대통령은 교도소에 수감 되었다고 한다.

기독 기업

 ○○○회장은 ○○교회 장로이다. ○○○는 대표적인 개신교 기업이라 할 수 있다. ○○○회장은 ○○○의 비정규직 직원들을 대량 해고했다. 사회적 여파가 얼마나 컸던지 그 사태를 대변하는 영화 '카트'까지 만들어졌다고 한다. 영화를 통해 하루 벌어 하루 먹고 사는 서민들, 하루아침에 직장을 잃은 비정규직 사람들의 눈물과 아픔을 온 국민이 공감하게 되었고, 개신교 기업에 대한 처절한 현실을 모두가 알게 되었다. 지극히 작은 자 하나를 향한 예수님의 가르침, 사회적 약자를 향한 예수님의 가르침과는 정면으로 반하는 모습이었다. 그런 자가 교회의 장로였

고, 특히 자칭 대한민국의 대형 교회를 자랑하는 ○○교회 장로였다는 것이다. 개신교 교회 장로의 수준이다.

대출 위에 대형 건물

 최신식 시설을 갖춘 대형 교회가 즐비하다. 교회당의 크기가 교회 성공의 척도가 되어 있다. 거기에 세련된 음향, 영상, 방음, 냉난방, 화려한 실내 인테리어, 현란한 예배 형식까지 이렇게 해야 사람들이 찾아온다고 한다. 교인은 늘어날지 모르지만, 성도는 없다. 예수님께서는 46년 동안 지은 예루살렘 성전, 이스라엘을 대표하는 대표 성전, 이스라엘 전 백성을 모두 수용할 수 있는 초대형 성전, 수많은 종교 지도자와 셀 수 없는 사람들이 모이는 성전, 거기에서 융통되는 어마어마한 화폐들, 예수님은 그 견고한 성전을 헐어버리겠다고 하신다. 그리고 당신은 이 땅에 있는 동안 그 어떤 건물 하나도 짓지 않는다. 그분에게 성전은 오직 사람이기 때문이다.

 서울 ○○교회는 3,000억 원이 넘는 돈으로 초대형 교회당을 건축했다. 천문학적인 대출과 불법 도로 점용까지 감행하면서 기어코 건물을 올렸다.

기독교가 로마에서 제도가 되었고, 유럽에서 문화가 되었고, 미국에서 기업이 되었고, 한국에서 대기업이 되었다는 말이 있다. 검증할 수 없는 교회당과 목사가 너무 많다. 하나님께서 이렇게 많은 목사를 세웠을까? 이렇게 많은 교회당을 세웠을까? 지금까지 통계를 보면 교단만 해도 232개, 교회당 수는 78,000개, 목사 수는 140,000명에 이른다. 먹고 사는 문제가 있기에 갈수록 작은 교회는 말살이 되고, 대형 교회는 고속 성장을 거듭하여 지점과 프랜차이즈점을 내고 있다. 결국 대형 교회의 증가는 작은 교회에서의 수평 이동이라는 결론이다. 학자들은 2050년경이 되면 개신교는 현재 칠팔백만 명에서 삼사백만 명으로 50% 감소할 것이라 진단하고 있다.

  대출과 빚으로 지어진 많은 교회당이 경매로 넘어가고 있다. 경매로 넘어간 많은 교회당이 이단과 사이비에 매각되고 있다. 참 대단한 일을 목사들이 하고 있다. 526억 원 교회당 건물을 경매로 이단 매각, 277억 원의 교회당 건물 경매 물건, 57억 5천만 원에 교회 건물 낙찰, 교인 만 명에 26억 원 자산을 갖고 있는 교회가 950억 원 건물을 짓기 위해 교인 40가구가 담보로 80억 원 대출을 받았지만 결국 부도가 나고 건축은 중단된 상태라고 한다. 법원경매에 연간 300건 이상의 교회당 건물이 경매로 올라온다고 한다.

교인들은 교회 건축으로 수십억 원에서 수백억 원 수천억 원의 원금과 이자를 감당해야 한다. 이에 반하여 목사의 월급과 지급 항목은 최소한 동결이고 대부분은 인상해 주고 있다. 더불어 목사는 교회 건축에 수고했다고 해외여행 및 안식년까지 갖고 있는 현실이다. 오롯이 빚과 이자는 교인들에게 돌아가고, 경매로 들어온 재정까지 목사는 자기 몫을 챙기기에 혈안이 되고 있다. 교회는 망해도 목사는 망하지 않는다는 말이 있다. 은행의 빚 위에 교회를 건축해도 늘 목사는 흑자라는 것을 잘 알고 있다. 그래서 목사들은 온갖 신비한 거짓말을 만들어 부동산 중개업과 땅 투기를 감행한다. 기획부동산 사기꾼들이 되어가는 것이다. 감언이설로 교인들을 세뇌하고 속여, 온 재산을 교회당 건축과 교회 부동산 투자에 올인하게 한다. 그렇게 그들은 목사들의 세계에서 그런 교인을 속여 실속을 챙기는 기술을 공유하고 학습하고 훈련하고 있다.

교회당을 파는 목사들이 너무 많다. 교인들을 세뇌하여 호의호식하는 목사들이 너무 많다. 예수님이라면 어떻게 하실까? 예루살렘 성전이 타락할 때 그 문에 앉아 여호와의 성전이라, 여호와의 성전이라, 여호와의 성전이라 하는 거짓말에 속지 말라 외쳤던 선지자 예레미야가 지금의 개신교를 보면 어찌 생각할까. 그런데 더욱 비참한 것은, 이러한 현실을 보면서도 교인들과 교회는 침묵하고 있다는 것이다. 불의를 보고 분노하지도 못하고, 비리와 불법을 보고도 저항하지도 못하고 있는 현실이다. 이미 생각 자체를 할 수 없는 미혹된 소경이 되어 있는 현실이 더욱 통탄할 따름이다.

성범죄 천국

통합총회장을 역임한 ○○교회 목사가 교회 권사와 무인텔에서 불륜을 저지른 사실이 드러났다. 영상을 찍은 집사는 "무인텔 출입 적발, 한 번 아니다"라고 하지만, 목사는 상담을 하기 위해 무인텔에 갔다는 구차한 변명을 하는 것이다. 교회는 그런 목사에게 전별금 10억 원을 지급했다고 한다.

선교단체 목사 성범죄 인정 사건. 대법원 2009도 2001 선고, 2009.4.23. 판결에 의하면 목사는 강간치상(일부 예비적 죄명:준강간치상)·강간(인정된 죄명:준강간)·강제추행(일부 인정된 죄명:준강제추행)·준강제추행으로 선고받았다. 법원은 피해자들이 심신 미약, 항거 불능 상태에서 피해를 당하였음을 인정했으며, 폭행과 협박 역시 인정했다. 현재 교도소에 수감 중이라고 한다.

서울고등법원, 전 ○○교회 목사 성추행·성희롱 행위를 인정했다. 그동안 크고 작은 각종 성 추문이 끊이지 않던 목사는 자기가 목회하는 교회의 여신도를 성추행했다고 인정하고 ○○교회를 사임했다. 그나마 목사가 죄를 인정하고 사임하며 치료 상담을 받겠다고 했지만, 그동안 성추행으로 알려졌던 이 사건은 사실상 성폭행이었다는 것이 드러났다. 다수의 청년에게 구강성교를 강요했다는 것이다. 문제는 이 일을 덮고 은폐하며 목사를 감싸고 도는 ○○교회와 교인들의 태도이다. 피해자를 '꽃뱀'으로 몰아 사건을 축소하며 무마시키고 있어, 안티 기독교 감정을 조장했다. 목사는 모처에서 자숙하고 있다고 하였으나, 얼마 안 있어 그 근처에 ○○교회를 다시 냈고, 열자마자 천여 명의 청년들이 신자로 등록하였다. 이후 계속 신도 수가 늘어나 중형교회의 규모가 되었다고 한다. 그러나 세상 법정은 다른 판단을 내렸다. 서울고등법원 제14민사부(재판장 ○○○ 판사)는 ○○교회가 목사를 상대로 낸 전별금 반환청구 소송에서 목사가 복수의 피해자들에게 성추행 및 성희롱을 가한 행위가 인정되고, 그중 목사의 피해자들에 대한 추행 행위는 '성폭력범죄의 처벌 등에 관한 특례법' 제10조 1항의 업무상 위력에 의한 추행 또는 기습 추행으로서 형법 제298조의 강제추행죄에 해당하는 행위로 보인다고 판단했다. 이에 재판부는 목사로 하여금 ○○교회에 1억 원을 배상하라고 판결했다. 그러나 ○○교회는 목사에게 전별금 13억 원을 지급했다고 한다.

다수의 여신도를 상대로 '그루밍 성범죄'를 저지른 인천○○교회 목사가 징역 5년이 확정됐다고 한다.

그루밍 성폭력 ○○○선교회 전 간사는 대법원에서 유죄가 확정됐다고 한다.

전북의 한 교회 장로가 같은 교회에 다니는 여고생을 2009년 5월에 논밭에서 성폭행한 것을 시작, 11월까지 6차례에 걸쳐 성폭행을 저질렀다. 해당 장로가 11월에 성폭행을 그치자, 이번엔 그의 아들이 해당 피해자를 다음 해 5월까지 성폭행하여 둘이 같이 구속되었다고 한다.

경기도 한 교회의 목사(당시 65세)는 2006년 말 교회 예배실에서 종교적 권위를 내세워 11세의 A 양에게 자위와 성행위를 하도록 하는 등 2010년 6월까지 위력을 이용해 미성년 신도 2명과 13차례 성관계를 맺고, 10대 남녀 신도를 3차례 성추행한 혐의로 기소되었다. 그는 범행 과정을 사진으로 보관해 두고 성욕을 채웠고, 전화를 받지 않는다는 이유로 피해자를 폭행하거나 협박성 문자 메시지를 반복적으로 보냈다. 목사는 징역 9년 형을 선고받았으며 신상 공개 10년, 성폭력 치료 프로그램 이수 80시간, 위치 추적 전자장치(전자발찌) 부착 6년, 접근금지 6년의 형벌을 받았다고 한다.

초등학교 5학년 때부터 9년간 친부인 목사에게 성폭행당한 피해자가 피해 수기를 발간했다. 제목은 『눈물도 빛을 만나면 반짝인다-어느 성폭력 생존자의 빛나는 치유 일기』이다. 목사인 친부는 체포되어 징역 7년을 살고 출소했다고 한다.

서울의 모 대형 교회 목사가 혼잡한 에스컬레이터에서 앞사람 치마 속을 불법 촬영하다가 근무 중이던 경찰에게 현장에서 걸렸다. 목사의 휴대전화에서는 여성 3명의 신체를 촬영한 사진과 영상이 나왔다. 해당 목사는 혐의를 인정하면서 "성적 충동을 잘 조절하지 못해서 1년 전부터 약을 복용 중이었는데, 최근 스스로 끊었다가 이런 짓을 저지르게 됐다."라고 토로했다고 한다.

청소년, 청년 대상으로 대형 부흥 집회와 학교 기도모임 등의 굵직한 사역을 담당하는 ○○ 무브먼트의 대표로, 청소년 사역과 신앙교육에서 자주 언급되던 목사가 2004년부터 2008년까지 무려 4년간 한 여성을 고등학생에서 대학생이 될 때까지, 갖은 감언이설과 신앙을 파는 말로 그루밍하여 성적 노리개로 착취해 왔다고 한다.

연예인 ○○○의 형으로 감리회 목사인 ○○○이 미성년자를 성추행해 아동·청소년의 성보호에 관한 법률 위반으로 징역 6년 형을 선고받았다. 교단에서도 면직되었다. 유명한 부흥사로 꽤 이름이 알려져 있었으며, 청소년과 청년들에게 잘 알려진 대표적인 신사도 운동 계열 교회였다. 사건 이전에도 많은 성추행 피해자가 있었으나 대부분 합의금을 주고 무마한 걸로 알려져 있다고 한다.

목사에게 여러 차례 성폭행당했다고 주장한 신학생이 자살했다. 목사는 성폭행은 없었고 합의된 관계라고 우기고 있는데…. 설령 합의된 관계라도 유부남인 목사가 불륜을 저지른 것 자체가 문제고, 목사랑 신학생이 합의를 하긴 뭘 합의했냐는 의견이 대세이다. 또 합의였다면 왜 자살했는지 강한 의심을 받고 있다. 노회는 이 목사를 면직 처리하기로 했다고 한다.

목사 부자가 담임을 보고 있는 부평구 ○○교회에서 아들 목사가 여신도들을 그루밍 성폭력 했다는 의혹이 제기되었다. 피해자만 26명에 달하는 사상 초유의 사건이다. 아들 목사는 목회를 그만두고 필리핀으로 도주했으며 다른 이름으로 개명했다고 한다.

사탄도 울고 갈 강간마 목사가 체포됐다. 경기도 안산에서 미인가 재활원을 운영하던 목사가 60대 여성 요양보호사와 30대 여성 장애인을 2010년부터 8년간 상습 성폭행했다며 검찰에 고소당했다. 이 목사는 잡히고 나선 사실혼 관계니, 합의된 성관계였다느니 망언을 지껄이고 있어 더욱 큰 분노를 샀다. 한국 형법엔 신체적, 정신적 약자를 대상으로 한 성범죄는 가중처벌 규정이 있다. 사회의 최약자 중 한 명인 장애인 여성을 강간한 건 도저히 목사를 넘어서 인간으로서의 자질이 의심스러운 사건이었다고 한다.

SNS로 만난 11살 초등학생을 여러 차례 강간한 60대 목사가 징역 7년의 중형을 받았다. 재판부는 "피고인의 행위는 피해자의 삶에 극복하기 쉽지 않은 상처를 남길 것으로 보인다"라며 "피해자뿐만 아니라 피해자의 가족들도 큰 충격과 고통 속에 삶을 지속하고 있다"라고 선고 이유를 설명했다.

CCM 작곡가로서 컨트리 성지 내슈빌에서 자수성가 후, 한미를 넘나들며 일반 대중음악에도 사운드 엔지니어링 경력이 풍부한 것으로 알려진 ○○○씨가 ○○○을 4차례나 성노예처럼 통제하고 성폭행한 사건이다. 한편 ○○○씨측에서는 ○○씨의 셋업 범죄라고 주장하고 ○○씨가 오히려 위증 제출서까지 제출할 정도로 이상하게 전개되었지만, 그 위증 제출서라는 것도 ○○○씨가 감옥에 있을 때조차 ○○○씨를 통제한 것의 결과물이었다. 이를 참작해서인지 2019년 공판에서는 이러한 ○○○씨의 공작에도 불구하고 유죄가 선고되었다고 한다.

1989년부터 최근까지 여신도 9명을 성폭행한 전북의 한 교회 목사가 징역 18년을 구형받았다. 피해자 대다수는 미성년자였으며, 심지어 모녀가 같이 추행을 당한 일도 있었고 성폭행당한 이후에도 지속해서 성추행당한 일도 있었다. 목사는 행위를 거부하는 신도들에게 "하나님의 사랑으로 하는 거니 괜찮다.", "이렇게 해야 천국 간다"라고 말한 것으로 전해졌다. 1심에서 재판 결과 징역 8년이 선고되었다고 한다.

2020년 12월, 20~30대 여성 3명이 2002년부터 10여 년 동안 경기 안산시 한 교회에 갇혀 지내며 목사로부터 성폭행을 당했다며 검찰에 고소했다. 이 여성들은 목사가 "음란 마귀를 빼야 한다"라며 강간했고 동영상도 촬영했으며, 친족 관계의 여성들에게 동성애까지 강요했다고 주장했다. 여성들은 이 교회 신도의 자녀인 것으로 파악됐다. 이에 검찰은 해당 목사를 아동·청소년 성 보호에 관한 법률 위반(강제추행) 등의 혐의로 불구속 입건하고, 교회와 자택 등을 압수수색 했다. 목사의 가족들 역시 이러한 범죄 행위를 방관한 혐의로 조사 중이다. 피해자 측 변호사의 주장에 따르면 목사의 아내 역시 남편의 성폭력을 방관했고 아들은 아버지와 함께 신도들을 성폭행했다고 한다.

2013~2014년 자신의 교회에서 치료를 빙자해 10대 자매를 상습적으로 추행한 50대 목사가 징역 6년을 선고받았다. 가해자

는 피해자들과 모친에게 협박 문자를 보내기도 했다고 한다.

2012년 선교사를 지망하여 전도사로 재직하던 20대 여성을 성폭행하고 수년간 다수의 신도를 성추행한 목사가 적발됐다. 현재 언론에 보도된 피해자는 최소 4명이다. 성폭행 피해자는 가해자가 이후에도 지속해서 강간을 시도했으며, 결국 선교사의 꿈을 포기하고 여러 차례 자살을 시도했다고 증언했다고 한다.

교단 총회의 정치질

총회 선거는 돈 선거이다. 돈이 많은 목사와 정치질을 잘하는 목사가 총회 임원이 되는 구조이다. 총회가 싸움판의 난장판이다. 독선과 독재가 만연하며 민주적인 절차와 존중은 찾아볼 수가 없다. 급기야 예장 합동 총회에서 총무가 가스총을 들고 총회에 참석했다. 총회장은 가스총을 들고 총대들 앞에서 협박하는 총무를 감싸고 있는 것이 현실이다. 총회장이 용역, 즉 돈 받는 합리적 깡패들을 총회 장소에 들이는 것은 일도 아닌 것으로 알고 있다. 총회장들의 성범죄, 총회장의 불법 세습, 총회장의 헌금 횡령 및 배임의 사건은 일상이 되어 있다.

목회 세습

김일성의 3대 세습은 국민이 인정하지 않으니 안 되고, 자기 교회의 세습은 성도들이 원하는 것이니 문제가 없다고 한다. 삼성 같은 기업들도 자식들에게 세습하는데 왜 교회가 안 되는지 모르겠다고 한다. 성도가 인정하고, 장로들이 원하고, 하나님이 인정하고(?), 아들이 훌륭하게 잘 성장하였기에 자식을 후계자 목사로 세우는 것은 문제가 되지 않는다고 한다. 주의 종은 오직 하나님께서만 판단한다. 대형 교회를 세습하고 사유화하는 목사들의 변명이다. 교회법 및 교단법이 무용지물이다. 세습을 하기 위해 갖은 편법을 쓰고 있다. 정통 세습, 부자 세습, 청빙 세습, M&A(인수합병) 세습, 징검다리 세습, 교환세습, 우회 세습 등 온갖 변칙 방법을 동원하여 자식에게 교회를 물려주고 있다. 교단의 세습 금지법은 아무 소용이 없다.

지금까지 350개가 넘는 교회 및 선교단체가 세습했다고 한다. 대표적인 세습 대형 교회 목사는 대부분 교단 총회장 출신이었다.

결국은 절대 권력의 상징인 돈이다. 성도들의 헌금으로 조성된 동산 및 부동산을 사유화하는 것이다. 대형 교회는 돈덩어리이다. 권력의 절대 반지이다. 절대 스스로 포기가 되지 않는 욕망의 반지이다. 그렇기에 교회의 담임목사 자리를 남에게 절대로 넘겨주지 못하는 것이다. 개척이라는 이유로 사유가 된다면 그곳은 하나님의 교회가 될 수 없다. 그런 명분으로 사유화를 정당화하는 목사는 진짜 목사가 아니다. 그리고 그런 교회에서 믿는 하나님은 분명 성경의 여호와 하나님이 아니다. 신학생들 사이에 씁쓸한 계급이 존재한다고 한다. 목사의 아들은 성골, 장로의 아들은 진골, 그 외는 두품(1두품~6두품)이라는 소문이다. 그래서 교회의 주인은 아버지 목사, 그다음 주인은 아들 그리고 예수님은 없는 것이 개신교의 현실이다.

전별금

    지금의 개신교에서는 교인 수가 몇백 명 이상만 되도 개척했다는 이유로, 교회 성장에 혁혁한 공로가 인정된다는 이유로 퇴직한 목사에게 퇴직금, 원로 목사 월급을 제외한 전별금을 지급하고 있다. 그야말로 돈 덩어리이다. 돈 덩어리를 받기 위해 목사들은 목숨을 걸고 있다. 불법과 탈법, 부끄러움을 모른 채 세습에서 편법까지 온갖 수단과 방법을 동원하고 있다. 목사들은 담임목사가 되기 위해 신사참배, 창씨개명, 신앙의 양심과 인간의 양심을 파는 일을 서슴지 않고 있다.

1년 예산 16억 원인 교회에서 담임목사 전별금으로 18억 원을 지급했다. 교회 빚이 130억 원인 교회에서 담임목사 전별금 25억 원을 지급했다. 1년 예산 40억 원인 교회에서 담임목사 전별금 15억 원을 지급했다. 1년 예산 118억 원인 교회에서 담임목사 전별금 25억 원을 지급했다. 교회 청년들 성추행으로 사임한 담임목사에게 전별금 13억 원을 지급했다. 교회 권사와 불륜인 담임목사에게 전별금 10억 원을 지급했다. ○○교회 담임목사에게 전별금 200억 원과 은퇴 후 특별선교비 480억 원을 지급했다고 한다.

외국 신학의 대가들은 한국 개신교 목사들을 이렇게 평가한다고 한다. 한국 개신교 목사들은 돈을 너무 사랑한다. 한국 개신교 목사들은 너무 음란하다. 한국 개신교 목사들은 거짓말을 너무 잘한다.

목사들의 말 "하나님! 까불면 나한테 죽어!"

"하나님이 ○○○ 심장마비로 데려갈 것… 나는 메시아 나라의 왕, 정치 안 한다." "○○○은 벌써 하나님이 폐기 처분했어." "하나님 꼼짝 마! 하나님. 까불면 나한테 죽어~" "내가 이렇게 하나님하고 친하단 말이야 친해~ 하나님 보좌를 딱 잡고 산단 말이야~" "밤새도록 기도하다가 아침에 하나님의 음성을 들었습니다. '대한민국 망한다.' 이렇게 말했습니다. 그리고 '지구촌에서 없어진다.'" "개새끼 너는 오늘로 끝이다. 두고 보면 알겠지. 너에게 두 번 속겠냐? ㅎㅎ" "10·27 연합예배 반대하면 마귀·사탄·바퀴벌레·· 이완용과 다를 바 없어" "저런 판사들이 개새끼지. 이런 개새끼야. 짐승보다 못한 것" "판사들 눈 잘 봐라. 사팔이다" "MBC, 대가리 돌려…야, MBC야. Mx신" 이런 목사들의 말에 교인들은 '아멘' 하며 박수로 호응했다고 한다. 10.27 연합예배를 주최하며 동의하지 않은 신학대 총장들의 이름을 도용하고 이에 대해 항의하자 삭제했다고 한다.

이단 사이비 천국

○○교회 ○○○ 목사는 피지로 한국 교인들을 집단 이주시켰다. 전 재산을 처분했고 다시 돌아올 명분을 남기지 않았다. 피지로 이주한 교인들은 감시와 통제 속에 농장에서 무임금으로 노동력을 착취당하고 있다. 목숨을 잃은 사람도 있다. 사이비 목사가 감옥에 수용되었어도 저들의 믿음은 잘 흔들리지 않는다고 한다. 피지는 저들에게는 하나님의 나라가 되어 있다. 목사의 가족은 저들의 목숨과 영혼을 담보로 희대의 사기극을 벌이고 있다. 그런데도 저들은 이미 알지 못하는 소경이 되어버렸다.

타작마당이라는 말도 안 되는 구실을 만들어 목사가 시키는 대로 부모가 자식의, 자식이 부모의, 아내가 남편의, 남편이 아내의 뺨을 사정없이 치고 있다. 몸속에 마귀를 때려잡아야 한다는 가르침을 그대로 믿고 있는 모습을 보면, 분노도 아까울 정도로 어리석음을 볼 수 있다.

인분을 먹이는 목사

교회 담임목사가 청년들에게 신앙 훈련이라는 이유로 인분을 먹이는 사건이 발생했다. 담임 목사는 법정 실형을 선고받았다고 한다. 그럼에도 그런 목사를 따르는 청년들과 교인들이 있다는 사실이 참으로 놀라운 일이 아닐 수 없다.

표절

목사들의 설교 표절은 일상이 되었다. AI와 챗GPT를 통해 설교를 작성한 목사들이 셀 수 없이 많아졌다. 부끄러운 줄 모른다. 목사들의 논문 표절도 일상이다. 양심의 거리낌이 전혀 없다. 담임목사의 논문을 검증해 준 대학교수에게 교회를 떠나라고 한 담임목사가 있다. 자신의 논문을 표절이라고 결론 내렸다는 것이 이유이다. 학자의 양심으로 심사를 해달라고 해서, 진짜 학자의 양심으로 심사했더니 자신이 생각하는 결론이 나오지 않자 교회의 분란 자로 만들어 버렸다. 담임목사가 자신에게 맹종하는 부목사에게 칼을 쥐여주고, 온갖 모함과 비난과 욕설로 교인을 괴롭히라고 부추기고 있는 모습을 보면 분노가 끓어 오른다. 과연 저들을 어찌해야 할지…. 교인까지 죽이는 저들을….

대중을 선동하는 검은 손

대제사장들과 서기관들이 예수님을 십자가에 처형하기 위해 민중들을 모아 군중을 만들었고, 그들에게 십자가의 처형을 외치게 하였으며, 결국 군중의 소리가 두려워 빌라도는 저들의 뜻대로 예수님을 십자가에 내어주었다. 이와 마찬가지로 저들은 군중을 보이지 않게 돈으로 매수하였다. 지금의 대형 교회들이 극우 집회에 교인들을 선동하고 있다. 교인들을 우매한 군중으로 만들어 정치인들에게 민심이라는 명분으로 담임목사의 위력을 과시하고 있다. 저들은 그런 우매한 교인들을 돈으로 사고 있다. 특히 하루의 끼니를 걱정하는 노인들을 돈으로 사고 있다. 생활비에 허덕이는 개척교회 목사들을 돈으로 유혹하고 있다. 돈이면 다 된다. 돈이면 목사들이 시킨 대로 하고 있다. 파괴하고 조롱하고 모함하고 비난하는 일을 서슴지 않고 있다. 불법과 불의도 돈 앞에서는 무용지물이 되고 있다. 이 일에 목사들이 앞장서고, 교인들이 그 뒤를 따르고 있다. 그렇게 찍어 올린 유튜브가 돈이 되는 세상이기에 눈깔이 돌아가고 있다. 돈이면 인격도 영혼도 성(性)도 전부 다 팔고 있다. 그 일을 개신교 목사들과 교인들이 자행하고 있다.

직분 매매

한국 개신교 교회에서는 직분을 받으면 돈을 내야 한다. 직분을 돈으로 사는 행위이다. 예를 들면 안수집사는 300만 원, 권사는 500만 원, 장로는 1,000만 원이다. 할부도 안 되고, 카드 결제도 안 된다. 오직 일시불 현금으로 지급해야 한다. 하루 벌어 하루 먹고 사는 사람은 대출을 받아야 한다. 빚을 내서라도 할당된 금액을 내야 한다. 안 낼 수 없는 것이 함께 직분을 받은 사람들이 다 내고 있기에 형편을 이유 삼아 안 낼 수 있는 방법은 없는 듯하다. 한국 개신교 교회에서는 돈이 없으면 직분을 받는 일이 쉽지 않다.

장사하는 교회당

 교회 냉난방기 수리하는 비용 2억 원을 모금하기 위해 2억 원 모금 특별 새벽기도회를 한다고 한다. 기가 막힌 발상이다. 부흥회 이름이 에쿠스 부흥회다. 담임목사에게 에쿠스 자동차를 사주기 위한 특별 부흥회를 하고 있다. 이것이 한국 개신교 교회이다. 한국 개신교 교회에서는 송구영신 예배를 드리면 기괴한 일이 벌어진다. 점쟁이들과 미신을 믿는 옛 우리 선조들이 했던 점괘를 뽑는 행위를 똑같이 하고 있다. 저들은 점괘가 아니라 말씀 카드를 뽑고 있다. 어떤 교인은 자기 마음에 들지 않은 말씀을 뽑으면 다시 넣고 다시 뽑는다고 한다. 담임목사가 한 해를 시작하는 첫 시간에 하나님께 예배를 드리면서, 그런 기괴한 미신의 짓을 하는 것이 한국 개신교 교회이다. 목사를 비롯한 교인들이 무엇을 잘못했는지도 모르고, 너무나 자연스럽게 그런 짓을 하고 있다.

기도 수당

 경기 용인의 대형 교회 목사의 이야기다. 한 선생님을 만났다. 이모가 경기도에서 해당 교회에 출석한다고 한다. 그러면서 그 교회 담임 목사에게 안수받으려면 1,000만 원을 내야 한다고 했다. 무당이 굿을 하거나 부적을 써줄 때, 돈을 많이 낼수록 굿과 부적은 더욱 효험이 있다고 한다. 절박하고 절실한 사람들의 간절함을 이용하여 그들의 돈과 영혼까지 끌어다 투자하게 하는 것이다. 어떤 교회는 기도하는 권사가, 어떤 교회는 사모가 기도의 값으로 돈을 받는다고 한다. 매번이야 아닐 것이라는 희망은 있지만 기대는 하지 않는다. 기복 종교, 구도 종교의 허점을 이용하는 악한 자들과 그렇게 속아 넘어가는 수많은 무지를 보고 계시는 주님의 마음은 어떠실까? 안수기도 한 번에 1,000만 원을 내야 한다고 한다. 기도의 빈익빈 부익부라….

돈에 환장한 사기꾼

한 교회 담임 목사가 매월 받는 돈의 명목은 상상을 초월한다. 크기에 따라 다 받을 수는 없지만 월급 이외에 30가지 이상의 명목으로 돈을 받는다. 액수가 많든 적든 간에 담임목사는, 그 어떤 지출보다 자신의 사례비를 우선하여 지출한다. 교회의 목적이 목사에게 돈을 지급하는 것이 우선이 되는 현실을 부정할 수 없다. 교인들은 대부분 담임목사가 순수하게 월급(사례비)만을 받는다고 생각한다. 그러나 생활의 거의 모든 것을 교회가 감당하고 있는 것이 현실이다. 집도 사주고, 차도 사주고, 주유비, 통신비, 공과금, 심지어 애매한 항목까지 만들어 돈을 지급

한다.

 과하고 지나침을 넘어 속임수로 가득하다. 교회의 대출이 많아도 목사에게 지급되는 사례비는 최소한이 동결이며 거의 모든 교회가 인상을 해서 지급하고 있다. 심지어 교회가 작다는 이유로 이곳저곳 후원받아 아내와 자식들을 호화스럽게 살게 하는 목사들이 많다. 그렇게 후원받은 돈으로 목사 아내는 명품으로, 자식들은 고액 과외로 돌리고 있다. 생활 주거지도 목사는 시골에서, 가족들은 도시에서 떨어져 생활한다.

 다음은 목사에게 지급되는 사례비(월급)에 포함된 명목들이다. 목회비. 교역자 연금인 은급비, 선교비, 도서비, 손님 접대비, 통신비, 사택 구입비, 사택 유지관리비, 차량 구입비, 차량 유지관리비, 교통비, 본인 및 가족 교육비, 격려비, 상여비, 휴가비, 건강관리비, 의료비, 이사비, 판공비, 사역 지원비, 기밀비, 연구비, 수양비, 식사비, 출장비, 심방비, 경조사비, 노후 관리비, 부흥 사례비, 주례비, 퇴직금, 전별금, 예후금, 퇴직 후 월급 등 전부는 아니지만 이에 준하여 모든 담임목사는 교회로부터 돈을 착복한다. 비용 대부분은 영수증을 처리하지 않는 백지수표가 된 명목들이다.

이중 부과되는 헌금

주일 날 주보에 세례교인 헌금 봉투를 받았다. 총회에서 일괄적으로 실시하는 헌금인 듯하다. 담임목사가 광고도 하며 2주간에 걸쳐서 진행되었다. 이 모습에 한편으로는 분노가, 한편으로는 사악함이 느껴졌다. 모든 교회는 총회에 상회비를 낸다. 그 돈으로는 부족할까? 아니면 드려진 헌금에서 상회비를 내지 않기 위해 따로 또 헌금 명목을 잡아 드리게 하는 것일 수도 있다. 설령 부족하다면 교회가 이미 드려진 헌금에서 재원을 마련하면 되지 않을까? 그런데 이렇게 헌금 봉투까지 만들고 액수까지 정해서 또 헌금을 하라는 것은 무엇일까? 세례 교인들에게 종교세를 부과하는 모습에서 사악함을 느낀다. 이중 삼중의 헌금을 마치 의무적으로 부과해 정치 목사들의 배만 채우는 듯하다. 마치 깡패들이 시장을 지켜준다는 명목으로 세금을 걷는 것과 흡사하다. 아니 양아치들이 닥치는 대로 사람들에게 돈을 뜯는 것과 다를 바가 없다. 개인은 몇천 원이지만 수천 명, 수만 명이 모이면 몇억 원, 몇십억 원이다. 결국 머리 좋은 사기꾼들이 치밀한 계획으로 돈에 대한 욕심을 여실히 드러내고 있다. 이렇게 강제 징수한 돈으로 노래방도 가고, 술도 마시고, 도우미도 부르고…. 이런 눈먼 돈을 차지하기 위해 총회에서 총도 쏘고 그들끼리 칼부림도 하고 총회 임원이 되려고 거짓과 속임수의 불법 선거를 치르고…. 7,000원은 누군가에게 이 세상에서 마지막 식사비일지도 모른다. 하루 종일 노점에서의 수입일지도 모른다. 생명 값일지도 모른다. 그런데 저들은 그렇게 교회에서 주님의 이름으로 사기를 자행하여 무엇을 하려는지….

세뇌

　새 생명 전도축제는 거짓과 속임수이다. 예수님의 가르침과는 전혀 맞지 않는 일이다. 교회와 예배의 본질을 파괴하는 일이다. 전도와 선교의 본질을 파괴하는 일이다. 복음을 왜곡하고 변질시키는 일이다. 구원을 왜곡하고 변질시키는 일이다. 성경적 삶과 인격을 말살하는 일이다. 교회의 집단 이기주의를 견고히 하는 일이다. 교회를 집단으로 최면하는 일이다. 십자가의 사랑과 은혜를 왜곡하는 일이다. 하나님의 나라와 의를 파괴하는 일이다. 기복 종교의 욕심과 탐욕을 여실히 드러내는 일이다. 거짓으로 성도들을 무지한 소경으로 세뇌하는 일이다. 목사가 교회를 사유화하려는 일이다. 목사가 왜곡된 말씀으로 성도들을 미혹하는 일이다. 목사가 성도들을 자기 사람으로 만드는 일이다. 하나님의 일이 아닌 사람의 일, 곧 사탄의 속임수이다. 기복주의와 물질만능주의의 산물이다.

설교 폭력

폭력은 그 어떤 경우에도 정당화될 수 없다. 폭력은 중독이 된다. 가해자도 피해자도 중독이 된다. 폭력에 있어 피해자의 중독은 폭력에 내성이 생기면 폭력을 폭력으로 인지하지 못하는 것이다. 가정폭력에 노출이 되어 있는 가족들은 시간이 지날수록 그 폭력을 일상으로 인식하게 된다. 지속적인 폭력은 두려움에 대한 감정까지 일상의 감정으로 위장시킨다. 더 나아가 폭력의 변명을 사랑으로 둔갑시켜 정당성을 부여하기까지 한다. 피해자는 온몸에 멍이 들고 찢어지고 피가 터져도, 가해자는 왜곡된 진심으로 결국 자신의 폭력에 정당성을 확보하여 다시 반복해서 폭력을 가하고 있다. 폭력으로 길든 많은 시간은 결국 폭력을 폭력이라 말하는 보편적 사랑을 거부하며, 폭력을 폭력이라 인식하는 상식과 도리를 거절하기까지 하게 되는 것이다. 물리적 폭력의 증상은 언어폭력에도 같이 나타난다. 오히려 언어폭력은 더 강하게 정신을 지배하는 미혹의 힘이 있다. 어쩌면 육신의 폭력은 시간을 통해 치료가 가능하지만, 언어를 통한 폭력은 그 치료의 가능성이 더욱 희박해질 것임이 자명하다.

○○방송에서 설교 한편을 들었다. ○○교회 ○○○목사 설교였다. 설교의 시작부터 내 귀를 의심했다. 분명 성경 본문은 히브리서, 설교 제목은 '믿음의 발자취'였다. 그러나 내 귀에 들린

것은 설교가 아니라 폭력이었다. 내 귀에 들려온 설교는 성경 말씀의 해석도, 적용도 없었다. 하나님 말씀에 대한 올바른 가르침도 전혀 찾아볼 수 없었다. 그리고서는 목사가 다녀온 여행지를 소개했다. 나름 목사의 경험과 정보를 섞어 전했다. 설교 시간에 여행지 소개는 할 수 있다. 그러나 목사는 다른 나라의 발전을 믿음의 식견이라 소개하며, 성경의 믿음과 억지로 짜 맞추기식 설교를 했다. 목사는 심지어 유럽의 샹젤리제 거리, 노트르담 사원, 성 베드로 성당 등을 소개하면서, 그 시대의 분파 싸움을 한국 사람들이 보지 못한, 큰 믿음의 결과물이라 소개했다. 거대한 건물들이 미래를 내다보는 큰 믿음이라는 것이다. 그 믿음이 어찌 히브리서 11장의 믿음과 같을 수 있겠는가. 아니 어찌 그런 물질적 가치관에 성경의 믿음을 비교할 수 있을까. 목사의 폭력은 여기서 끝나지 않았다. 과연 면죄부를 만들어 성도들에게 사기를 치고, 이를 매매하여 자신들의 배만 채운 성 베드로 성당을, 그것도 종교 개혁으로 세워진 개신교 목사가 큰 믿음의 결과라 고성을 지르고 있는 소리를 차마 들을 수가 없었다. 수많은 생명을 죽이고 돌아와 승리에 취해 지난 개선문, 그리고 그 거리를 큰 믿음의 눈이라 괴성을 지르는 목사의 설교에 경악을 금치 않을 수 없었다.

설교는 여기에서 끝나는 것이 아니었다. 성도들의 헌금으로 100여 개 나라를 넘게 여행한 것을 자랑하며, 자신의 식견과 견문이 넓어지고, 마음과 생각이 깊어짐을 말하며 자신의 글에 많은 사람들이 칭찬한다는 자기 자랑을 어찌나 뻔뻔하게 설파하는지 모른다. 설교의 주제와 전혀 다른 부지런함의 요절을 말하며, 자신은 다른 목사들과 달리 새벽예배를 마치고 결코 자는 일이 없다고 자신의 영성을 자랑하는 그 모습에서 자기 자랑의 궤변을 들을 수 있었다. 설교 내내 본문에 대한 해석은 하나 없이, 그저 믿음이란 단어로 세계를 여행한 자신을 자랑하며 우상화하는 능력에 분개하지 않을 수 없었다. 그 어떤 경우라도 정상적인 지각으로는 결코 들어줄 수 없는 말들이었다. 설교의 맥락도, 내용도, 깨달음도 없었으며, 앞뒤가 전혀 맞지 않는 설교였다. 시장에서 쥐약을 파는 사람도, 생선을 파는 좌판 주인도, 유치원에서 배운 것을 부모에게 설명하는 어린이가 말한다 해도 이보다는 더 낫지 않을까 생각했다. 교양적인 지식도 형편없고, 영적 지식도 그 깊이가 하나도 없는 것을 볼 수 있었다. 과연 무엇을 준비했는지 알 수가 없다. 설교를 준비한 것이 아니라, 무지한 자기 생각을 강압하는 무자비한 폭력이라고밖에 설명할 길이 없었다.

설교를 들으며 몇 가지 생각이 들었다. 과연 이 목사가 목사가 맞는가? 과연 이 목사가 하나님을 믿는가? 과연 이 목사가 하나님을 예배하는가? 과연 이 목사가 하나님을 경외하는가? 과연 이 목사가 하나님의 말씀을 사랑하는가? 과연 이 목사가 하나님의 영혼들을 귀히 여기는가? 과연 이 목사가 사람이 맞는가? 성도들을 자기 발아래 두고, 돈이 없고 상황과 여건이 되지 않아 성도들은 갈 수 없는 해외에 자신이 그렇게 많이 다녔다고 자랑하는 모습 속에서, 얼마나 성도들을 무시하고 함부로 여기는지 알 수 있었다. 또한 예배를 무시하고, 말씀을 경멸하며 하나님을 만홀히 여김을 볼 수 있었다. 하나님을 무시하는 목사로 마치 자신이 하나님인 양 어찌 그리 빈정거리며 성령님을 경멸하는지 모른다. 소경 된 인도자요, 인격의 살인자요, 강단의 폭력자였다.

그런 설교를 듣고 아멘하고 있는 성도들을 생각하면서 여러 생각이 교차했다. 소경 된 인도자가 소경 된 자를 인도하는 꼴이 되어버렸다. 저런 목사의 설교를 들어주는 사람들이 있기에, 그 목사도 일말의 양심의 가책도 없이 그런 설교를 설교라고 전하는게 아닐까 생각해 보았다. 너무나도 두렵고 무섭고 떨리는 일이었다. 그렇게 그곳에 모여 있는 폭력으로 물들여진 사람들이 걱정되었다. 그곳을 교회라 할 수 있을지…. 그들을 성도라 할 수 있을지…. 자꾸 과천 ○○교회 ○○○목사와 피지 사람들이 생각났다. 눈과 귀, 생각과 양심, 영혼까지 미혹되어 말살되어 버린 현장, 바로 그곳이 교회라 이름하는 곳이었다. 그들은 그렇게 들었던 설교를 진리라 생각하고 굳게 믿고 있었다. 삯꾼 목사의 자의적 해석의 가르침은 예수님의 보편적 진리를 왜곡하여 많은 인생의 영혼을 말살하는 데 충분했다는 생각이 들었다. ○○방송에서 흘러나온 그 목사의 설교 또한 그렇게 생각하기에 충분해 보였다.

삯꾼 목사들의 자의적 해석으로 인한 왜곡된 설교를 가능하게 한 데에는 방송사도 그 역할을 톡톡히 했다고 생각한다. 무분별한 설교 방송. 그런 폭력적 설교가 방송을 통해 수많은 청취자에게 전해질 수 있었던 것은, 결국 돈 때문이 아니었을까 생각한다. 돈으로 거래되는 설교들. 돈만 주면 내보내 주는 설교들. 돈만 주면 좋은 시간대에 틀어주는 설교들. 이런 설교는 폭력이 아닐 수 없다. 또한 기독교를 변질시키는 주범이 아닐 수 없다. 지각을 상실한 교회와 목사와 성도들. 진리를 분별하는 영적 능력을 상실한 교회와 목사와 성도들 그리고 기독교 매스컴.

설교를 통한 왜곡된 가르침은 폭력이다. 삯꾼 목사들의 자의적 설교는 폭력이다. 물리적 폭력이나 언어폭력에 비할 수 없는, 또다른 형태의 본질적인 폭력이다. 이는 영혼을 영원히 죽이는 일이기 때문이다. 우리는 이단에 빠진 사람들을 이해하지 못한다고들 한다. 어떻게 그렇게 말도 안 되는 소리에 넘어갈 수 있냐고들 한다. 그러나 우리가 생각하는 것보다 이단에 빠진 사람들은 그 수가 적지 않다는 것을 알아야 한다. 피지로 간 사람들을 보면 우리는 충분히 이해할 수 있을 것이다.

　설교 폭력에 내성이 생기면, 지각을 상실하여 영원히 돌아오기 힘든 길을 가게 된다. 목사의 말이 하나님의 말씀으로 변해버리게 된다. 목사의 입은 하나님의 말씀을 대신하지만, 결국 그 설교 폭력에 내성이 생긴 성도들은 모든 목사의 말이 하나님의 말씀이 되어 목사의 사람으로 영혼을 전부 바치게 되는 것이다. 이미 왜곡된 목사의 말이 옳은 것으로 인식되어, 진정 올바른 하나님의 말씀을 거부하는 현상이 발생하고 있다. 목사의 폭력 설교로, 예수님을 거부하고 그분의 말씀을 거부하는 기이한 현상이 현실이 되어가는 것이 작금 교회의 현주소이다. 목사의 불법을 은혜라는 이름으로 덮어가며, 목사의 탐욕과 욕망을 사랑이라는 이름으로 용인하는 타락한 교회가 되어버렸다. 이 모든 것을 하나님의 이름으로 행하고 있으니 이는 분명 우상숭배가 아닐 수 없다.

　그럼에도 불구하고 여전히 개신교를 향한 하나님의 구원 계획은 유효하며 진행 중이다.

제2장

왜곡된 논제論題에 대하여

On a distorted subject

창조주 하나님 외에 신은 없다. 그분 외에 신비적이고 절대적인 존재는 없다. 여호와 하나님은 그 어떤 경우에도 형상을 만들 수 없다. 주 되신 하나님보다 더 사랑하는 것은 우상이다.

개신교는 보이지 않는 가치를 추구한다. 보이는 것은 제한적이지만 보이지 않는 것은 영원한 가치가 있다. 보이는 가치는 물질의 가치이자 소유의 가치이다. 목사와 교회당과 돈(헌금)은 보이는 것이다. 보이지 않는 하나님을 보이는 목사로 대신할 수 없고, 보이지 않는 하나님의 나라를 보이는 교회로 대신할 수 없으며, 보이지 않는 마음을 보이는 돈으로 대신할 수 없다.

목사와 교회와 돈이 왜곡되어, 보이지 않는 하나님과 하나님의 나라와 마음을 잃어가고 있다. 그림자는 실체가 아니다. 허상은 실상이 아니다. 비본질은 본질이 아니다. 비슷한 것과 유사한 것과 위장된 것은 분별해야 한다. 목사에게 수많은 사람들이 모이고 거액의 돈이 모이면, 힘이 되고 권력이 된다. 목사에게 힘과 권력이 생기면, 하나님과 같이 되려고 한다. 목사는 그 힘과 권력으로 바벨을 쌓으려고 한다. 위장된 논제에 저항하고, 왜곡된 목사와 교회와 돈(헌금)을 바로 개혁해야 한다.

논제 1

목사
Pastor

목사(牧師, "포이멘"(ποιμήν(헬)), "Pastor")란

　목사는 가르칠 수도 없는 사람이다. 목사는 가르침에 책임을 질 수도 없는 사람이다. 목사는 깨닫게 할 수도 없는 사람이다. 목사는 안내자(案內者)일 뿐이다. 목사는 가이드(Guide)일 뿐이다. 목사는 안내자까지만 해야 한다. 목사는 사람들을 하나님께로 안내하는 사람이다. 목사는 사람들을 예수님께로 안내하는 사람이다. 목사는 사람들을 성령님께로 안내하는 사람이다.

　목사는 보혜사 성령님의 돕는 자[안내자]가 되어야 한다. 성령님은 예수님의 돕는 자[보혜사,保惠師]이다. 예수님은 하나님의 돕는 자[보혜사]이다. 목사는 가르침으로 성령님께 인도하면, 성령님은 모든 것을 가르치시는 보혜사가 된다. 모든 것을 생각나게 하시는 보혜사가 된다. 모든 것을 깨닫게(Anointing) 하시는 보혜사가 된다.

목사는 올바른 안내자가 되어야 한다. 정확(正確)히 알고 안내하는 안내자가 되어야 한다. 정확한 하나님의 지식[해석], 하나님의 지혜[적용]이어야 한다. 정직(正直)하게 안내하는 안내자가 되어야 한다. 하나님의 복[福]을 복이라, 하나님의 화[禍]를 화라고 안내해야 한다. 성실(誠實)하게 안내하는 안내자가 되어야 한다. 변함없이, 일관되게, 성결하고, 부지런한 신실함으로 안내해야 한다.

목사는 목사의 자리에 있어야 한다. 목사는 결코 창조주 하나님의 자리에 앉아서는 안 된다. 목사는 결코 구원자 예수님의 자리에 앉아서는 안 된다. 목사는 결코 보혜사 성령님의 자리에 앉아서는 안 된다. 목사는 목사의 자리를 왜곡해서는 안 된다.

목사는 믿음의 조상, 열국의 아비인 아브라함이 아니다. 목사는 하나님을 대면하여 민족을 이끌어가는 모세가 아니다. 목사는 신정국가의 신탁(神託)을 받은 제사장 아론이 아니다. 목사는 하나님의 뜻을 직접 받아 전달하는 선지자 사무엘이 아니다. 목사는 특별한 하나님의 섭리로 사용하는 사사 기드온이 아니다. 목사는 하나님의 기름부으심으로 통치하는 왕 다윗이 아니다. 목사는 예수님과 동고동락하고 순교한 제자 베드로가 아니다. 목사는 복음을 위해 부르심을 받은 사도 바울이 아니다. 목사는 성인(聖人)이 아니다.

목사는 사람이다. 목사는 사람다운 사람으로 살아가야 하는 사람이다. 목사는 죄인이다. 목사는 구원받을 죄인으로 살아가야 하는 사람이다. 목사는 성도이다. 목사는 성도다운 성도로 살아가야 하는 사람이다.

목사는 하나님의 사명자로 살아가야 하는 사람이다. 목사는 기도와 말씀을 맡은 자로 살아가야 하는 사람이다. 목사는 성경인 하나님의 말씀 전문가로 살아가야 하는 사람이다.

목사는 은사의 직분자로 살아가야 하는 사람이다. 목사는 지식의 은사로 성경을 바르게 해석하는 자로 살아가야 하는 사람이다. 목사는 지혜의 은사로 성경을 바르게 적용하는 자로 살아가야 하는 사람이다.

목사는 전파하는 일을 하며 살아가야 하는 사람이다. 목사는 가르치는 일을 하며 살아가야 하는 사람이다. 목사는 치유하는 일을 하며 살아가야 하는 사람이다.

목사는 모두를 사랑하며 살아가야 하는 사람이다. 목사는 모두를 섬기며 살아가야 하는 사람이다. 목사는 모두를 용서하며 살아가야 하는 사람이다.

목사는 청빈(淸貧)의 삶을 살아가야 하는 사람이다. 목사는 소유가 아니라 존재로 살아가야 하는 사람이다. 목사는 현상이 아니라 본질로 살아가야 하는 사람이다. 목사는 물질이 아니라 영원으로 살아가야 하는 사람이다. 목사는 금욕의 삶과 자기 부정의 삶을 살아가야 하는 사람이다. 목사는 처, 자식을 핑계로 세상살이에 매이지 않고 살아가야 하는 사람이다.

목사는 예수님의 제자로, 사도 바울의 동역자로 살아가야 하는 사람이다. 목사는 돈의 욕심, 탐심과 날마다 싸워 이기며 살아가야 하는 사람이다. 목사는 하나님의 특별한 특권의식을 부인하며 살아가야 하는 사람이다.

목사는 교회도 아니며, 교회의 대표도 아닌 자로 살아가야 하는 사람이다. 목사는 하나님도 아니며, 하나님의 대리자도 아닌 자로 살아가야 하는 사람이다. 목사는 구약의 제사장도 아니며, 하나님의 대제사장도 아닌 자로 살아가야 하는 사람이다.

목사는 말씀의 가르침으로 사명을 감당하며 살아가야 하는 사람이다. 목사는 기도하는 일과 말씀을 가르치고 전하는 일에 전무하며 살아가야 하는 사람이다. 목사는 자비량으로 일해서 사역하며 살아가야 하는 사람이다.

목사는 돈의 소유로 사람을 대하지 않고 살아가야 하는 사람이다. 목사는 돈의 소유로 직분을 남용하지 않고 살아가야 하는 사람이다. 목사는 돈의 유무로 관계의 신뢰를 만들어가지 않고 살아가야 하는 사람이다.

목사는 교회의 형편에 따라 받는 급여로만 살아가야 하는 사람이다. 목사는 교회의 형편에 따라 받는 급여 외에는 다른 비용을 받지 않으며 살아가야 하는 사람이다. 목사는 받는 급여에 상여금과 퇴직금을 포함해 살아가야 하는 사람이다.

목사는 정해진 퇴직금 외에 전별금을 받지 않고 살아가야 하는 사람이다. 목사는 퇴직을 이유로 그 어떤 보상을 요구하지 않고 살아가야 하는 사람이다. 목사는 급여에 개인적인 보험금을 포함해 살아가야 하는 사람이다.

목사는 급여에 가족의 수와 생활의 여건에 따라 그 액수를 받아 살아가야 하는 사람이다. 목사는 국민의 납세 의무를 성실히 이행하며 살아가야 하는 사람이다. 목사는 교회의 월급 외에 말씀을 전하는 비용을 받지 않고 살아가야 하는 사람이다.

목사는 교회로부터 자택을 따로 받지 않고 살아가야 하는 사람이다. 목사는 교회로부터 자택 관리비를 따로 받지 않고 살아가야 하는 사람이다. 목사는 교회로부터 자가 차량을 따로 받지 않고 살아가야 하는 사람이다.

목사는 교회로부터 자가 차량 유지비를 따로 받지 않고 살아가야 하는 사람이다. 목사는 교회로부터 자녀 양육비 및 교육비를 받지 않고 살아가야 하는 사람이다. 목사는 교회로부터 도서비를 따로 받지 않고 살아가야 하는 사람이다.

목사는 교회로부터 통신비를 따로 받지 않고 살아가야 하는 사람이다. 목사는 교회로부터 월동비를 따로 받지 않고 살아가야 하는 사람이다. 목사는 교회로부터 목회비를 따로 받지 않고 살아가야 하는 사람이다.

목사는 교회로부터 활동비를 따로 받지 않고 살아가야 하는 사람이다. 목사는 교회로부터 개인 세금 및 생활비를 따로 받지 않고 살아가야 하는 사람이다. 목사는 교회로부터 개인 치료비를 따로 받지 않고 살아가야 하는 사람이다.

목사는 교회로부터 가족의 치료비를 따로 지급받지 않고 살아가야 하는 사람이다. 목사는 교회의 교인들에게 심방비를 받지 않고 살아가야 하는 사람이다. 목사는 개인의 축의금은 개인의 비용으로 하며 살아가야 하는 사람이다(교회와 별도).

목사는 개인의 부의금은 개인의 비용으로 하며 살아가야 하는 사람이다(교회와 별도). 목사는 모든 장례에 대한 수고비를 받지 않고 살아가야 하는 사람이다. 목사는 모든 결혼에 대한 주례비를 받지 않고 살아가야 하는 사람이다.

목사는 교회에서 당회장의 자리를 지양하며 살아가야 하는 사람이다. 목사는 교회에서 제직회장의 자리를 지양하며 살아가야 하는 사람이다. 목사는 교회에서 공동의회장의 자리를 지양하며 살아가야 하는 사람이다. 목사는 교회에서 운영위원회장의 자리를 지양하며 살아가야 하는 사람이다.

목사는 신문, 방송 등 언론매체의 활동을 지양하며 살아가야 하는 사람이다. 목사는 교회 외에 활동을 지양하며 살아가야 하는 사람이다. 목사는 선교의 현장을 개척하며 살아가야 하는 사람이다.

목사는 설교 강단, 의자, 무대를 자신의 것으로 전용하지 않으며 살아가야 하는 사람이다. 목사는 특별한 의식을 제외하고 목사 가운을 입지 않으며 살아가야 하는 사람이다. 목사는 제 생각과 하나님의 뜻을 철저하게 구분하며 살아가야 하는 사람이다.

목사는 아내와 목사의 길을 함께 동역하며 살아가야 하는 사람이다. 목사는 아내가 전업주부의 자리를 지키도록 살아가야 하는 사람이다. 목사는 자녀가 모든 자녀의 본이 되게 양육하며 살아가야 하는 사람이다.

목사는 결혼을 하나님의 뜻에 따라 단 한 번만 하며 살아가야 하는 사람이다. 목사는 한 여자의 남편이 되어 살아가야 하는 사람이다. 목사는 이 땅에 성경적인 영적 가정을 세우며 살아가야 하는 사람이다.

목사는 이혼하지 않고 살아가야 하는 사람이다. 이혼은 목회의 끝이다. 목사는 살인하지 않고 살아가야 하는 사람이다. 살인은 목회의 끝이다. 목사는 간음하지 않고 살아가야 하는 사람이다. 간음은 목회의 끝이다.

목사는 사기 치지 않고 살아가야 하는 사람이다. 사기는 목회의 끝이다. 목사는 도둑질하지 않고 살아가야 하는 사람이다. 도둑질은 목회의 끝이다. 목사는 사회적 불법을 범하지 않고 살아가야 하는 사람이다. 불법은 목회의 끝이다. 목사는 교회의 헌금을 횡령하지 않고 살아가야 하는 사람이다. 헌금 횡령은 목회의 끝이다.

목사는 배우자의 사별을 제외하고 재혼하지 않고 살아가야 하는 사람이다. 목사는 동산, 부동산의 유산을 남기지 않고 살아가야 하는 사람이다. 목사는 동산, 부동산을 하나님의 것으로 드리며 살아가야 하는 사람이다.

목사는 치우쳐 편을 가르지 않고 살아가야 하는 사람이다. 목사는 자기 사람을 만들지 않고 살아가야 하는 사람이다. 목사는 교회의 분열만은 자기의 모든 것으로 가로막고 살아가야 하는 사람이다. 목사는 교회의 일치와 유익을 위해 언제든지 떠날 수 있는 결단으로 살아가야 하는 사람이다.

목사는 노후 보장을 위해 목회하지 않고 살아가야 하는 사람이다. 목사는 많이 가진 자들과 타협하지 않고 살아가야 하는 사람이다. 목사는 사회적 지위가 높은 자들과 결탁하지 않고 살아가야 하는 사람이다.

목사는 평생 보장되는 담임목사직을 포기하며 살아가야 하는 사람이다. 목사는 7년 순환제를 통해 어디든 목회할 수 있도록 살아가야 하는 사람이다. 목사는 6년 임기제, 7년 안식년을 지켜 재신임받아 목회할 수 있도록 살아가야 하는 사람이다.

목사는 정치하는 사람들과 교회를 이용하지 않고 살아가야 하는 사람이다. 목사는 정치의 수단으로 교회를 내어주지 않고 살아가야 하는 사람이다. 목사는 정치를 위해 성도들을 이념화하지 않고 살아가야 하는 사람이다.

목사는 범신론의 가치관, 인본주의 가치관, 세속주의 가치관, 물질만능주의 가치관, 성공주의 가치관으로 목회하지 않도록 살아가야 하는 사람이다. 목사는 이기주의자, 개인주의자, 기회주의자가 되지 않도록 살아가야 하는 사람이다. 목사는 오직 예수 그리스도만이 온 인류의 유일한 구원자임을 믿고 전파하는 독선을 갖고 살아가야 하는 사람이다.

목사는 세상과 교회가 이원화되지 않도록 살아가야 하는 사람이다. 목사는 세상에서도 목사로 살아가야 하는 사람이다. 목사는 교인들을 집단 이기주의의 도구로 사용하지 않도록 살아가야 하는 사람이다.

목사는 보편적이고 일반적인 상식을 갖고 살아가야 하는 사람이다. 목사는 신비적인 주술로 사람들을 현혹하지 않고 살아가야 하는 사람이다. 목사는 성경을 왜곡하여 가르쳐 자신을 추종하지 않도록 살아가야 하는 사람이다.

목사는 하나님을 향한 순수한 믿음을 변질시키지 않고 살아가야 하는 사람이다. 목사는 세상의 헛된 말로 사람을 유혹하지 않고 살아가야 하는 사람이다. 목사는 자신이 살아보지 않는 것으로 남을 속이지 않고 살아가야 하는 사람이다.

목사는 대접받는 사람이 아니라 대접하며 살아가야 하는 사람이다. 목사는 남의 본질적 필요를 먼저 채우며 살아가야 하는 사람이다. 목사는 삶의 의미와 가치를 최우선으로 하는 삶을 지향하며 살아가야 하는 사람이다.

목사는 예배당을 솔선수범하여 청소하며 살아가야 하는 사람이다. 목사는 성도들과 언제나 동행하기 위해 운전자의 자리에서 살아가야 하는 사람이다. 목사는 사람들과 어울려 그들의 희로애락과 함께 살아가야 하는 사람이다.

목사는 교회를 영적 쉼터로 만들며 살아가야 하는 사람이다. 목사는 교회를 영적 충전소로 만들며 살아가야 하는 사람이다. 목사는 교회를 하나님의 나라와 의(義)로 만들며 살아가야 하는 사람이다.

목사는 교회의 입법에 대한 절대적 결정권을 포기하며 살아가야 하는 사람이다. 목사는 교회의 행정에 대한 절대적 결정권을 포기하며 살아가야 하는 사람이다. 목사는 교회의 재정에 대한 절대적 결정권을 포기하며 살아가야 하는 사람이다. 목사는 교회의 인사에 대한 절대적 결정권을 포기하며 살아가야 하는 사람이다.

목사는 교회의 물질도, 권위도, 조직도, 그 어떤 것도 사유화하지 않으며 살아가야 하는 사람이다. 목사는 교회의 모든 사역과 일을 사유화하지 않으며 살아가야 하는 사람이다. 목사는 교회의 미래와 비전을 사유화하지 않으며 살아가야 하는 사람이다.

목사는 자신을 속이는 외식으로 설교하지 않으며 살아가야 하는 사람이다. 목사는 다른 사람을 속이는 외식으로 설교하지 않으며 살아가야 하는 사람이다. 목사는 하나님을 속이는 외식으로 설교하지 않으며 살아가야 하는 사람이다.

목사는 날마다 자신을 혁명에서 개혁으로 이끌며 살아가야 하는 사람이다. 목사는 날마다 교회를 혁명에서 개혁으로 이끌며 살아가야 하는 사람이다. 목사는 날마다 하나님의 나라를 혁명에서 개혁으로 이끌며 살아가야 하는 사람이다.

목사는 성도들의 질문에 분명하게 답해야 하는 사람이다. 신앙의 질문에, 성경의 질문에, 세상의 질문에 분명한 성경적 가치관으로 답하며 그렇게 살아가야 하는 사람이다.

〈 논제 2 〉

교회
ekklēsia

성전[聖殿]이란

성전은 하나님이 계신 곳이다. 성전은 하나님이 임재(臨齋)하는 곳이다. 성전은 하나님이 통치(統治)하는 곳이다. 성전은 하나님의 말씀인 성경[법궤]이 있어야 한다. 성전은 하나님의 영이신 성령[금촛대]이 계셔야 한다. 성전은 하나님의 제사인 예배[분향단]가 있어야 한다. 성전은 하나님의 예물인 사람[진설병]이 있어야 한다. 성전은 하나님의 제물인 예수 그리스도[어린 양]가 있어야 한다.

성전은 예수님이다. 성전은 예수님의 몸이다. 성전은 사람이다. 성전은 사람들이다. 성전은 사람들이 각 지체(肢體)로 연결된 예수님의 몸이다. 성전은 사람들의 유기체(有機體)적인 모임이다. 성전은 교회(交會)이다. 성전은 건물이 아니다. 성전은 제도가 아니다. 성전은 시스템이 아니다.

교회[ekklesia+apostolos, 交會]란

교회는 예수님이다. 교회는 예수님이 머리 되신다. 교회는 성령님이 통치하신다. 교회는 하나님의 말씀이 통치 원리이다. 교회는 예수님의 몸이다. 교회는 사람이다. 교회는 사람들이다. 교회는 사람들이 각 지체로 연결된 예수님의 몸이다. 교회는 그리스도인의 유기체적인 모임이다. 교회는 성전이다.

교회는 그리스도인이다. 교회는 그리스도인들이 모인 유기체(有機體)이다. 교회는 머리 되신 예수님과 그리스도인 된 우리와의 지체 공동체이다. 교회는 그리스도인으로 모이는 곳이고 동시에 그리스도인으로 흩어져야 하는 곳이다.

교회는 건물이 아니다. 교회는 제도가 아니다. 교회는 시스템이 아니다.

교회는 유일(唯一)하신 하나님의 하나의 교회이다. 교회는 거룩하신 하나님의 구별(區別)된 교회이다. 교회는 모두의, 모두에 의한, 모두를 위한 보편적(普遍的) 교회이다. 교회는 성경을 하나님의 말씀으로 믿는 사도적(使徒的) 교회이다.

교회는 목사가 소유할 수 없다. 목사가 주인이 아니다.

> 논제 3

연보 / 헌금
Offering

연보, 헌금(捐補, Offering)이란

하나님은 소유와 존재 자체를 비교하지 않으신다. 돈의 논리 자체를 인식하지 않으신다. 돈은 하나님의 창조물이 아니라 인간이 만든 욕망일 뿐이다. 돈은 사탄의 최고 도구이다. 돈이 하나님을 대적하게 한다. 돈이 모든 사람을 거짓말쟁이로 만들고 있다. 돈이 사람의 생명줄을 쥐고 흔들고 있다. 돈이 사람 안에 있는 존귀한 하나님의 형상을 사탄의 파괴된 형상으로 채우고 있다. 돈이 천국을 파괴하고 지옥을 창조하고 있다. 결국 돈이 이 땅에 교회를 망하게 하고 있고 망하게 할 것이다.

헌금을 교회당에만 내는 것은 무지한 짓이다. 교회에 내는 헌금은 최소화 되어야 한다. 예수님은 지성소와 성소의 휘장을 찢어버리셨다. 오직 예수님을 통해서만 하나님께로 나아가는 길을 여셨다. 하나님의 것은 우리가 직접 하나님께 드려야 한다. 가장 먼저 세상의 물질은 하나님의 것임을 알아야 한다. 하나님의 것은 하나님에게 드려야 한다. 지극히 작은 자 하나에게 쓰는 것이 곧 하나님께 드리는 것이다. 하나님께 드리는 것은 주린 자에게 먹을 것을 주는 것이며, 목마른 자에게 마실 것을 주는 것이며, 나그네를 영접하는 것이며, 옥에 갇힌 자를 찾아가 보는 것이다.

연보(헌금)는 하나님의 것이다. 우리는 하나님의 것을 관리하는 청지기이다. 연보(헌금)는 하나님의 것을 하나님께 드리는 것이어야 한다. 연보(헌금)는 돈이 아니라 신앙고백이어야 한다. 연보(헌금)는 자원하는 마음이어야 한다.

연보(헌금)는 마음으로 드리는 믿음이어야 한다. 연보(헌금)는 믿음으로 드리는 감사이어야 한다. 연보(헌금)는 감사함으로 드리는 헌신이어야 한다.

연보(헌금)는 은혜로만 드리는 사랑이어야 한다. 연보(헌금)는 구원의 은혜에 대한 인간의 응답이어야 한다. 연보(헌금)는 구원의 사랑에 대한 사랑의 응답이어야 한다.

연보(헌금)는 삶의 전부가 하나님의 소유라는 고백이어야 한다. 연보(헌금)는 철저히 개인의 신앙 양심이어야 한다. 연보(헌금)는 십일조를 포함해서 오직 한가지로 하나님께 드려지는 감사와 사랑의 마음이어야 한다.

연보(헌금)는 무명(無名)으로 은밀하게 해야 한다. 연보(헌금)는 예배의 순서에 넣지 않아야 한다. 연보(헌금)는 강단에서 호명하지 않아야 한다.

연보(헌금)는 그 어떤 경우도 그 액수를 기재하지 않아야 한다. 연보(헌금)는 그 어떤 경우도 작정하지 않아야 한다. 연보(헌금)는 목적에 따라 그 종류를 임의로 만들지 않아야 한다.

연보(헌금)의 사용은 오직 성경에 근거를 두어야 한다. 연보(헌금)의 사용은 투명(透明)하고 정직(正直)해야 한다. 연보(헌금)의 사용은 교회의 덕(德)과 복음에 합당하게 해야 한다.

연보(헌금)의 사용은 치우침이 없이 공평(公平)하게 해야 한다. 연보(헌금)의 사용은 민주적 절차와 합의에 따라 해야 한다. 연보(헌금)의 사용은 공감과 소통의 이해로 해야 한다.

연보(헌금)는 절기 헌금도 포함하지 않아야 한다. 연보(헌금)는 그 지출을 공동체의 모든 사람에게 공개해야 한다. 연보(헌금)는 그 지출을 공동체의 동의와 공감을 받아야 한다. 연보(헌금)로 과도한 건물에 지출하지 않아야 한다. 연보(헌금)로 합당하게 정해진 인건비 외에 그 어떤 것도 지출하지 않아야 한다. 연보(헌금)로 목사의 개인적인 그 어떤 필요에 지출하지 않아야 한다.

연보(헌금)로 동산, 부동산에 관한 그 어떤 사업도 시행하지 않아야 한다. 연보(헌금)로 교회의 그 어떤 영리사업을 시행하지 않아야 한다. 연보(헌금)로 교회의 그 어떤 영리사업을 지원하지 않아야 한다.

하나님께 드리는 연보(헌금)는 목사와 당회의 것이 아니다. 목사의 임의로 연보(헌금)를 사용할 수 없다. 선교라는 이름으로 공동체의 동의없이 목사 마음대로 연보(헌금)를 사용할 수 없다. 목사는 교회의 연보(헌금)로 비자금을 조성할 수 없다. 목사가 교회의 연보(헌금) 자체에 관여하는 것은 비성경적인 자기 욕심일 뿐이다. 결국 목사가 교회의 연보(헌금)를 손대는 것은 가룟 유다의 길을 가는 것이다.

제3장

본질本質에 대하여

About the essence

본디부터 가지고 있는 개신교의 가치와 의미를 회복해야 한다. 상실된 개신교의 본질을 다시 찾아야 한다. 잃어버린 개신교의 위엄을 다시 복원해야 한다. 하나님의 하나님 되심과 사람의 사람다움을 회복해야 한다. 절대자 하나님을 향한 경외와 경배를 회복해야 한다. 양심과 존엄을 회복하여 거룩함과 경건의 시대를 살아가야 한다. 온 세상이 성경적 가치관과 세계관을 통해 하나님의 나라 가운데 하나님의 형상이 가득하게 해야 한다.

성부 하나님은 누구신지, 성자 예수님은 누구신지, 보혜사 성령님은 누구신지를 정확히 알아야 한다. 인간은 누구인지, 교회가 무엇인지를 정확히 알아야 한다. 목사는 전공한 바른 신학을 모든 교인에게 공개하고 잘 가르치며 그 본질을 위해 함께 교회를 세워가야 한다.

이렇듯 우리의 신앙은 성경의 본질을 반드시 고수해야 한다. 성경의 본질을 향한 보수와 개혁을 멈추지 않아야 한다. 성경의 본질을 벗어나지 않기 위해서는 우리의 이성과 지각을 사용하여 바르게 믿고 알아가고 질문해야 한다. 비슷하고 유사한 작은 차이를 허용할 때 본질은 손쉽게 훼손되고 변질된다. 더 나아가 성경은 사유화되고 말 것이다. 개신교의 신앙은 결국 치열한 본질의 싸움이 될 것이다.

> 본질 1

하나님
The God

성경의 하나님은 스스로 존재하시고 유일하신 신이다. 성경의 하나님은 한 분이시고 동시에 세 분의 품위를 갖고 계신 신이다. 성부 하나님은 여호와(야훼), 성자 하나님은 예슈아(예수), 성령 하나님은 성령이라 부른다. 이 삼위의 하나님은 한 분이시며, 동일한 인격체로 우리 가운데 함께 하시는 임마누엘이시다.

여호와 하나님만이 유일한 창조주이시며, 나사렛 예수만이 온 인류의 유일한 그리스도시며, 성령만이 여호와 하나님의 유일한 영으로서 세 분은 한 하나님으로 창조하시고 운행하시고 다스리시고 통치하시고 인간으로 오시고 인간과 동행하시고 십자가의 구원을 완성하시고 죽음에서 부활하시고 하늘로 승천하시고 영으로 인간과 영원히 함께 하시고 다시 재림하시는 일을 영원히 함께하신다.

하나님은 완전하시며, 변하지 않으시며, 한계가 없으시며, 모든 것이 가능하시며, 모든 것을 알고 계시며, 아니 계시는 곳이 없이 어디에나 계시며, 크고 광활하시며, 마음과 영 안에 존재하시며, 시간과 공간을 초월하시며, 끝없이 영원하시다.

하나님은 영이시며, 빛이시며, 지혜이시며, 거룩이시며, 자비이시며, 성실이시며, 공의이시며, 공평이시며, 선이시며, 인자이시며, 은혜이시며, 사랑이시다.

하나님은 절대 주권자이시며, 창조자이시며, 구원자이시며, 주인이시며, 아버지이시며, 보혜사[8]이시며, 길이시며, 진리이시며, 생명이시며, 말씀이시며, 질투하시며, 함께하신다.

하나님의 사랑과 섭리와 계획과 통치는 우주 만물, 생사화복, 천국과 지옥, 세상과 교회, 생각과 마음까지 아니 미치는 곳이 없으며, 남녀노소, 빈부귀천, 선인과 악인, 유신자와 무신자까지 아니 미치는 사람이 없다.

하나님을 대신할 사람은 단 한 사람도 존재하지 않는다. 하나님은 인간과 다른 완전한 신이시며, 죄는 그 어떤 것도 용납할 수 없으며, 하나님은 그 어떤 형체도 갖지 않으신다. 하나님은

---

8) 헬) 파라클레토스παρακλητος_ 변호해 주시는 분, 도와주시는 분, 중보해 주시는 분, 위로해 주시는 분, 상담해 주시는 분.

곧 말씀이시다.

예수님은 하나님의 본체이며, 참사람으로 나타나신 하나님의 현존이며, 하나님의 아들로 곧 하나님이시기에 죄는 없으시다.

성령님은 여호와 하나님의 영이며, 예수 그리스도의 영이시며, 보이지 않는 영으로 어디에나 누구에게나 동시적으로 함께 하시는 하나님의 현현(顯現)[9]의 영이시다.

성경의 하나님은 믿을 수밖에 없는 분이다. 성경의 하나님은 피조물인 인간이 설명할 수 없는 분이다. 성경의 하나님은 인간의 과학과 학문, 논리와 이론, 이성과 이해, 합리와 납득으로 수용될 수 없는 분이다. 성경의 하나님은 오직 믿음으로만 만날 수 있는 분이다.

"ROSC" 하나님

---

9) 명백하게 나타나거나 나타냄.

< 본질 2 >

성경
The Bible

　성경은 곧 하나님이다. 성경은 하나님의 말씀이다. 성경은 유일하신 하나님의 말씀이다. 성경은 완전 무오하고 흠이 없는 하나님의 말씀이다. 성경은 하나님 감동으로 기록되었다. 성경은 1,600년 동안 36명의 사람에 의해 동일한 주인공과 동일한 주제로 기록되었다. 성경은 예수 그리스도가 그 주인공이며, 하나님 사랑과 이웃 사랑이 동일한 주제이다. 성경의 원저자는 성령이다. 성경은 구약 39권, 신약 27권, 전체 66권만을 정경으로 인정한다.

　성경은 인간에게 주는 하나님의 특별한 계시의 말씀이다. 성경은 자유의지를 가진 모든 인간에게 주어진 하나님의 선물이다. 성경은 신앙의 본질이며 기준이기에 개신교의 유일한 근간이 된다.

　성경 66권의 내용을 첫째 하나님을 사랑하고, 둘째 그 사랑으로 사람을 내 몸과 같이 사랑하는 것으로 축약한다. 성경은 교회(敎會)의 부르심도 사랑이요, 사명(使命)도 사랑이요, 사역(使役)도 사랑이요, 전도(傳道)도 사랑이요, 교육(敎育)도 사랑이라고 정의한다.

성경은 십자가(十字架)의 돌아가심으로 친히 사랑의 본(本)을 보이신 예수 그리스도를 본받아 교회(敎會)의 존재 기초를 하나님 사랑과 사람 사랑에 두고 지극히 작은 자 하나, 곧 무시당하거나 남들이 알아주지 않는 한 사람까지도 주(主)를 대하듯 사랑하고 섬기라고 가르친다.

성경은 하나님의 교훈이며, 하나님의 책망이며, 하나님의 바르게 함이며, 하나님의 의로 교육하기에 유익하다. 성경을 통해 하나님의 사람으로 온전하게 되며, 모든 선한 일을 행할 능력을 갖추게 하려는 것이다. 하나님의 말씀은 살아있고 힘이 있어서, 좌우에 날 선 어떤 검보다 예리하여 혼과 영, 관절과 골수를 찔러 쪼개기까지 하며, 마음의 생각과 의도를 분별해 낸다. 하나님 말씀 앞에서는 아무것도 숨길 수 없고, 모든 것이 말씀 앞에서 벌거벗겨진 채 드러난다. 성경은 사람이 사람답게 살아가는 방법을 기록한 사람 설명서이다.

하나님의 말씀인 성경은 죄인들에게 매우 날카롭고 불편한 진리여야 한다. 말씀을 맡은 목사는 일점일획이라도 더하거나 빼서는 안 된다. 말씀에 대한 해석과 적용을 목사 임의대로 할 수 없다. 하나님의 말씀을 가감(加減) 없이 전해야 한다. 목사의 견해, 가치관, 감정, 경험, 판단, 해석으로 설교 본문을 왜곡하고 변질시키는 것은 전하는 자 듣는 자가 공멸하는 첩경이다. 하나님께서는 말씀에 대한 왜곡과 변질로 타락한 영혼들의 피 값을 목사들에게서 찾는다. 목사들은 달콤한 말, 긍정의 말, 위로의 말, 교양의 말, 듣기 좋은 말, 성경 이곳저곳 아무 말 등 하나님을 좋게 하는 것이 아니라 사람을 좋게 하는 설교로 모두를 죽이는 소경의 길을 가고 있다. 순전한 하나님의 말씀보다 가공된 목사의 설교에 열광하는 개신교회는 생명 없는 이단 사이비에 불과하다. 하나님의 말씀인 성경은 말씀하신 그대로 믿어야 하고 전해져야 하고 가르쳐야 하고 실천해야 한다. 목사들의 임의적 해석과 적용은 반드시 무거운 심판에 직면할 것이 자명하다.

"ROSC" 성경

본질 3

인간
Human

 성경의 인간은 흙으로 창조된 피조물이다. 성경의 인간은 창조주의 형상을 가진 자이다. 성경의 인간은 천사와 동물 사이에 존재하는 자이다. 성경의 인간은 창조주 최고의 걸작품이다.

 성경의 인간은 영혼을 가진 유일한 영적 존재이다. 성경의 인간은 인격을 가진 유일한 인격체이다. 성경의 인간은 지식과 지혜를 가진 유일한 존재이다. 성경의 인간은 감정을 가진 유일한 존재이다.

 성경의 인간은 자유의지를 가진 유일한 존재이다. 성경의 인간은 윤리적이고 도덕적인 유일한 존재이다. 성경의 인간은 양심과 위엄을 가진 유일한 존재이다. 성경의 인간은 이성과 상식을 가진 유일한 존재이다.

 성경의 인간은 죄로 인해 부패한 죄인이다. 성경의 인간은 본질상 진노의 자녀이다. 성경의 인간은 아담의 원죄를 승계한 자범(自犯) 죄인이다. 성경의 인간은 욕망과 감정의 한계를 넘는 존재이다.

성경의 인간은 고도의 지능을 소유하고 독특한 삶을 영위하는 존재이다. 성경의 인간은 생각하고 언어를 사용하며, 도구를 만들어 쓰고 사회를 이루어 사는 존재이다. 성경의 인간은 직립 보행을 하며, 사고와 언어 능력을 바탕으로 문명과 사회를 이루고 사는 존재이다. 성경의 인간은 문화를 향유하고 생각과 웃음을 가진 존재이다.

성경의 인간은 죽을 수밖에 없는 존재이다. 성경의 인간은 죽음 이후에 죄에 대하여 심판을 받는 존재이다. 성경의 인간은 죽음 이후 영혼이 천국 또는 지옥에서 영원히 사는 존재이다.

성경의 인간은 토기장이 손에서 빚어지는 토기 같은 존재이다. 성경의 인간은 풀과 같고 풀의 꽃과 같은 존재이다. 성경의 인간은 헛것 같고 그의 날은 지나가는 그림자 같은 존재이다. 성경의 인간은 잠깐 보이다가 없어지는 안개 같은 존재이다.

인간이 창조주의 형상을 잃어버리는 순간 동물보다 못한 존재가 된다. 동물은 욕심과 배신과 외식과 두 마음을 품지 않는다. 그러나 동물보다 못한 인간이 너무 많다.

자기 욕심을 채우려고 가까운 사람들을 철저하게 속이는 인간, 자기 명예를 위해 두 마음으로 가까운 사람들을 가지고 노는 인간, 자기 탐욕을 위해 외식하는 신앙으로 하나님을 속이는 인간, 자기 계획을 위해 진실을 팔아 거짓과 속임수로 사람들에게 사기 치는 인간, 자기 목적을 위해서라면 주변 사람들이 실족하든지 말든지 배신을 그렇게 용감하게 하는 인간, 자기 야망을 위해서라면 고집과 아집으로 자기의 잘못된 판단을 인정하지 않고 끝까지 고집하여 원하는 것을 쟁취하려는 인간, 자신의 배신을 변명하고 합리화하려는 완악한 인간, 자신의 욕망을 위해서라면 주변의 모든 사람을 이용하여 속이며 거짓말하는 사악한 인간이다.

　인간은 그리스도인이 되어야 인간답게 살 수 있다. 인간이 인간답게 살지 않으면 성경은 인간을 이렇게 심판한다. 창조주의 이름을 망령되이 일컬어 죄로 인해 능히 멸망할 자, 화(禍)가 반드시 임할 수밖에 없는 위선자, 지옥의 판결을 피할 수 없는 독사의 새끼, 창조주의 일을 빙자하여 자신의 사리사욕을 채우고 고집하여 간(姦)하는 사탄, 예수님을 다시 십자가에 못 박아 드러내 놓고 욕되게 하는 가룟 유다, 다시 새롭게 하여 회개할 수 없는 타락한 자, 사하심을 영원히 얻지 못하고 영원한 죄에 처하는 성령을 훼방하는 자, 스스로 속여 창조주를 만홀히 업신여기는 자로, 창조주가 반드시 업신여길 자로 심판하게 될 것이다.

인간은 자유의지를 선물로 받았다. 죄를 선택할 자유도 창조주를 불신할 자유도 자신의 자유의지에 달려있다. 이는 창조주의 자유의지를 그대로 사람의 형상에 창조한 분이 창조주이시기 때문이다. 그래서 모든 인간은 그 선택에 반드시 책임을 져야 한다. 창조주의 형상으로 지어진 인간이 늘 완전한 사랑으로 자유의지를 사용하는 창조주를 닮아가는 그날을 기대해 본다.

"ROSC" 인간

⬡ 본질 4 ⬡

죄

Hamartia

　죄는 단 한 가지라도 하나님이 허용하지 않는다. 하나님이 계신 곳에는 어떤 죄도 존재할 수 없다. 죄가 있는 곳에는 하나님이 계실 수 없다. 하나님은 죄를 미워하신다. 하나님은 죄를 그토록 싫어하신다. 죄악은 자유의지를 가진 타락한 천사와 인간의 거짓과 욕심과 교만과 불순종이 그 본질이다.

　죄는 원죄(原罪)와 자범죄(自犯罪)가 있다. 원죄는 아담과 하와가 선악과를 따먹은 이후부터, 이 죄 때문에 모든 인간이 태어날 때부터 가지고 있는 죄이다. 그렇기에 아담의 후손은 모두 원(原)죄인이다. 자범죄는 악을 행하거나 선을 행하지 아니하는 등 하나님의 뜻과 법에 어긋나는 죄이다. 나쁜 일인 줄 알고서도 행한 죄이다. 고의로 지은 죄이다. 이것은 하나님께 대항하는 교만한 행위이다. 그렇기에 세상의 모든 사람은 주님 앞에서 자범(自犯) 죄인이다.

　죄는 하나님 말씀의 과녁에 빗나가는 것이다. 죄는 불법이요 불의한 것이요 하나님의 율법을 범하는 것이다. 죄는 하나님을 믿지 않는 것이요, 하나님께 순종하지 않는 것이요, 하나님 앞에 교만한 것이다. 죄는 선으로 행하지 않는 것이요, 믿음으로 행하지 않는 것이요, 악한 생각과 악한 일이요, 외식과 위선이다.

죄는 본래 마귀에게서 유래했다. 이후 죄인 된 사람의 마음으로부터, 사람의 마음에 욕심으로부터, 사람의 불순종으로부터 지속되었다. 성경의 죄는 경건하지 않음, 경외하지 않음, 불평, 원망, 우상숭배, 정욕, 성범죄, 인간 숭배, 여자와 여자 성행위, 남자와 남자 성행위, 미련함, 욕심, 상실함, 불의, 추악, 탐욕, 악의, 시기, 살인, 분쟁, 사기, 악독, 수군수군, 비방, 능욕, 교만, 자랑, 악을 도모, 부모를 거역, 우매, 배신, 무정, 무자비이다. 행위의 죄, 마음과 생각의 죄까지 모두가 죄다. 하나님 앞에서 죄인이 아닌 사람이 단 한 사람도 없다. 모든 사람은 하나님 앞에서 죄인이다.

죄의 결과는 생각보다 비참하다. 마귀를 따르고, 죄에 종노릇하며, 타락과 변질의 삶을 살게 되고 더 나아가 전 인류의 멸망과 지구의 파멸을 가져온다. 죄로 인해 심판을 받게 되고 육체의 죽음을 경험하고 영적 죽음을 맞이하고 결국 지옥의 불에 떨어진다. 죄로 인해 하나님의 저주 아래 살며, 하나님과 분리되고, 사람과 사람과도 분리된다. 죄로 인해 육체적인 고통과 탄식이 찾아오며, 두려움과 공포가 찾아오며, 정신적인 고통이 찾아오며, 모든 좋은 것을 상실하게 된다.

죄는 죄인인 인간이 해결할 수 없다. 죄를 해결할 수 있는 유일한 방법은 피흘림이다. 예수 그리스도의 보혈이다. 예수 그리스도가 십자가에서 모든 인류의 죄를 대속하기 위해 보혈의 피를 흘리셨고 죽으셨다. 예수 그리스도의 피 흘림과 죽음으로 모든 인류의 죄에 대해 용서받는 길을 여셨다. 죄인은 예수님을 믿음으로만 죄 사함을 받을 수 있다. 그렇기에 죄를 해결하는 유일한 방법은 예수 그리스도이시다.

죄는 부모로부터 자손에게 유전되는 유전성, 변형하고 서로 영향을 주고받는 역동성, 특정 지역이나 환경에 국한되어 활동하는 고착성, 성장하고 자라나는 발육성, 다른 사람의 일을 간섭하고 막아 해를 끼치는 방해성, 다른 사람에게 옮아가는 전염성, 숨기던 것이 드러나는 발각성, 마음이 흉악하고 독한 악독성, 파괴되어 없어지는 파멸성의 성질을 갖는다. 죄는 그 어떤 경우도 예수님의 보혈을 이길 수 없다.

회개한 죄는 도말하시고, 흰 눈과 양털같이 희게 하시고, 구름과 안개같이 흔적도 없이 사라지게 하시고, 주의 등 뒤에 던지시고, 동(東)이 서(西)에서 먼 것 같이 옮기시고, 깊은 바다에

던지시고, 발로 밟아 죽이시고, 사죄하시고 가려주시고, 깨끗하게 하시고, 전에 지은 죄를 잊어버리시고, 다시 기억하지 않으신다.

죄를 죄로 분명히 인식하는 것이 필요하다. 죄를 죄로 분명히 깨닫는 것이 필요하다. 우리가 주님 앞에서 원죄와 자범죄를 피할 수 없는 죄인임을 깨닫는 것은 하나님의 의를 이루는 것이며, 하나님의 은혜를 받은 것이며, 하나님의 사랑을 체험하는 것이며, 하나님의 구원을 이루는 것이며, 하나님 나라로 사는 것이며, 하나님과의 생명의 관계를 이루는 것이며, 예수 그리스도가 구원자가 되시는 것이며, 성령님이 보혜사가 되는 것이며, 하나님의 말씀을 이루는 것이다. 우리는 늘 주님 앞에서 죄인이 되면 된다. 믿음의 출발은 죄를 자각하고 회개하는 것이다.

"ROSC" 죄

본질 5

절대주권(絕對主權)
Absolute sovereignty

　절대주권은 완전하신 하나님의 마음과 원함이다. 절대주권은 하나님만의 고유 권한이다. 절대주권은 하나님만의 통치권이다. 절대주권은 하나님이 뜻하시고 계획하신 대로 하시는 것이다. 절대주권은 통치자 하나님의 절대주권으로 우주의 만물, 만사, 만민을 존재케 하시며, 그 위에 운행하시는 절대자의 고유 통치 권한이며, 어느 것 하나 허물함이 없는 하나님의 절대 영역이다.

　절대주권은 사람의 이해와 합리, 이성과 상식, 이론과 논리에 간섭받지 않으며, 그 어떤 것도 그분의 주권을 침해하거나, 대적하거나, 반문하거나, 영향을 줄 수 없고, 이유를 달아 따질 수도 없다. 절대주권을 가진 하나님은 하고자 하시는 자를 긍휼히 여기시고, 하고자 하시는 자를 불쌍히 여기시고, 하고자 하시는 자를 완악하게도 하신다.

　절대주권을 가진 하나님은 이스마엘이 아니라 이삭을 약속의 자녀로 정하시고, 에서를 미워하고 야곱을 사랑하신다. 하나님은 하나님의 백성이 아닌 자를 하나님의 백성이라 하시고, 하나님이 사랑하지 아니한 자를 사랑한 자로 부르신다. 원(原)가지인 이스라엘을 버리시고 접붙인 가지인 이방인을 선택하신 그 분의 절대적인 뜻이 있기에 구원이 지금의 우리에게도 미치는 것이다.

절대주권은 죄와 사망의 법이 아니라, 그리스도 예수 안에 있는 생명의 성령의 법, 즉 은혜의 법 안에 있다. 우리를 미리 정하시고 선택하신 선행적 은혜, 예정하시고 우리를 부르신 불가항력적 은혜, 부르신 우리를 의롭다 하신 필승 불패의 은혜, 의롭다 하신 우리를 영화롭게 하신 신묘막측한 측량 못 할 은혜는 절대주권이 사랑임을 증명하고 있다.

하나님의 미리 정하시는 예정은 그분의 절대주권 안에 있고, 모든 사람에게 예외가 있을 수 없다. 하나님은 사람을 외모로 취하지 않으시고 절대로 실수하지 않으신다. 모든 사람을 향한 하나님의 사랑은 공평하시고 공의로우시고 완전하시기에, 그분의 미리 정하신 예정은 절대주권을 향한 믿음이면 충분하다. 모두를 향한 완전하신 예정은 죄로 악용할 수 없으며, 자유를 남용할 수 없으며, 도리어 두렵고 떨린 마음으로 구원을 이루는 종의 삶과 청지기의 삶을 살게 되는 것이다. 이는 우리를 향한 예정의 담보가 예수 그리스도의 보혈과 예수 그리스도를 향한 믿음이기 때문이다. 하나님의 예정을 향한 믿음은 곧 하나님의 절대주권을 향한 가장 본질적이고 실질적인 믿음이다. 우리의 구원을 위한 하나님의 절대주권인 예정을 통한 삶은 은혜의 삶이요, 선택된 삶이요, 구별된 삶이다. 그렇기에 예정 안에 있는 우리의 자유의지는 선택 앞에서 늘 책임에 더 가까울 것이다.

 통치자 하나님, 그 사랑의 절대적 주권은 환난이나 괴로움이나, 박해나 굶주림이나, 헐벗음이나 위험이나, 칼이나, 사망이나 생명이나, 천사들이나 권세자들이나, 현재 일이나 장래 일이나, 능력이나, 높음이나 깊음이나, 다른 어떤 피조물이라도 우리를 우리 주 그리스도 예수 안에 있는 하나님의 사랑에서 끊을 수 없다는 그것이다.

"ROSC" 절대주권

본질 6

예수
Jesus Christ

　예수님은 하나님의 아들 곧 하나님이시다. 예수님은 기름 부음을 받은 그리스도이시다. 예수님은 유일한 구원자이시다. 예수님은 보혜사이시다. 예수님은 하나님과 죄인 사이의 유일한 중보자이시다. 예수님은 의인과 죄인, 천국과 지옥을 심판하는 심판자이시다. 예수님은 모든 만물과 모든 사람의 주인이시다. 예수님은 만왕의 왕이시다.

　예수님은 사람의 성정과 오감을 통해 희로애락을 표현하시는 완전한 인격체이시고 죄가 없으신 참사람이시다.

　예수님은 동정녀 마리아의 태를 통해 성령으로 잉태되어 나시며, 목수 요셉의 아들로 사셨으며, 유대인들을 통해 신성모독죄로 십자가 형틀에서 죽었으며, 죽은 지 사흘 만에 시체가 된 주검이 다시 살아나 부활의 첫 사람이 되신다. 부활 후 사십 일 동안 사람들을 만나시며 이후 제자들이 보는 가운데 하늘로 승천하시며, 다시 오실 것을 약속하신다.

재림하실 예수님만이 모든 인류의 길이요, 진리요, 생명이 되시는 유일한 구원자시며, 예수님을 믿지 않고서는 구원받을 그 어떠한 방법도 존재하지 않는다. 또한 그 어떤 사람도 재림 주 예수 그리스도를 절대 대신할 수 없다.

"ROSC" 예수

본질 7

성령
Holy Spirit

성령은 하나님이시며, 성령은 거룩한 하나님의 영이시며, 성령은 보혜사이시다. 성령은 함께 거하시는 영이다. 성령은 우리 속에 계시는 영이다. 성령은 모든 사람과 모든 곳에서 창조주 하나님과 구원자 예수님과 동시적으로 현존하신다.

성령 세례는 내주하심(inhabitation)으로 죄를 깨닫고 회개함으로 구원에 이르는 전 과정에 동참하게 하는 것이다. 성령 충만은 기름부으심(anointing)으로 진리의 말씀을 가르치시며 깨닫게 하시며 생각나게 하셔서 삶의 전 영역에서 예배자로 살아가게 하는 것이다.

성령은 다양한 은사를 선물로 주셔서 봉사의 일을 통해 주님의 교회를 온전케 하시며, 성령의 열매를 맺게 하셔서 주의 아름다운 덕을 선전케 하는 일을 통해 성도의 합당한 삶으로 구별되게 하신다. 성령의 은사는 사랑, 지혜, 지식, 믿음, 병 고치는 일, 능력 행하는 일, 영들 분별, 예언, 방언, 방언 통역, 사도, 선지자, 복음 전하는 자, 목사, 교사, 가르치는 일, 구제하는 일, 권면하는 일, 다스리는 일, 돕는 일, 섬기는 일, 자비를 베푸는 일, 지도하는 일이다. 성령의 은사는 하나님의 뜻에 따라 부여하시는 선물이며, 다른 사람을 위해 사용하는 사랑의 도구이며 교제의 도구이다.

성령의 열매는 사랑, 희락, 화평, 오래 참음, 자비, 양선, 충성, 온유, 절제이며 이 같은 것을 금지할 법은 없다. 성령의 열매와 대립하는 육체의 일은 음행, 더러운 것, 호색, 우상숭배, 주술, 원수 맺는 것, 분쟁, 시기, 분냄, 당 짓는 것, 분열함, 이단, 투기, 술 취함, 방탕함, 그와 같은 것들이다. 이런 일을 하는 자들은 하나님의 나라를 유업으로 받을 수 없다.

더러운 말과 외식하는 행실로 성령을 근심하게 하지 말아야 한다. 고의로 성령을 비방하고 모독하고 거역하며 대적하여 말하는 자 곧 성령을 훼방하는 자는 그 누구도 용서받지 못함을 알아야 한다.

"ROSC" 성령

본질 8

구원
Salvation

성경의 구원은 예수 그리스도밖에 없다. 예수 그리스도 외에 다른 이로써는 구원을 받을 수 없다. 천하 사람 중에 구원을 받을 만한 다른 이름을 우리에게 주신 일이 없다. 구원은 예수 그리스도를 믿고 그분의 말씀대로 살아갈 때 완성되는 믿음의 전 과정이다.

성경의 구원은 범신론을 허용하지 않는다. 어떤 종교의 구원도 허용하지 않는다. 성경의 구원은 독선self-righteous이고 역설paradox이다. 사랑의 하나님은 죄인에 대해 모든 것을 수용하고 관대하지만, 구원의 문제만큼은 결코 타협하거나 그 어느 것 하나도 수용하지 않으신다. 오직 예수 그리스도만이 길이요 그분을 믿는 것만이 생명이요 그분의 말씀대로 살아가는 것만이 진리이다.

성경의 구원은 말씀대로 살아가는 삶의 현장이다. 성경의 구원은 성령님이 내재하신 죄인 된 사람의 믿음의 결단으로 시작되는 하나님의 주권적 은혜의 선물이다. 성경의 구원은 율법의 행위가 아닌 오직 예수 그리스도를 믿음으로 의롭게 되는 이신칭의(以信稱義)의 원리이다. 성경의 구원은 선행적인 은혜의 선물이며, 불가항력적 은혜의 선물이며, 필승 불패 은혜의 선물이며, 신묘막측 측량 못 할 은혜의 선물이다.

성경의 구원은 믿음으로 행하는 객관적인 성화의 삶을 통하여 비로소 완성된다. 믿음으로 믿음에 이르게 하는 하나님의 의(義)의 전 과정이다. 그러나 성경의 구원에는 피구원자의 특별한 공로나 노력, 조건이나 가치의 대가를 전혀 찾아볼 수 없으며, 전적으로 구원자의 은혜로 인해 값없이 주어진 선물이다. 구원은 철저히 개인의 몫이며, 누구도 대신할 수 없으며, 돈과 권력으로 살 수 없다.

성경의 구원은 하나님의 인자하심과 준엄하심으로 약속의 자녀에게 주어지며, 결코 차별이 없다. 그렇기에 더더욱 성경의 구원은 떨어질 수 있으며, 유기될 수도 있기에 구원을 지속하여 영화에 이르게 하는 것은 구원자의 은혜 종신 보장이 아니라, 피구원자가 보수하는 성화 된 믿음의 실천이 심판 때까지 보존되느냐에 전적으로 달려있다.

"ROSC" 구원

본질 9

[신원(神願)] 하나님의 뜻
The will of God

하나님의 뜻은 우주 만물의 주인이시고 전지하시고 전능하신 여호와 하나님이 사람에게 그토록 바라고 원하는 것들이다.

하나님의 뜻은 성경에 가장 분명하고 명료하게 나타난다. 하나님의 뜻은 예수님의 모든 가르침이다. 하나님의 뜻은 성령의 지배와 인도를 반드시 받아야 한다. 하나님의 뜻으로 인정되는 것은 이 교훈이 하나님께로부터 왔는지 성경으로부터 왔는지를 반드시 먼저 확인해야 한다.

하나님의 뜻은 우리의 거룩함이다. 하나님의 뜻은 그리스도 예수 안에서 항상 기뻐하고 쉬지 말고 기도하고 범사에 감사하는 것이다. 하나님의 뜻은 선을 행함으로 고난을 받는 것이다.

하나님의 뜻은 전능하신 하나님이 사람에게 그토록 원하시는 유일한 한 가지, 곧 마음이다. 하나님의 뜻은 죄인 된 겸손한 마음이다. 하나님의 뜻은 충심이요, 전심이요, 상한 심령이요, 갈

급한 심령이요, 갈망하는 심령이다.

하나님의 뜻은 개인의 기도와 생각, 다른 사람의 생각, 초자연적인 인도, 느낌과 표징 등 인간의 주관적인 뜻과 분명히 구분되며 이것들은 극히 최소한으로 절제되고 주의하여 삼가야 한다.

하나님의 뜻은 사람의 부와 명예와 권력이, 기적과 이적과 표적이, 능력과 신유와 영들 분별함이, 예언과 방언과 통역이, 지식과 지혜와 재능이, 잘남과 잘됨과 탁월함으로 대신하여 속일 수는 없다.

"ROSC" 신원(하나님의 뜻)

본질 10

자유의지
Free will

　성경의 자유의지는 하나님의 가장 우선되는 형상이다. 성경의 자유의지는 사람의 형상에도 그대로 유지된다. 성경의 자유의지는 하나님을 선택하는 것까지 이르며 죄를 선택하는 것까지 허락한다. 성경의 자유의지는 그 결과의 책임을 선택하는 인간에게 둔다. 성경의 자유의지는 진리를 알아야 주어지는 것이다. 성경의 자유의지는 진리 안에서 구별되고 제한된 자유이다.

　성경의 자유의지는 창조주 하나님께서 사람을 자신의 삼위 형상으로 창조하시고, 그 형상 중에는 신적 자유의지를 신중하게 부여하시고, 부여된 자유의지에 창조주 하나님의 속성을 충분히 포함하신다는 것이다.

　성경의 자유의지는 사람의 자유의지를 통한 역사의 과정과 그 결과가 하나님의 섭리와 계획하심에 벗어날 수 없다는 것이다. 역사의 모든 현장의 주체를 피조물 중에 유일하게 자유의지를 주신 사람으로 삼는 것은 창조주의 절대 주권을 통한 심오한 뜻이며 결연한 의지가 아닐 수 없다.

성경의 자유의지는 사람의 삶의 질과 인생의 가치 수준을 창조주 하나님께 핑계 삼아 전가하는 것을 상당히 어리석은 것으로 여긴다. 삶에서 그 누구든, 그 어디든, 그 무엇이든 하나님의 나라로 회복하는 책임은 전적으로 자유의지의 주체인 사람의 몫이며, 사람의 선택과 결정의 산실이다.

성경의 자유의지는 창조주 하나님에게 삶의 전 영역에서 주어진 자유의지를 통해 그분의 마음과 뜻을 인지하고 실행하는 신실한 순종의 사람이 되는 것이다.

"ROSC" 자유의지

< 본질 11 >

성전
Temple

　성경의 성전은 건물이 아니다. 성경의 성전은 거룩한 하나님의 집이다. 성경의 성전은 만민이 기도하는 집이다. 성경의 성전은 교회의 형상이다. 성경의 성전은 십계명, 만나, 아론의 싹난 지팡이가 있어야 한다. 성경의 성전은 하나님의 임재 그 자체이다. 성경의 성전은 예수님 그 자체이다. 성경의 성전은 예수님을 믿는 사람 그 자체이다.

　성경의 성전은 생명이 없는 무기체인 유한한 건물을 허무시고, 생명이 있는 유기체인 무한한 사람인 성전을 친히 세우신 예수 그리스도의 몸이다.

　성전에 임재하신 여호와 하나님께서는 예수 그리스도의 죽으심과 부활하심으로 일시적인 교회 모형을 온전한 성전의 원형으로 복원하셨다.

　예수 그리스도를 주님으로 믿고 삶의 주인으로 삼는 성전 된 주님의 몸 된 사람들은 이 땅에 하나님의 구속 계획의 완성으로 참된 성전을 성경적으로 세워가는 분명한 하나님의 뜻을 이루며, 그 성전 된 사람들의 유일한 비전을 하나님의 임재가 가득한 성경의 성전 회복으로 삼아야 한다.

지금의 교회 건물을 하나님의 성전으로 부르는 것은 매우 위험한 발상이다. 성경의 하나님 성전을 마치 교회당의 건물이라고 부르는 것은 자명한 거짓말이다. 교회당 건물을 성경의 하나님의 성전이라 속이며 성전 된 성도들의 헌신과 헌금을 쥐어짜는 것은 사람을 미혹하는 거짓된 종교 지도자들의 거짓과 속임에 불과하다. 하나님을 두려워하지 않는 위선자들의 사기일 뿐이다.

"ROSC" 성전

본질 12

교회
Church

성경의 주님의 교회는 건물이 아니다. 성경의 주님의 교회는 목사의 것이 아니다. 성경의 주님의 교회는 주님의 성전 된 건물이 아니다. 성경의 주님의 교회는 예수님의 몸 그 자체이시다. 성경의 주님의 교회는 예수님을 믿는 사람들의 모임이다. 성경의 주님의 교회는 예수님이 주인이시다. 성경의 주님의 교회는 하나님의 말씀을 그 초석으로 한다. 성경의 주님의 교회는 성령님께서 다스리신다. 성경의 주님의 교회는 하나님을 예배하는 예배자들의 모임이다. 성경의 주님의 교회는 교통하심이다. 성경의 주님의 교회는 하나님과 사람, 사람과 사람의 교통함이다.

주님의 교회는 주님의 재림 약속을 분명히 믿고 깨어 준비하는 사람들이다. 주님의 교회는 오늘을 주님이 다시 오시는 마지막 날로 살아가며, 서로 사랑하여 한 사람 한 사람을 주님의 성전으로 회복해 가는 사람들이다.

주님의 교회는 모이는 교회로 에클레시아라고 하며 흩어지는 교회로 아포스톨로스라고 한다. 주님의 교회는 예수 그리스도의 복음 위에 세워지며 세상 가운데 보내져 복음을 전함으로 선교적 사명을 감당하여, 결국 온 땅에 하나님의 나라와 의를 복원해 간다.

주님의 교회는 그 교회의 원형을 예수님과 열두 제자의 복음서 교회와 사도들과 사도 바울을 통해 세워진 사도행전의 초대교회를 원형으로 삼는다.

주님의 교회는 선포된 하나님의 말씀인 케리그마κηρυχμα, 삶의 현장에 실천되는 나눔과 봉사인 디아코니아διακονια, 서로 막힘이 없는 진실한 사귐 즉 교통과 동역인 코이노니아κοινωνια가 균형과 조화를 이루며, 말씀의 참된 전파, 성례의 정당한 집행, 권징의 신실한 실행을 통해 하나님의 정의와 공의를 이루어간다.

주님의 교회는 하나One의 교회로 예수 그리스도로 하나됨을, 거룩한Separate 교회로 세상과 구별됨을, 사도使徒적 교회로 주의 말씀의 실천함을, 보편적Catholic, Universal 교회로 남자나 여자나 노인이나 젊은이나 가난한 자나 부한 자나 귀한 자나 천한 자 누구에게나 동일하고 열린 교회를 이루어간다.

주님의 교회는 인본주의, 세속주의, 번영주의, 자유주의, 집단 이기주의, 범신론, 이단과 사이비 등 교회의 교묘한 사상을 철저히 배격하고, 삶의 분명한 가치와 기준을 성경의 정확한 해석과 적용을 통해 결정하며 이를 실행한다.

성경의 교회를 하나님의 성전이라 속여 수단과 방법을 가리지 않고 헌금의 명목으로 돈을 모아 대형 교회 건물을 짓는 목사들은 사기꾼들이다. 기복의 헌금과 불법과 대출 빚으로 지어진 초호화 교회 건물들은 성경에 기록된 주님의 교회가 아니다.

개신교회는 보험 사기와 다단계의 성지, 정치 선동과 정치 편향의 성지가 됐다. 돈과 권력에 눈이 먼 소경 된 목사들이 교인들에게 사기를 쳐서 눈이 먼 소경 교인들로 만들어진 개신교 대부분의 교회라 부르고 있는 종교 집단 모두에게 주님의 구원은 묘연할 수밖에 없다. 작금의 개신교회는 예수 그리스도가 머리 되시고, 성령님이 통치하시고, 성경 말씀이 반석이 되는 주님의 교회와는 거리가 멀다.

"ROSC" 교회

본질 13

공동체
Community

성경의 교회는 공동체이다. 성경의 공동체는 삶의 모든 것을 함께 나누는 사람들이다. 성경의 공동체는 생명까지 나누는 사람들이다. 성경의 공동체는 예수님의 피와 살을 함께 나누는 사람들이다. 성경의 공동체는 몸의 지체와 같은 것이다. 성경의 공동체는 함께 지어져 가야 한다.

성경의 공동체는 예수 그리스도의 몸이며, 하나님의 집(Bethel)이며, 성령님의 전이다.

성경의 공동체는 그리스도가 머리 되신 주님의 교회로 그분의 몸 된 지체로서 서로 연결이 되어 함께 울고 함께 웃는 삶의 인격적 공유체이다.

성경의 공동체는 주님의 교회로서 영적 주유소, 삶의 쉼터, 에덴동산 모두를 담을 수 있는 하나님의 나라로 함께 세워져 가야 한다.

성경의 공동체는 예수님께서 3년여 공생애 동안 12명의 제자와 함께 동고동락하는 소규모 한 몸 공동체이다.

성경의 공동체는 사도행전의 초대교회로부터 시작되지만, 그때의 교회는 가정에서부터 시작된 공동체이다.

성경의 공동체는 Mega Church 및 대형 공동체를 철저히 지양하고, 소규모 공동체를 지향한다.

성경의 공동체는 훈련된 그리스도인들이 서로의 지체가 되어 한 가족 성령 사랑 공동체를 보여준다.

성경의 공동체는 하나 된 공동체의 영적 영향력으로 인해 수많은 사람에게 삶으로 복음을 전하는 진정한 전도가 이루어지는 곳이다.

"ROSC" 공동체

본질 14

성도
Christian

  성경의 성도는 예수님을 믿는 그리스도인(Christian)이다. 성경의 성도는 성화의 삶을 살아가는 죄인이다. 성경의 성도는 결코 의인이 아니다. 성경의 성도는 흙으로 지어진 창조자의 피조물이다. 성경의 성도는 하나님의 형상을 소유한 자이다. 성경의 성도는 하나님의 양자인 자녀이다. 성경의 성도는 보배롭고 존귀한 사람이다. 성경의 성도는 택하신 족속이다. 성경의 성도는 왕 같은 제사장이다. 성경의 성도는 거룩한 나라이다. 성경의 성도는 하나님의 소유된 백성이다. 성경의 성도는 예수 그리스도의 종이다. 성경의 성도는 성령님의 동역자이다. 성경의 성도는 하나님의 성전이다. 성경의 성도는 하나님과 교통할 수 있는 사람이다. 성경의 성도는 구원에서 떨어질 수 있다.

  성경의 성도는 첫 사람 아담의 원죄를 그대로 승계한 본질상 진노의 자녀들이자 죄인들이다. 성경의 성도는 정한 연수를 다 하면 반드시 육신의 죽음을 맞는다.

성경의 성도는 하나님께서 보시기에 어떤 모양으로든 미련하고 어리석으며, 약하고 천하며, 멸시받고 없는 자들이기에 구원자 예수님의 부르심이 기필코 필요한 존재(存在)이다.

성경의 성도는 오직 하나님의 은혜와 긍휼로만 구원받기에 절대 교만하지 않으며 겸손해야 하며 하나님의 말씀인 성경의 가르침을 잘 배우고 지키는 데에 더욱 능동적으로 반응해야 한다.

성경의 성도는 하나님을 인식하는데 전심전력을 다해야 한다. 성경의 성도는 올바르게 인식한 하나님을 가정과 직장과 사회의 전반적인 모든 삶의 현장에서 철저히 의식하며 살아가는 참 신앙의 모습을 실천해야 한다.

성경의 성도는 예수 그리스도 복음의 빚진 자로서 주님의 사랑의 복음을 모든 사람에게 전파하며, 삶의 현장에서 빛과 소금으로 믿음을 보여줘야 한다.

성경의 성도는 하나님의 말씀대로 살아가는, 즉 날마다 성화 되는 그리스도인으로 살아내는 예수 그리스도의 제자가 되어야 한다.

성경의 성도는 두려워하고 경외해야 할 대상은 오직 하나님

한 분밖에 없어야 한다. 목사를 하나님처럼 섬기고 믿음의 대상, 경외의 대상으로 삼는 것은 모두가 지옥으로 자멸하는 일이다.

성경의 성도는 잘못된 목사의 가르침과 미혹을 자기 멸망의 핑계로 삼을 수 없다. 천국의 문을 막고 배나 지옥 자식을 만들고 있는 거짓되고 위선적인 목사들을 분별하고 거절하고 배격하는 것은 오직 성도의 몫이다.

성경의 성도는 목사들의 간교한 미혹과 술수에 빠지지 않기 위해 모든 사람에게 열려 있는 성경을 바르게 배우고 상고하여야 하며 모든 신앙을 성경에 근간하여 바르게 믿고 살아가야 한다.

성경의 성도는 알곡과 가라지를 제대로 구별할 수 있도록 성경을 통해 영적 분별력과 통찰력을 스스로 길러내야 하며 더욱 성경을 바르게 해석하고 적용할 수 있어야 한다.

성경의 성도는 목사들의 감언이설 즉 무병장수, 만사형통, 부귀영화의 기복과, 자신과 가족을 위한 그 어떤 면죄의 돈을 요구할 때 한 푼도 내어놓지 않아야 하며 도리어 분노하고 거절해야 하며 그런 목사에게서 당장 떠나야 한다.

성경의 성도는 목사가 십자가와 회개의 메시지를 온전히 설파하지 않을 때, 자기 삶으로 자신의 신앙과 설교와 가르침을 보여주지 않을 때, 돈과 여자의 문제로 아주 사소한 것이라도 발생하였을 때, 자신을 하나님 또는 하나님의 대리자로 표현할 때, 설교 본문을 무시하고 듣기 좋은 신앙의 잡다한 자기 말로 설교할 때, 교회를 위한 봉사와 헌신을 강요하고 이를 통해 저주와 축복으로 협박할 때, 설교 준비를 하지 않고 다른 목사의 설교를 표절할 때, 자식에게 목회직을 세습할 때, 월급 이외에 너무나도 많은 돈을 요구할 때, 하나님의 사역이라며 빚과 대출로 교회 일을 추진할 때, 교회의 모든 결정과 회의에서 민주적 절차를 무시하고 기도를 핑계로 독단적으로 결정할 때, 그 외 인간의 상식과 양심에 벗어난 모습을 보일 때는 반드시 목사를 의심하고 질문하고 저항해야 한다. 그리고 성경을 상고하여 말씀과 맞지 않을 때는 목사를 즉시 떠나야 한다.

"ROSC" 성도

본질 15

직분

Direct service

 성경의 직분은 돈으로 살 수 없다. 성경의 직분은 사회적 지위로 살 수 없다. 성경의 직분은 목사가 세우는 것이 아니다. 성경의 직분은 장로 몇 사람이 세우는 것이 아니다. 성경의 직분은 성경이 말씀하신 대로 철저히 검증하여 온 성도가 함께 세워가야 한다.

 성경의 직분은 맡겨준 직분에만 충실해야 한다. 성경의 직분은 수직적 서열이 아니다. 성경의 직분은 가장 낮은 곳에서 헌신하고 봉사해야 한다. 성경의 직분은 두렵고 떨린 마음으로 감당해야 하며 결과는 늘 책임을 져야 한다.

 성경의 직분은 목사, 감독, 장로, 집사가 있다.

 성경의 직분은 성도를 온전케 하여 봉사의 일을 하게 하며, 그리스도의 몸 된 교회를 온전히 세우는 것을 소임으로 한다.

성경의 직분은 모두가 성직이다. 종교 개혁 이후 사제 성직주의를 만인 제사장 주의로 개혁한 교회가 만인 성직주의를 간과하고 교묘히 목사 성직주의를 고수하는 것을 묵과할 수 없다.

성경은 목사를 헬라어 "포이멘"(ποιμήν)으로 기록하고 있다. '목자, 목동, 양치기'란 뜻이다. 중동의 '목자, 목동, 양치기'의 일은 매우 더럽고(Dirty), 위험하고(Dangerous), 힘든(Difficult) 종[둘로스.dulos]들의 일이다.

성경의 직분은 다음과 같은 자질을 가져야 한다. 비난받을 일이 없고, 한 아내의 남편이고, 절제해야 하고, 신중해야 하고, 존경할 만하고, 단정해야 하고, 나그네를 잘 대접해야 하고, 가르치기를 잘해야 하고, 술을 즐기거나 탐닉하지 않아야 하고, 난폭하지 않고 너그러워야 하고, 다투지 않아야 하고, 험담(險談)하지 않아야 하고, 한 입으로 두말을 하지 않아야 하고, 돈을 사랑하지 않아야 하고, 부정한 이득을 탐내지 않아야 하고, 깨끗한 양심에 믿음의 심오한 진리를 간직해야 하고, 모든 일에 성실한 사람이라야 한다.

자기 가정을 잘 다스려야 하고, 아내를 주님의 교회를 사랑하듯 사랑해야 하고, 아내로부터 주님께 복종하듯 존경과 신뢰를 받아야 하고, 자녀들로 하여금 아주 공손히 복종하게 해야 하며, 이는 자기 가정을 다스릴 줄 모르면 하나님의 교회를 돌볼 수 없기 때문이다.

교회 밖의 사람들로부터도 좋은 평판을 받는 사람이라야 하며, 이는 그가 비방(誹謗)을 받지 않으며, 마귀의 올무에 걸리지 않을 것이기 때문이다.

예수님을 이제 영접하여 입교한 사람도 안 되며, 이는 그가 교만해져서 악마가 받을 심판에 떨어질 위험이 있기 때문이다.

목사의 자리는 결코 창조주 하나님의 자리, 구원자 예수님의 자리, 보혜사 성령님의 자리가 되어서는 안 된다.

또한 믿음의 조상, 열국의 아비인 아브라함의 자리가 아니며, 하나님을 대면하여 민족을 이끌어가는 모세의 자리가 아니며, 신정국가의 신탁을 받은 제사장 아론의 자리가 아니며, 하나님의 뜻을 직접 받아 전달하는 선지자 사무엘의 자리가 아니며, 특별한 하나님의 섭리로 사용하는 사사 기드온의 자리가 아니며, 하나님의 기름부으심으로 통치하는 왕 다윗의 자리가 아니며, 예수님과 동고동락하고 순교한 제자 베드로의 자리가 아니며, 복음을 위해 부르심을 받은 사도 바울의 자리가 아니며, 성도들의 영적 아버지의 자리가 아니다.

목사는 목사이기 전에 피조물이며, 죄인이며, 사람이며, 성도이다.

목사는 돕는 자이며, 안내자이다. 하나님의 말씀을 정확한 해석과 적용으로 바르게 안내하며, 하나님 말씀의 복과 화를 정직하게 안내하며, 하나님의 말씀을 변함없이 일관되게 성실히 안내하는 사람이다.

목사는 설교와 권면으로 하나님의 말씀을 선포하는 「케리그마」(κηρυγμα. 선포)의 일, 예배와 세례(침례)와 성만찬의 성례를 책임지고 수행하는 「레이투르기아」(λειτουργια. 예전 집례와 참여)의 일, 말씀과 기도를 실천하고 이를 가르치는 「파이데이아」(παιδεια. 양육과 훈육)의 일, 삶의 현장에 나눔과 봉사를 실천하고 이를 가르치는 「디아코니아」(διακονια. 나눔과 봉사)의 일, 서로 막힘이 없는 진실한 교통과 동역을 실천하고 함께 하도록 가르치는 「코이노니아」(κοινωνια. 사귐과 교통)의 일을 직임으로 한다.

목사는 기도하는 일과 말씀을 가르치는 일을 최우선의 직임으로 해야 한다. 목사는 행정과 재정의 일을 장로와 집사에게 맡기고 일절 관여하지 않아야 한다. 목사 중에는 하나님이 보내지 않는 목사가 분명히 있다.

성경의 모든 직분은 목사의 직임에 함께 동참하며 동역하여 그리스도의 온전한 몸인 교회 공동체를 세우는 데 그 책임을 함께 져야 한다.

"ROSC" 직분

< 본질 16 >

개혁

Protest and Reformation

성경의 개혁은 오직 성경으로 돌아가는 것이다. 성경의 개혁은 오직 믿음으로 돌아가는 것이다. 성경의 개혁은 오직 은혜로 돌아가는 것이다. 성경의 개혁은 오직 예수 그리스도에게로 돌아가는 것이다. 성경의 개혁은 오직 하나님의 영광으로 돌아가는 것이다.

성경의 개혁은 아닌 것에 대한 끊임없는 저항이다. 성경의 개혁은 유사한 것에 대한 끊임없는 의심이다. 성경의 개혁은 모르는 것에 대한 끊임없는 질문이다. 성경의 개혁은 왜곡되고 변질된 것에 대한 비판이다. 성경의 개혁은 선택과 결정에 관한 대화와 토론이다. 성경의 개혁은 다름과 차이에 대한 존중과 배려이다.

성경의 개혁은 혁명이 아니다. 성경의 개혁은 그 대상이 목사, 교회 건물, 돈이다. 성경의 개혁은 주님이 다시 오시는 날까지 멈추어서는 안된다.

성경의 개혁은 율법으로 하는 것이 아니라 성령의 운행하심과 교통하심 가운데 하나님의 온전하신 뜻을 실현하는 것이 되어야 한다.

성경의 개혁은 진리를 보수하고, 타락과 변질은 끊임없이 저항함으로써 복음주의적 신앙고백과 개혁주의적 신앙고백의 기조 위에 건강하고 유익한 교회를 만들어 가는 것이다,

성경의 개혁은 매주 예배 시간에 듣는 목사의 설교를 상고하는 데에서부터 시작해야 한다.

성경의 개혁은 하나님을 바르게 알고, 하나님의 말씀을 바르게 해석하고 적용하며, 신앙의 본질에 대하여 바르게 알고 있을 때 가능하다.

성경의 개혁은 늘 자신을 개혁의 대상으로 삼을 때, 더욱 바르게 나아갈 수 있다.

"ROSC" 개혁

본질 17

연합
Unity

성경의 연합은 오직 예수 그리스도로의 일치이다. 성경의 연합은 교단과 교리의 일치가 아니다. 성경의 연합은 하나님의 하나님 되심을 제한할 수 없다. 성경의 연합은 주님의 교회의 일치이다. 성경의 연합은 성령의 하나 되심의 일치이다. 성경의 연합은 하나님의 나라와 의의 일치이다.

성경의 연합은 지역 복음화와 나라와 민족의 복음화와 세계의 복음화를 통해 하나님의 나라를 세우고 하나님께 영광을 돌리고자 하는 뜻으로 시작되었다.

성경의 연합은 삼위일체 하나님이 살아서 역사하심을 믿으며, 이것이 우리의 삶을 지탱하는 가장 큰 원천임을 고백한다.

성경의 연합은 복음적인 세계교회와 한국 교회의 아름다운 전통을 존중하며, 이와 함께 한국 교회사와 세계 교회사의 교훈에도 귀를 기울인다.

성경의 연합은 하나님 나라를 이룩하는 일에 주님의 신실한 모든 교회와 겸손한 자세로 협력해 나가는 것이다.

성경의 연합은 다름과 차이를 존중하며 비난과 정죄를 삼가고 넓고 깊은 하나님의 뜻을 헤아려 이미 하나님의 자녀가 된 세계교회뿐 아니라, 아직 하나님의 때를 기다리는 세상의 모든 영혼까지 품을 수 있는 하나님의 광대하심의 실천이 되어야 한다. 성경의 연합은 개별성을 존중하는 공동체성으로, 다양성을 인정하는 성숙한 일치로 나아가는 것이다.

성경의 연합은 자기 교회 중심의 이기적 신앙과 목사 중심의 인본적 신앙을 과감하게 개혁하고, 오직 예수 그리스도의 온 인류를 향한 십자가 사랑으로 하나 됨을 실천해 가야 한다.

"ROSC" 연합

제4장

신앙信仰에 대하여

About faith

신앙의 요소들이 참 많다. 성경을 통한 분명한 개념의 정의가 필요하다. 세상의 개념과 구별된 성경의 개념을 정확히 알아야 한다. 성경은 사람이 사람답게 살아가는 분명한 가치관을 제시한다. 성경은 그리스도인이 세상을 살아가는 구별된 가치관을 분명히 제시하고 있다. 인본화되고 세속화된 신앙의 개념들을 성경적 가치관으로 회복해야 한다.

성경으로 돌아가 바른 신앙의 가치관을 회복해야 한다. 교훈하고 책망하고 바르게 하고 의로 교육하기 유익한 성경의 가치관을 회복해야 한다. 성경의 바른 가치관으로 살아갈 때, 비로소 우리는 하나님의 사람으로 온전하게 되며, 세상 가운데 모든 선한 일을 행할 능력을 갖추게 되는 것이다. 신앙의 가치관이 바르게 정립될 때 세상의 가치관과 세계관도 비로소 제자리를 찾게 될 것이다.

⟨ 신앙 1 ⟩

질문
Question

철학자 데카르트는 "나는 생각한다. 고로 존재한다."[10]라는 말을 남겼다. 사람이 살아가는데 생각하는 것이 얼마나 중요한지를 설명해 준다. 생각하면 궁금하게 된다. 궁금하면 질문하게 된다. 고로 생각과 질문은 중요한 삶의 존재 이유가 되는 것이다.

신(神)은 인간과 다르다. 신의 언어, 신의 의도, 신의 뜻은 분명 인간과 다르다. 달라도 너무 다르다. 특히 피조물인 인간이 창조주 하나님을 아는 것, 죄가 있는 인간이 죄가 없으신 하나님을 아는 것, 불완전한 인간이 완전하신 하나님을 아는 것, 유한한 인간이 무한한 하나님을 아는 것, 변덕스러운 인간이 변하지 않으시는 하나님을 아는 것, 시기와 질투로 가득한 인간이 사랑인 하나님을 아는 것은 결단코 가능하지 않은 일이다.

하나님이 누구신지 생각해야 한다. 하나님의 말씀은 무슨 말

---
10) 라틴어_Cogito, ergo sum, 영어_I think, therefore I am

씀인지 생각해야 한다. 하나님과 성경을 향해 이성과 지각을 사용해야 한다. 생각해야 궁금할 수 있고 궁금해야 질문할 수 있다. 질문해야 제대로 알 수 있고 제대로 알아야 제대로 믿을 수 있는 것이다.

목사가 아니라 하나님이 궁금해야 하는 것 아닌가? 목사의 설교가 아니라 하나님의 말씀이 궁금해야 하는 것 아닌가? 그런데 왜 질문하지 않는가?

믿기 때문에 묻는 것이다. 사랑하기 때문에 질문하는 것이다. 내 생각과 다르기 때문에 묻는 것이다. 내 길과 다르기 때문에 질문하는 것이다. 자유의지의 증거는 질문이다. 묻지 못하고 질문하지 못하는 것은 인격과 자유의지를 상실한 짐승과도 같은 것이다.

질문은 의심하고 불신하는 것이 아니다. 믿고 신뢰하기 때문에 묻고 답하는 것이다. 질문하지 않는 것이 도리어 하나님을 우상으로 여기는 것과 같은 것이다. 묻고 답하는 질문의 과정이 우리의 신앙에서 기도이고 교통이고 예배이고 관계이고 교제이다. 질문을 통해 신뢰가 쌓여 간다. 질문을 통해 지식이 쌓여 간다. 지식을 통해 바른 지식과 지혜를 얻게 된다. 질문을 통해 사색하는 힘과 깨닫는 깊이를 얻게 된다.

신앙의 좋은 습관을 지녀야 한다. 깊이 생각하는 습관, 이성과 지각으로 상고하는 습관, 합리와 논리로 관찰하는 습관, 감성과 영성으로 공감하는 습관을 지녀야 한다. 그리고 궁금하면 질문해야 한다. 종교에 대하여, 본질에 대하여, 신앙에 대하여, 하나님에 대하여, 예수님에 대하여, 성령님에 대하여 목사에게 질문해야 한다. 신학과 성경을 전공한 목사는 모든 질문에 답할 책임과 의무가 있다. 성도는 궁금한 것에 대하여 질문할 권리와 자유가 있다. 질문 자체를 할 수 없게 만드는 목사, 질문에 답하지 못한 목사, 질문에 맹신만을 강조하는 목사, 질문을 반대하는 것으로 여기는 목사는 이단과 사이비일 가능성이 높다.

　성경적 그리스도인은 이성과 지각으로 생각해야 한다. 깨어있는 그리스도인은 질문해야 한다. 예수님의 목회는 생각하는 목회이다. 예수님의 목회는 질문하는 목회이다. 우리는 예수님의 말씀을 깊이 묵상하고 깊이 생각해야 한다. 우리는 예수님께 진지하게 질문해야 한다. 질문은 곧 기도이다.

　"ROSC" 질문

〈 신앙 2 〉

사랑
Love

하나님은 사랑이다. 예수님도 사랑이다. 성령님도 사랑이다. 하나님은 성경을 통해 사랑을 '사랑한다'라는 말로 단 한 번도 표현하지 않으신다. 하나님은 사랑하라고 하신다. 이는 하나님 자신이 사랑이기 때문이다. 그래서 하나님 사랑은 행함이다. 그래서 하나님의 사랑은 신실한 일상의 삶이다. 하나님 사랑의 절정은 십자가의 죽음이다.

사랑은 백 마디 말이 아니다. 사랑은 심장 터지는 설렘이 아니다. 사랑은 감미로운 감성이 아니다. 사랑은 백만 송이의 장미도 아니다. 사랑은 표현할 수 없고, 표현될 수 없고, 표현되지도 않는다. 표현만 되는 사랑은 거짓이기 때문이다.

사랑은 삶으로 살아내는 진심이다. 사랑은 함께 살아가는 삶이다. 사랑은 서로 수고하는 삶이다. 사랑은 사랑의 흔적이 있다. 거친 손, 흐르는 눈물, 지친 몸, 상한 맘, 삶의 무게, 인생의 손해, 희생과 헌신, 수고와 배려, 소통과 협력, 인내와 기다림,

진통과 져줌, 교훈과 책망과 바르게 함과 의로 교육함, 고난과 십자가가 곧 사랑의 흔적이다.

 사랑은 더 큰 은사이다. 은사 중 가장 좋은 길이다. 사랑은 오래 참고 친절한 것이다. 사랑은 시기하지 않으며, 자랑하지 않으며, 교만하지 않으며, 무례하지 않으며, 자신의 것을 찾지 않으며, 화내지 않으며, 악한 일을 생각하지 않으며, 불의를 기뻐하지 않는다. 사랑은 진리를 기뻐하며 모든 것을 참으며 모든 것을 믿으며 모든 것을 소망하며 모든 것을 견디는 것이다. 사랑은 이렇게 하는 것이다.

 성경의 사랑은 사랑할 수 없는 사람을 향한 사랑, 저주하고 싶은 사람을 향한 사랑, 용서할 수 없는 사람을 향한 사랑, 고통을 주는 자를 향한 사랑, 연약한 자를 향한 사랑, 세상 모든 죄인을 향한 사랑, 악한 자를 향한 사랑, 원수를 향한 사랑이다.

 사랑은 비교하지 않는다. 사랑은 계산하지 않는다. 사랑은 좌로나 우로나 치우치지 않는다. 사랑은 다름과 차이를 존중한다. 사랑은 반대 의견도 수용한다. 사랑은 보수와 진보를 각각 인정한다. 사랑은 좌측은 좌측으로 분명하며, 우측은 우측으로 분명해야 한다. 사랑은 중용도 인정한다. 사랑은 균형을 잃지 않고 모든 다양함을 인정하고 존중한다.

사랑은 낭비이다. 시간과 재능과 돈을 낭비하는 것이다. 정서와 감정을 낭비하는 것이다. 마음과 영혼을 낭비하는 것이다. 인생과 삶을 낭비하는 것이다. 사랑은 삶의 모든 것을 모든 영혼을 위해 허비하는 것이다. 사랑은 자기 부인이고 자기 십자가이다.

모든 것이 사랑이다. 하나님 그분도 사랑이며 하나님 그분의 성품도 사랑이며 하나님 그분의 말씀도 사랑이다. 신학의 본질도 사랑이며 모든 신앙의 요소도 사랑이다. 교회도 사랑이다. 개신교도 사랑이다. 신앙의 모든 것은 사랑이 아닌 것이 없으며 모든 것은 사랑이 되어야 한다.

사랑처럼 어려운 것이 없다. 사랑처럼 무거운 것도 없다. 사랑처럼 고통을 감수해야 하는 것도 없다. 사랑이 깨져 부부가 깨지고 가정이 깨지고 있다. 깨어진 사랑이 그대로 자녀에게 전달이 되고 있다. 가정이 깨지면 사회는 자연스럽게 깨진다. 사랑 아닌 것에 속아서 결혼하지만 사랑하지 못해 이혼하는 부부가 너무 많아지고 있다. 사랑에 아파하고 고통받는 자녀들이 너무 많다. 깨어진 부모의 사랑 때문에 마음이 금이 가고 영혼이 깨어진 자녀들이 너무 많다. 이들이 성인이 되어 부모가 되면 금이 가고 깨어진 사랑을 그대로 답습한다.

개신교는 사랑을 버렸다. 교회는 사랑을 상실해 버렸다. 목사는 사랑을 포기했다. 그리스도인은 사랑을 잃어버렸다. 교인들은 목사에게서 사랑을 보지 못하고 듣지 못하고 배우지 못하고 그런 본을 경험하지 못한다. 사랑을 실천해야 할 교회에서 목사로부터 교인까지 싸우고 분쟁하고 미워하고 시기하고 비난하고 조롱하고 정죄하고 있다. 세상에 사랑의 모범을 보여야 할 교회가 이제는 세상이 걱정하고 염려하는 곳이 되었다. 더 나아가 비난받고 조롱받는 곳이 교회가 되었다. 이유는 간단하다. 사랑을 잃어버렸기 때문이다. 사랑을 말로만 하기 때문이다. 사람이 아닌 돈을 사랑하기 때문이다.

하나님을 사랑하고 성도를 사랑하고 세상의 믿지 않은 영혼까지 사랑한다는 목사가 돈을 그렇게 사랑할 수 있을까. 거짓말을 그토록 양심에 거리낌도 없이 할 수 있을까. 성범죄를 그토록 쉽게 저지를 수 있을까. 사랑한다는 목사의 이혼, 세습, 전별금, 횡령, 배임, 불법, 불의, 외식, 위선의 모습을 무엇으로 설명해야 할까. 목사에게는 성경의 사랑이 없는 듯하다. 이런 목사에게 영혼들을 맡겨도 되는지 모르겠다. 스스로 자발적으로 저항하고 개혁하여 살아나야 한다. 자발순환회복 "ROSC"는 우리 각자가 사는 유일한 방법이다.

사랑은 강하다. 사랑은 죽음같이 강하다. 사랑은 율법보다 강하다. 사랑은 지식과 지혜보다 강하다. 사랑은 돈과 권력보다 강하다. 사랑은 이성과 합리보다 강하다. 사랑은 폭행과 폭력보다 강하다. 사랑은 이 세상 모든 것보다 강하다. 소리 없이 계속되는 하나님 아버지의 사랑은 삶보다 죽음보다 강하다. 사랑은 모든 이를 수용하고, 모든 이에게 관용하고, 모든 이를 긍휼히 여기고, 모든 이에게 공평하고, 모든 이를 용서하고, 모든 이를 포기하지 않으며, 모든 이를 기다린다. 사랑이 이긴다. 결국 사랑이 모든 것을 넉넉히 이긴다.

"ROSC" 사랑

신앙 3

믿음
Faith

성경의 믿음은 입으로 믿는 것이 아니다. 성경의 믿음은 믿음으로 행하는 것이다. 성경의 믿음은 믿음으로 살아내는 것이다. 성경의 믿음은 행함으로 보이는 것이다. 성경의 믿음은 믿음으로 행하는 삶이다.

성경의 믿음으로 에녹은 평범한 일상을 하나님과 동행했다. 그렇기에 성경의 믿음은 동행Go with이다. 다시 성경의 믿음으로 우리는 평범한 일상을 주님과 동행해야 한다.

성경의 믿음으로 아브라함은 어제보다 오늘을, 오늘보다 내일이 더 성장하고 성숙하는 성화의 삶을 살았다. 그렇기에 성경의 믿음은 성화Sanctification이다. 다시 성경의 믿음으로 우리는 성화되어야 한다.

성경의 믿음으로 요셉은 애굽의 종살이와 옥살이를 누구의 탓으로 돌리지 않고 하나님의 일하심으로 해석했다. 그렇기에 성경의 믿음은 해석Interpretation이다. 다시 성경의 믿음으로 우리는 삶을 해석해야 한다.

성경의 믿음으로 모세는 왕궁 왕자의 길과 초야의 한적한 목동의 길이 아니라 출애굽의 40년 광야의 길을 선택했다. 그렇기에 성경의 믿음은 선택Choice이다. 다시 성경의 믿음으로 우리는 선택해야 한다.

성경의 믿음으로 여호수아는 가나안을 정복할 때 율법을 다 지켜 행하여 우로나 좌로나 치우치지 않았다. 그렇기에 성경의 믿음은 균형Balance이다. 다시 성경의 믿음으로 우리는 균형을 잡아야 한다.

성경의 믿음으로 라합은 죽을 용기로 정탐꾼을 숨겨주었다. 그렇기에 성경의 믿음은 용기Courage이다. 다시 성경의 믿음으로 우리는 용기를 내야 한다.

성경의 믿음으로 다윗은 하나님 앞에서 은밀한 죄를 정직하게 인정했다. 그렇기에 성경의 믿음은 정직Honesty이다. 다시 성경의 믿음으로 우리는 정직해야 한다.

성경의 믿음으로 욥은 부요하여 풍족하고 행복할 때나 예기치 못한 갑작스러운 극한 고통과 아픔 가운데서도 변함없이 흔들리지 않고 일관되게 하나님을 향한 순전한 마음을 잃지 않았다. 그렇기에 성경의 믿음은 순전Consistency이다. 다시 성경의 믿음으로 우리는 순전해야 한다.

성경의 믿음으로 예수님은 외식하는 종교인들을 향해 욕을 하시고 성노聖怒하셨다. 그렇기에 성경의 믿음은 거룩한 분노 Holy angry이다. 다시 성경의 믿음으로 우리는 성노聖怒해야 한다.

성경의 믿음으로 가버나움의 백부장은 돌보지 않아도 될 하인의 중풍병을 위해 수고를 아끼지 않는 친절을 베풀었다. 그렇기에 성경의 믿음은 친절Kind이다. 다시 성경의 믿음으로 우리는 친절해야 한다.

성경의 믿음으로 혈루증 앓던 여인은 12년의 긴 세월 동안 끈기를 가지고 낫고자 하는 소망을 잃지 않았다. 그렇기에 성경의 믿음은 끈기Patience이다. 다시 성경의 믿음으로 우리는 끈기를 가져야 한다.

성경의 믿음으로 수로보니게 여자는 어린 딸을 위한 절실함 때문에 개 취급을 받는 것도 부끄럽지 않았다. 그렇기에 성경의 믿음은 절실함Earnest이다. 다시 성경의 믿음으로 우리는 절실해야 한다.

성경의 믿음으로 바울은 날마다 자기를 부인하고 자신을 죽이는 삶을 살았다. 그렇기에 성경의 믿음은 자기부인Deny himself이다. 다시 성경의 믿음으로 우리는 자기를 부인해야 한다.

성경의 믿음으로 예수님은 감당하지 않아도 될 십자가의 죽음을 순종했다. 그렇기에 성경의 믿음은 순종Obey이다. 다시 성경의 믿음으로 우리는 순종해야 한다.

성경의 믿음으로 나는 나로 오늘을 서로 사랑하며 살아낸다. 그렇기에 성경의 믿음은 사랑Love이다. 그렇기에 성경의 믿음으로 사랑해야 한다. 다시 성경의 믿음으로 우리는 서로 사랑ἀγάπη 아가페해야 한다.

"예수님을 나의 구주 나의 하나님으로 믿으신 분들은 아멘" "오늘 죽어도 나는 천국 갈 수 있다고 믿으신 분들만 아멘" "아멘 하신 분들만 그렇게 될 줄 믿습니다." 아멘이라고 외치면 믿음이 되는 것일까?

믿음을 단순히 말, 생각, 느낌, 감정의 척도라고 생각한다. 한국 교회의 믿음의 척도는 무엇일까? 교회 건물에 내는 버거운 헌금, 교회 건물에서의 무료 봉사, 교회 건물에서의 무보수 사역, 교회 건물에서의 목숨을 건 헌신, 교회 건물에서 진행되는 모든 예배 및 모임 참석, 교회 건물에서 진행되는 새벽 예배 개근 출석, 목사의 말에 맹종하는 것, 목사의 설교에 무조건 "아멘"하는 것, 목사를 하나님처럼 높이는 것, 목사를 돈으로 잘 섬기는 것, 교회 및 목사 비리와 범죄를 알고도 침묵하며 기도하는 것, 교회 및 목사의 비상식과 비윤리 행실을 은혜로 덮어주는 것, 교회 건물에서 기도를 오래 하는 것, 교회 건물에서 성경을 많이 읽고 쓰는 것, 교회 건물에서 옷을 잘 입고 말을 부드럽게 하며 항상 친절하게 대하는 것, 교회 건물에서 정의와 공의보다 은혜와 순종으로 집단 이기성을 보이는 것 등등 왜곡되고 변질된 성경이 믿음의 척도가 되고 있는 현실이다. 종교의 기복주의와 인본주의가 성경 말씀과 혼탁하게 섞여 적당한 유익과 속임이 모두를 만족하게 하는 그 모든 것이 믿음으로 포장되어 성도들을 미혹하고 있는 현실이다.

성경의 믿음은 믿음으로 사는 것, 믿음으로 행해지는 삶이 곧 믿음이 되어야 한다. 믿음의 헬라어 원어인 피스티스πίστις가 한글 성경으로 번역되면서 단순히 믿음으로 번역된 것이 지금의 믿음의 개념을 왜곡시키고 변질시키는 크나큰 실수를 한 듯하다. 성경의 믿음 곧 피스티스는 믿음, 신념, 신실, 성실, 충성, 의리 등의 의미를 점진적으로 포괄하고 있다. 하나같이 행行하는 의미이다. 믿음은 주어가 아니라 보이는 동사이다. 마음과 생각, 말에서 시작된 믿음은 신실과 성실의 행함으로 진행이 되어 충성의 삶으로 완성이 되는, 즉 다시 말해 사람이 살아가는 데 있어서 마땅히 지켜야 할 바른 도리가 피스티스 곧 성경의 믿음인 것이다. 지금의 한국 개신교가 마음과 생각, 말과 감정에 머무르며 허황되고 공허한 믿음에서 허우적거리며 더 이상 앞으로 진전하지 못하고 있는 것은 교회당과 목사의 굴레 속에 갇혀 이미 죽어버린 믿음이 그 원인이 아닐지 생각한다.

"ROSC" 믿음

신앙 4

기도
Prayer

 기도는 묻는 것이다. 기도는 여호와께 묻는 것이다. 기도는 여호와의 뜻을 묻는 것이다. 기도는 선택과 결정 앞에 늘 주님께 묻는 것이다. 삶의 작은 일에도 늘 묻는 것이다. 내 길과 다르고 내 생각과 다르고 내 길보다 높고 내 생각보다 높은 주님께 가장 좋은 길과 가장 필요한 길을 묻는 것이다.

 기도는 구하는 것이다. 기도는 하나님의 나라와 의를 구하는 것이다. 기도는 성경의 복을 구하는 것이다. 기도는 여호와를 구하는 것이다. 기도는 여호와의 얼굴을 구하는 것이다. 기도는 여호와의 능력을 구하는 것이다. 기도는 여호와의 판단을 구하는 것이다.

 기도는 부르짖는 것이다. 기도는 인간의 깊은 상처와 아픔을 통한 상한 심령, 살고자 하는 절규, 죄로 늘 넘어지는 연약함과 나약함, 바르게 살고자 하는 고민과 고뇌, 주님의 뜻을 이루고자 하는 진통으로 부르짖는 것이다.

기도는 대화이다. 기도는 하나님과 죄인의 대화이다. 기도는 우리의 마음과 생각과 필요와 뜻을 충분히 말씀드리고, 하나님의 마음과 생각과 필요와 뜻을 충분히 듣는 것이다. 기도는 주님과의 소소한 모든 대화이다.

기도는 순종이다. 기도는 여호와의 뜻을 순종하는 것이다. 기도는 'Yes' 수락하신 것도 순종하고, 'No' 거절하신 것도 순종하고, 'Wait' 기다리라 하신 것도 순종하는 것이다. 이는 나를 나보다 더 잘 아시고 사랑하시기 때문이다. 우리의 인생을 계획하시고 우리의 인생을 이끄시고 우리의 인생을 책임지시기 때문이다.

기도는 호흡이다. 기도는 생명이다. 기도를 쉬는 것은 죽는 것이다. 영이신 주님께서 늘 우리와 함께 하시기 때문에 우리가 주님과 늘 동행하면서 친밀한 교제를 나누면 된다.

기도는 인간이 만든 우상에게 빌며 인간의 요구를 관철하는 것이 아니다. 인간을 지으신 창조주께 자신을 비우고 그분의 뜻으로 채워가는 것이다. 개신교뿐 아니라 다른 모든 종교나 무속신앙까지도 기도는 한다. 예수님을 믿는 우리의 기도가 저들과 다름은 예수님의 말씀 안에서만 우리의 기도는 생명 있는 기도가 된다는 것이다.

기도는 자기비움(Self-Emptying)이고 채움(Filling)이다. 지금까지 나를 나답게 한 우리 안에 모든 것을 드러냄으로 비워야 한다. 예수님 없이 된 모든 삶, 관계, 지식, 생각, 가치, 감정까지 토해내야 한다. 우리 자신으로부터 된 것뿐만 아니라, 타인으로부터 받은 상처와 아픔, 욕심과 시기심의 모든 것까지 토해내야 한다. 기도는 예수님 없는 나의 나 됨을 온전히 부인하는 자기비움에서부터 시작한다. 그리고 이제 텅 빈 내 안에 예수님의 채움을 시작해야 한다. 예수님과 예수님 말씀의 채움이 시작될 때 우리는 주님과 쉬지 않고 기도하는 사람이 되는 것이다. 자기비움과 채움의 자리가 그분과 따스한 대화의 자리 곧 기도의 자리이다.

기도는 우선순위가 있다. 우리는 먼저 주님의 나라와 의를 구해야 한다. 즉 주님과 바른 관계로 살아야 하며, 또한 주님의 통치와 다스림에 순종하는 주님의 나라가 되어야 한다. 우리의 기도가 말씀과 성령보다 앞설 수 없다는 것을 명심해야 한다. 기도는 성령의 열매가 되어야 하며, 말씀대로 살아가는 삶이 되어야 한다.

기도는 신실하고 충성스럽게 믿음으로 구해야 한다. 기도는 주님과 동행하는 삶으로 구해야 한다. 기도는 예수님의 이름에 합당하게 구해야 한다. 기도의 가장 좋은 응답은 성령임을 알고 구하는 것이다. 이렇게 기도할 때 구하는 것은 다 받으며, 원하는 것을 다 이루며, 구하는 것을 주님께서 모두 행하시는 놀라운 역사를 보게 되는 것이다.

기도는 나를 위한 기도에서 출발하여 다른 사람을 위한 기도로, 더 나아가 예수님의 나라와 의를 위한 삶을 살아가는 삶의 기도로 성숙하며 성장해야 한다. 나를 위한 기도에서 우리를 위한 기도로, 우리 교회를 위한 기도에서 모든 교회를 위한 기도로, 우리의 가정을 위한 기도에서 이 땅의 모든 가정을 위한 기도로, 내 나라와 민족을 위한 기도에서 모든 나라와 민족과 열방을 기도로, 그 지경이 넓혀질 때 우리의 기도는 주님의 기도에 가까워질 것이다.

기도는 예수님의 복을 바로 알고 예수님의 복을 위해 구하는 것이다. 창대와 번영의 행복한 삶, 선하고 아름다운 삶, 바른 길과 정도(正道)의 삶, 예수님께 더 가까이 나아가는 예배의 삶 등 성경의 복을 바로 알고 기도할 때만이 외식으로 구하지 않으며, 중언부언하지 않고 기도할 수 있다.

기도의 최고 모범은 주기도문이다. 예수님이 친히 가르쳐주신 기도는 우리의 모든 기도를 담고 있다. 매일 매 순간 내 입에서 떠나지 말아야 할 기도이다. 주기도문은 최고 수준의 기도이며 죄인 된 우리 기도의 최종 목표이다.

"ROSC" 기도

신앙 5

예배
Worship

성경의 예배는 장소의 문제가 아니다. 성경의 예배는 보러 가는 것이 아니라 드리러 가는 것이다. 성경의 예배는 누가 드리느냐는 것이다. 성경의 예배는 누구에게 드리냐는 것이다. 성경의 예배는 무엇으로 드리냐는 것이다.

성경의 예배는 기브온 산당도 예루살렘 성전도 아니다. 성경의 예배는 작고 초라한 개척교회 예배당도 아니다. 크고 웅장하고 세련되고 호화스러운 대형 교회 예배당도 아니다. 성경의 예배는 화려하고 신비롭고 구별된 의식의 옷을 입고 있는 제사장들과 서기관들과 종교 지도자들이 필요한 것도 아니다.

성경의 예배는 행사나 이벤트가 아니다. 의전과 화려한 형식이 아니다. 초고가 음향과 조명 시설, 초고가 음악 악기들과 무대의 전면을 압도하는 은빛 파이프 오르간이 아니다. 수십만 명의 교인들, 연예인보다 더 유명한 스타 목사, 수백 명의 성가대와 오케스트라와 지휘자, 단복을 맞춰 입은 수많은 안내요원과 헌금 위원과 주차요원들, 온라인과 오프라인으로 매주 수억 원씩 들어오는 헌금이 아니다. 절대 아니다. 성경의 예배는 말 잘하는 목사의 one man show가 아니다.

성경의 예배는 일주일 내내 자기 마음대로 불법과 불의로 살다가, 좋은 옷 차려입고 면죄와 기복의 헌금을 들고 와서 주일 한 시간 교회당에 앉아 있어 그나마 마음이 편해지는 그런 일회용 자동 세차장이 아니다.

성경의 예배는 누가, 누가 드릴 수 있는가. 매일 매 순간 말씀대로 살아가려고 부단히 애쓰지만, 늘 고난과 핍박과 환난을 경험한 사람들, 즉 주님 때문에 상한 심령을 가지고 늘 성화의 삶을 살아가는 죄인들이다. 보이는 율법과 공공의 헌법을 지키려고 부단히 애쓰지만, 늘 주님 앞에 서면 자신의 영혼 깊은 곳에 자리 잡은 원죄와 사람에게 보이지 않는 마음속 깊은 곳에 있는 자범죄로 감히 하늘을 우러러보지 못하는 죄인들이다. 살아 숨 쉬고 사는 삶의 현장마다 하나님의 함께 하심과 도우심과 보호하심을 경험하고 살아가는 죄인들이다. 일상의 모든 것이 하나님의 은혜와 사랑이 아닌 것이 없음을 체험하며 감사와 감동이 아니면 갚을 수 없다는 것을 잘 알고 있는 죄인들이다.

성경의 예배는 누구에게, 누구에게 드려야 하는가. 오직 하나님께만 드려야 한다. 보이지 않는 영이신 하나님께만 드려야 한다. 보이는 목사가 절대 아니다. 경험된 하나님께, 잘 알고 있는 하나님께, 잘 알지도 경험하지도 못했지만 믿음으로 믿고 있는 하나님께만 예배하는 것이다. 예배를 받으시는 분은 오직 하나님이시다. 예배를 통해 영광을 받으시는 자리에는 하나님 이외에 그 누구도 앉을 수 없는 것이다. 특히 담임목사는 절대 앉아서는 안 되는 자리이다. 예배를 담임목사와 교회당에 드리는 자들이 있다. 성경의 예배는 오직 하나님께만 드려야 한다.

성경의 예배는 무엇으로, 무엇으로 드려야 하는가? 영이신 하나님께, 보혜사인 성령의 영과 진리이신 예수 그리스도로 드리는 것이다. 구약의 제사도 제물과 향기는 필수였다. 바로 완전하고 영원한 제물 되신 예수 그리스도와 삶의 현장의 영원한 향기 되신 보혜사 성령님으로 드려져야 한다. 영과 진리로 드려지는 예배는 삶의 현장으로 드려지는 예배이다.

성경의 예배는 어느 곳에서의 예배가 아니라, 모든 삶의 현장에서의 예배를 말한다. 우리네가 다니는 ○○교회, 그곳, 그 목사가 있는 그 예배당 건물이 아니라는 것이다. 일상을 살아가는 삶의 모든 현장이 예배가 되어야 한다.

성경의 예배는 죄인과 영이신 여호와 하나님 그리고 예수 그리스도와 성령님이 함께 하면 모든 현장에서 예배가 되는 것이다. 굳이 목사는 필요하지 않다. 예배당 건물은 필요하지 않다. 제도와 형식과 의식은 필요하지 않다. 세 분의 하나님과 죄인된 나만 있으면 성경의 예배는 충분하다. 예배는 하나님 임재의 현장이 되어야 한다.

성경의 예배는 교통하심이다. 일방적인 기복이 아니다. 일방적인 수행과 참선이 아니다. 교통하심의 우선은 받음이다. 그 후에 드림으로 서로 소통하고 교통하는 것이다. 성경의 예배는 아낌없이 주시는 하나님께 받은 것에 감사하여 아낌없이 드리는 죄인과의 소통이자 교통이다. 죄인이 하나님께 받은 것은 무한하고 영원하고 갚을 수 없는 은혜와 사랑이다. 받은 것에 비해 드리는 것이 너무 초라한 것이다. 돈으로도 재능으로도 세상의 손에 잡히는 그 무엇으로도 드릴 수 없는 것이기에 제 몸과 제 목숨도 아끼지 않고 드리겠다고 하는 것이 성경의 예배이다. 그렇기에 은혜를 받았으니, 돈을 내놓으라고 하는 목사는 돈에 환장한 사기꾼이다. 받은 사랑이 많으니, 교회당을 위해 헌신하고 봉사하라고 협박하는 목사는 거짓말쟁이다.

"ROSC" 예배

신앙 6

경배와 찬양
Praise

성경의 경배와 찬양은 음악이 아니다. 성경의 경배와 찬양은 고급 음향 시설에서 나오는 음악이 아니다. 성경의 경배와 찬양은 화려한 조명 아래 무대의 들썩이는 음악의 퍼포먼스가 아니다. 성경의 경배와 찬양은 노래와 춤이 아니다. 성경의 경배와 찬양은 무대의 쇼와 이벤트가 아니다. 경배와 찬양의 음악은 단순화 되어야 하고 최소화 되어야 한다. 경배와 찬양은 가사에 집중해야 하고, 가사는 하나님의 이름과 말씀을 담아야 한다.

성경의 경배와 찬양은 예배이다. 성경의 경배와 찬양은 삶의 예배이다. 성경의 경배와 찬양은 일상의 삶이다. 성경의 경배와 찬양은 일상의 삶의 모든 것이다. 성경의 경배와 찬양은 말, 묵상, 행동, 생각, 마음, 관계, 직장, 노동 등 모든 것이 주님께 드리는 시와 찬미와 신령한 노래다. 성경의 경배와 찬양은 악기가 없어도 된다. 성경의 경배와 찬양은 음악을 몰라도 된다. 성경의 경배와 찬양은 군중, 대중이 없어도 된다. 성경의 경배와 찬양은 죄인이 된 나와 영이신 세 분의 하나님이 계시면 충분하다.

성경의 경배와 찬양은 오직 주님께 드려지는 우리의 마음이면 충분하다.

 성경의 경배와 찬양은 오직 하나님만 받으셔야 한다. 성경의 경배와 찬양은 사람이 칭송의 대상이 되어서는 안 된다. 성경의 경배와 찬양은 오직 하나님과 하나님의 말씀을 노래해야 한다. 성경의 경배와 찬양은 인간의 오락과 감정을 노래하는 것이 아니다. 성경의 경배와 찬양은 인간의 경험을 노래하는 것이 아니다. 성경의 경배와 찬양은 인간의 간증을 노래하는 것이 아니다. 성경의 경배와 찬양은 인간의 감정과 경험과 간증에 하나님의 이름을 이용하는 것이 아니다. 하나님을 꼽사리 끼워 넣는 것이 아니다. 인간을 노래하는 것은 사탄을 노래하는 것과 같은 것이다.

 성경의 경배와 찬양은 찬양 사역자들 때문에 타락되었다. 강렬하고 다양한 음악과 퍼포먼스, 감미로운 멜로디와 감정을 자극하는 서정적인 가사, 찬양 인도자의 청중을 매료하는 현란한 말과 매력적인 음악성, 화려한 조명과 매료되는 음향, 압도되는 수많은 군중의 환호와 열광 그리고 반응이 세상의 콘서트를 압도하고 있다. 영성은 없는데 음악성 하나 믿고 설 자리가 없어 이제는 교회 무대로 수많은 음악인이 모이고 있다.

성경의 경배와 찬양은 먹고 살기 위한 수단이 아니다. 여가와 취미가 아니다. 세상에서 음악 일을 다 해보고 실패해서 결국 이거라도 해 먹고 살겠다는 구걸이 아니다. 결국은 돈이다. 인기이다. 이제는 하나님을 찬양하는 무대에 오르지 못할 음악의 장르는 없다. 사탄을 노래하는 하드록에서 헤비메탈까지 버젓이 활개를 치고 있다. 나름의 간증은 갖고 있지만, 일상의 노동을 거부하고 그저 자기가 하고 싶은 딴따라를 하면서 먹고 살고 거기에 인기도 얻고 싶은 것이다. 그래서 갈수록 특이하고 괴이하고 파격적인 음악으로 경배와 찬양을 시도하고 있다.

교회는 그들을 제한할 분별력과 통찰력을 잃어버렸다. 많은 사람만 모이면, 많은 사람이 모여 돈만 되면 교회의 무대를 내주고 있다. 하나님에 대한 두려움도 없이 음악에 전부를 걸고 그것이 하나님을 향한 경배와 찬양이라고 사기를 치고 있다. 더 두려운 것은 저들이 그저 학교만 다니면 받을 수 있는 목사 안수를 받고 버젓이 목사라는 이름으로 그 짓을 하고 있다. 목사라는 직함이면 무대에서 어떤 짓을 해도 용납이 된다는 거짓말에 속고 있다.

경배와 찬양이 예배를 위해 분위기를 잡는 것이 되었다. 그래서 교회에서 경배와 찬양은 준비하는 것뿐이다. 목사가 나오기 전까지 분위기를 띄워야 하는 그런 퍼포먼스이다. 아무나 할 수 있고 언제든 할 수 있는 것이다. 하고 싶으면 하고, 늦으면 늦은 대로 하고 음치만 아니면 하고 그렇게 마이크를 잡고 서는 것이다. 악기만 다룰 수 있으면 서는 것이다. 글만 조금 쓰면 찬양을 작사하고, 악기만 조금 다루면 찬양을 작곡하고 있다. 목사도 교회도 분별할 수 있는 영성이 없기 때문이다. 찬양 사역자들도 목사들을 따라서 갈수록 무대를 확장하고 있다.

하나님을 향한 경배와 찬양, 노래와 악기의 은사도 하나님이 선물로 주셨는데, 하나님을 찬양하는 음악을 팔아서 돈을 벌고 있다. 음반을 만들어 교회에 돌리고 있다. 저렴한 비용으로 자신을 무대로 올려달라고 구걸하고 있다. 인기를 얻기 위해 유튜브와 SNS에 자기를 과장하고 과시하여 홍보하며 주님의 이름으로 온 국민에게 사기를 치고 있다.

음악에 자신이 있으면 당당하게 세상에서 실력자들과 겨루어야 한다. 세상에서 겨루어 당당하게 인정받을 정도의 음악 실력이라면, 이것은 분명 하나님이 주신 은사이기에 오직 하나님을 위해 경배와 찬양으로 아낌없이 공짜로 드려야 한다. 세상 음악 하다가 설 자리가 없어지면, 병에 걸리면, 폭삭 망하면 다시 말해 실패하면 별 볼 일 없는 신학교 가서 목사 되고 찬양 사역자 돼서 교회에서 간증하며 찬양하면서 돈을 받고 있다. 사기꾼들이다. 간증하며 돈을 받는 사람들, 찬양하며 돈을 받는 사람들은 일단 사기꾼들이다. 그 간증과 찬양은 하나님에게서 나온 것이 아니기 때문이다. 설교와 찬양과 예배가 카메라에 담기고 매스컴에 실리면 그 순간 변질되고 타락이 시작된다.

사탄은 대중문화를 점령하는 중이다. 음악을 통해 감정을 자극하여 이성을 지배하고 한 번 무대의 흥분을 통해 일상의 인격과 삶을 짓밟고 있다. 교회가 사탄에게 그대로 이용당하고 있다. 찬양 사역자들이 무대에서 감언이설의 말과 감정으로 마치 구원을 경험한 것처럼 속이고 있다. 경배와 찬양의 대상이 하나님에서 찬양 인도자와 청중으로 이미 옮겨지고 있다. 그들의 노래와 음악을 당장 멈추어야 한다. 주님은 돌들의 찬양과 어린아이의 찬양을 받으시기에 충분하시기 때문이다.

"ROSC" 경배와 찬양

신앙 7

은혜
Grace

하나님의 은혜는 하나님의 진노를 받아야 할 사람들에게 예수 그리스도께서 죄인들을 대신하여 죽으신 사실을 근거로 하여 범죄한 죄인들에게 값없이 조건 없이 주시는 선물이다. 하나님의 은혜는 죄 사함이며, 영원한 생명이다. 하나님의 은혜는 완전하신 하나님의 선하심이며 하나님의 사랑이다. 하나님의 은혜는 죄인이 갚을 수 없는 하나님의 일방적이고 선행적인 용서이다. 하나님의 은혜는 무조건적인 은혜이며, 불가항력적인 은혜이며, 필승불패의 은혜이며, 신묘막측한 은혜이다. 하나님의 은혜는 누구에게나 차별이 없다.

하나님의 은혜는 원죄에 대한 완전한 용서이자 자범죄에 대한 지속적인 용서이다. 자범죄의 회개는 계속되어야 한다. 죄가 더한 곳에 하나님의 은혜가 더한다. 더한 하나님의 은혜를 받기 위해 죄를 더할 수 있을까? 그럴 수 없다. 하나님의 은혜는 방임하거나 남용될 수 없다. 은혜 아래 있겠다고 죄를 더한 자는 예수 그리스도의 십자가 구원을 믿지 않는 불신자이다. 하나님의 은혜를 체험한 자는 날마다 끊임없이 회개의 자리에서 부단히 애쓰고 또 애쓰는 사람이다.

하나님의 은혜는 목사들이 악용하는 면죄부가 아니다. 하나님의 은혜는 목사들의 성범죄를 덮어주는 면죄부가 아니다. 하나님의 은혜는 목사들의 불법과 불의를 덮어주는 면죄부가 아니다. 하나님의 은혜는 목사들의 세습을 덮어주는 면죄부가 아니다. 하나님의 은혜는 목사들의 헌금 횡령과 배임을 덮어주는 면죄부가 아니다. 하나님의 은혜는 목사들의 욕심과 욕망을 덮어주는 면죄부가 아니다. 하나님의 은혜는 목사들의 외식과 위선을 덮어주는 면죄부가 아니다. 하나님의 은혜는 칭의(稱義)를 구실삼아 성화(聖化)되지 않는 죄악의 삶을 핑계로 삼을 수 없다.

예수 그리스도의 십자가 은혜는 멸망하는 자들에게는 미련한 것이나 구원을 받는 우리에게는 하나님의 능력이다. 하나님의 은혜는 세상의 미련한 것들을 택하사 지혜 있는 자들을 부끄럽게 하시고, 세상의 약한 것들을 택하사 강한 것들을 부끄럽게 하시며, 세상의 천한 것들과 멸시받는 것들과 없는 것들을 택하사 있는 것들을 폐하시는 것이다.

하나님의 은혜는 하나님의 말씀 안에 있다. 하나님의 말씀이 없는 은혜는 없다. 하나님의 의가 없는 은혜는 없다. 예수 그리스도의 십자가가 없는 은혜는 없다. 성령님을 훼방하는 은혜는 없다. 회개의 삶이 없는 은혜는 없다. 하나님의 은혜는 율법보다 강하며 언약보다 확실하다. 하나님의 은혜는 스스로 구속되고, 자원(自願)하여 종이 되며, 자발적 고난을 살게 한다. 하나님의 은혜는 죽음보다 강하며 환난과 핍박을 즐거워하게 한다. 하나님의 은혜는 자신의 모든 것을 내줄 수 있는 섬김과 봉사와 희생과 헌신이다. 하나님의 은혜는 삶의 이유이며 목적이다.

"ROSC" 은혜

〈 신앙 8 〉

용서
Forgive

성경의 용서는 고해성사가 아니다. 성경의 용서는 피해자의 용서를 배제하고 하나님의 용서만 받으면 되는 것이 아니다. 성경의 용서는 무조건적인 은혜와 사랑 안에 있는 하나님의 용서가 선행된다. 하나님의 용서는 죄 사함의 완전한 용서이다. 하나님의 용서는 아무런 조건이 없는 선행적이고 일방적인 용서이다.

우리의 용서는 주님께 받은 용서로 인한 용서이다. 우리의 용서는 주님의 선행적인 은혜와 사랑으로 인한 용서이다. 우리의 용서는 무조건적이고 일방적인 은혜와 사랑으로 인한 용서이다. 그래서 우리의 용서는 잘못을 돌이키는 사람에 대한 용서이다. 우리의 용서는 행동을 변화하는 사람에 대한 용서이다. 우리의 용서는 죄를 회개하는 사람에 대한 용서이다. 우리의 용서는 진심으로 잘못을 인정하고 진심으로 사과하고 진실되게 변화하는 사람에 대한 용서이다.

용서는 서로 관계를 회복하는 것이다. 용서는 서로 매인 것을 푸는 것이다. 용서는 하나님의 의를 이루는 것이다. 잘못한 사람에게 먼저 용서받아야 하나님으로부터 용서를 받을 수 있다. 사람에게 한 잘못에 대해 하나님의 용서를 받았다고 해서 그 사람으로부터 용서받은 것이 아니다. 하나님의 용서는 반드시 사람의 용서가 선행되어야 한다. 우리가 누군가에게 잘못하고도 하나님께만 회개하고 용서받았다는 자기만족에 빠져 그 사람에게 용서를 구하지 않는 것은 결코 자신 또한 하나님으로부터 용서받을 수 없음을 자각해야 한다. 하나님의 용서는 반드시 사람의 용서가 선행되어야 함을 인식할 때 우리는 바른 관계로 하나님의 의를 이룰 수 있다.

성경의 용서는 내가 먼저 중심으로 그 사람을 용서하는 것이다. 하나님이 우리를 용서해 주셨듯이 우리도 그 사람을 일곱 번씩 일흔 번이라도 용서해 주는 것이다. 그때 우리는 천국의 열쇠를 소유하고, 이 땅에서도 천국의 문을 활짝 열고, 천국을 누리며 살아갈 수 있다.

성경의 용서는 무엇이든지 남에게 대접받고자 하는 대로 남을 대접하라는 것이 원리이고 강령이다. 우리가 하나님께 용서받고자 하는 대로 사람을 용서하라는 것이다. 하나님의 용서는 사람의 용서요, 사람의 용서는 하나님의 용서이다. 용서는 사랑이다. 하나님이 나 같은 죄인도 사랑하셨기에 우리도 충분히 사람을 먼저 사랑할 수 있다. 용서하는 사람만이 하나님 사랑과 사람, 사랑을 이루어가는 성화의 삶을 살아갈 수 있다.

용서는 쉽지 않다. 용서를 위해 날마다 의지적 결단이 필요할 정도로 어려운 일이다. 그렇게 용서가 어려운데 왜 주님께서는 우리에게 일곱 번씩 일흔 번이라도 용서하라고 하실까. 왜 원수까지라도 축복하며 용서하라고 하실까. 왜 용서를 위해 우리가 깨닫고 믿는 유무와 상관없이 갚을 수 없는 그 크신 용서를 먼저 해주신 것일까.

용서는 다른 사람을 위한 것이 아니라, 나 자신을 위한 것이기 때문이다. 용서는 우리 자신을 사랑하는 것이다. 용서를 받을 사람보다 용서해야 할 사람이 잠을 설치고, 입맛도 없고, 미움과 분노로 자신을 강퍅하고 황폐하게 만들기 때문이다. 그래서 주님은 그 무엇보다 용서를 신앙의 황금률로 말씀하고 있다. 용서는 자신을 사랑하는 방법 중 가장 이타적이고 넓은 사랑이다. 용서하는 마음의 중심과 삶의 중심에 하나님의 나라와 의가 세워지는 것이다. 우리 주님이 먼저 우리를 용서하고 사랑하셨듯이 우리도 먼저 남을 용서하고 사랑하는 진정한 용기있는 그리스도인들이 되어야 한다. 용서할 주인공도, 용서받을 주인공도 우리 자신임을 잊지 않아야 한다.

"ROSC" 용서

신앙 9

하나님의 영광
Glory of God

　하나님의 영광은 출세와 성공만이 아니다. 하나님의 영광은 합격만이 아니다. 하나님의 영광은 부요함만이 아니다. 하나님의 영광은 건강과 장수만이 아니다. 하나님의 영광은 잘됨만이 아니다. 하나님의 영광은 출세하지 않아도 성공하지 않아도 된다. 하나님의 영광은 합격하지 않아도 된다. 하나님의 영광은 가진 재물과 지위고하에 전혀 상관이 없다. 하나님의 영광은 무병장수와 전혀 상관이 없다. 하나님의 영광은 기복주의의 물질적인 복과 전혀 상관이 없다.

　하나님의 영광은 하나님의 현현(顯現)에서 나타난 하나님의 광채나 빛남이다. 하나님의 영광은 하나님의 존귀하신 모습이다. 하나님의 영광은 빛나는 하나님의 얼굴이자 하나님의 현존 자체이다. 하나님은 성령이 거하는 사람들의 모든 삶과 행동에 영광으로 드러내신다. 하나님은 우리 안에 현존하시기 때문에 죄인 된 우리를 통하여 하나님의 특성과 인격을 나타내신다. 우리 삶의 생각과 말과 행동과 관계를 통해 하나님의 영광이 나타난다. 우리가 곧 하나님의 영광이다. 우리가 곧 하나님의 화면이 되는 것이다. 하나님을 볼 수 있는 확실한 방법은 우리의 삶과 행동으로 하나님의 영광을 보는 것이다.

하나님의 말씀대로 살아가는 우리가 곧 하나님의 영광이다. 하나님의 영광은 하나님의 말씀을 통해 하나님의 사람으로 온전하게 되며 모든 선한 일을 행할 능력을 갖추는 것이다. 하나님의 영광은 우리가 택하신 족속이요 왕 같은 제사장이요 거룩한 나라요 그의 소유된 백성으로 사는 것이다. 하나님의 영광은 우리가 어두운 데서 나와 그의 기이한 빛에 들어가게 하신 주님의 아름다운 덕을 선전하는 것이다. 하나님의 영광은 우리가 주님의 기쁨이 되고 주님의 만족이 되고 주님의 자랑이 되고 주님의 전부가 되는 것이다.

"ROSC" 하나님의 영광

신앙 10

복(福)
Blessing

　성경의 복은 기복이 아니다. 성경의 복은 돈과 물질이 아니다. 성경의 복은 출세 성공이 아니다. 성경의 복은 무병장수가 아니다. 성경의 복은 부귀영화가 아니다.

　성경의 복은 사람 존재 자체가 곧 복이다. 성경의 복은 심령이 가난한 것이 복이다. 성경의 복은 애통하는 것이 복이다. 성경의 복은 온유한 것이 복이다. 성경의 복은 의에 주리고 목마른 것이 복이다. 성경의 복은 긍휼히 여기는 것이 복이다. 성경의 복은 마음이 청결한 것이 복이다. 성경의 복은 화평하게 하는 것이 복이다. 성경의 복은 의를 위하여 박해받는 것이 복이다. 성경의 복은 예수님 때문에 욕먹고 박해받고 모함받고 악한 말을 듣는 것이 복이다.

　성경의 복은 하늘의 신령한 복이다. 성경의 복은 땅의 샘의 깊은 복이다. 성경의 복은 말씀대로 살아가는 것이 복이다. 성경의 복은 영혼이 잘 됨 같이 범사가 잘 되는 것이 복이다. 성경의 복은 고난과 환난이 복이다. 성경의 복은 약한 것이 복이다. 성경의 복은 치료받지 못한 불치병이 복이다. 성경의 복은 타자를 위해 십자가를 지는 것이 복이다.

성경의 복은 순교가 복이다. 성경의 복은 상한 심령이 복이다. 성경의 복은 사랑하기 위해 부단히 애쓰는 것이 복이다. 성경의 복은 겸손하기 위해 부단히 애쓰는 것이 복이다. 성경의 복은 예수님을 닮기 위해 부단히 애쓰는 것이 복이다. 성경의 복은 교회를 위해 근심하는 것이 복이다. 성경의 복은 하나님과 함께하는 것 그것이 곧 복이다. 성경의 복은 하나님께서 죄인과 교통하심이 곧 복이다.

성경의 복은 사람의 공로나 노력의 결과적 복이 아니다. 결과적인 복은 인간에 의한 자력 종교이다. 성경의 복은 죄로 죽었던 우리가 하나님으로부터 받은 일방적인 구원의 근원적인 복이며, 이미 감당할 수 없이 받은 충분한 은혜와 사랑의 선행된 복이다. 그렇기에 성경의 복은 사람 존재 자체가 복이 되는 것이다.

성경의 복은 그리스도인으로서 헤아릴 수 없고, 측량할 수 없고, 갚을 수 없는 하나님의 은혜와 사랑의 선행적인 충만한 복이다. 성경의 복은 율법을 지키는 명목으로 하나님께 복을 달라 협박할 수 없고, 그렇게 가르칠 수 없다. 이는 성경의 복과 전혀 무관하다.

성경의 복은 그리스도인의 시간, 물질, 재능은 감사로 드리는 신앙고백이며, 청지기로서 주인의 것을 주인이 필요한 곳에 정직하고 성실하게 돌려드리는 것이다.

성경의 복은 복의 근원이 되시는 하나님을 우상으로 만드는 기복주의를 철저히 지양한다. 성경의 복은 당연한 것을 하나님의 은혜로 여기는 감사요, 평범한 일상을 하나님의 은총으로 받아들이는 감사요, 위기와 고난을 하나님의 사랑으로 순응하는 감사요, 이 모든 것이 존재적이고 본질적인 감사이다.

성경의 복은 범사에 드림으로 하나님께서 복의 근원 됨을 보수하고 개혁하는 것이다.

"ROSC" 복

신앙 11

덕(德)
Virtue

　성경의 덕은 타자를 향한 배려와 존중의 실천이다. 성경의 덕은 이웃을 위한 희생과 봉사의 실천이다. 성경의 덕은 세상 영혼들을 섬기는 사랑의 실천이다. 성경의 덕은 선하심과 인자하심의 실천이다. 성경의 덕은 성실하심과 온전하심의 실천이다. 성경의 덕은 자비하심과 긍휼하심의 실천이다. 성경의 덕은 참고 인내하는 실천이다. 성경의 덕은 나눔과 구제의 실천이다. 성경의 덕은 자비와 용서의 실천이다. 성경의 덕은 경건과 절제의 실천이다. 성경의 덕은 온유와 겸손의 실천이다. 성경의 덕은 예수님을 닮아가는 것이다. 성경의 덕은 작은 예수로 살아가는 것이다. 성경의 덕은 예수님의 복음의 통로이다. 성경의 덕은 죄인을 구원하기 위한 자기부인과 자기 십자가이다. 성경의 덕은 하나님의 아름다움을 선전하는 것이다. 성경의 덕은 하나님의 이름을 칭송케 하는 일이다.

　성경의 덕은 죄인 된 사람들이 예수 그리스도로 머리 삼는 교회 공동체에서 불완전함과 부족함, 갈등과 논쟁, 이견과 주장,

실수와 잘못, 아픔과 상처가 존재하기에 지체로서 인정, 수용, 용납, 용서하며 함께 지어져 가는 것이다.

성경의 덕은 오직 성경에 근거하여 직분, 사역, 재정, 의식의 모범을 결정하며, 이와 더불어 모두를 함께 아우를 수 있는 법을 만들어 사람들의 다양함과 다름, 개인차가 공평하고 평등하게 발휘되어 모두가 함께 지어져 감으로 하나님의 하나님 되심을 세상 가운데 선포하는 것이다.

성경의 덕은 법을 최소한으로 하며 교회의 질서와 유익을 위해 이기적이고 개인적인 생각을 내려놓고 오직 하나님의 덕이 교회에 실현되게 하는 것이다.

"ROSC" 덕

> 신앙 12

교제
Relationship

성경의 교제는 동호회가 아니다. 성경의 교제는 계 모임이 아니다. 성경의 교제는 친목회가 아니다. 성경의 교제는 동아리 활동이 아니다.

성경의 교제는 하나님과 죄인의 만남이다. 성경의 교제는 죄인과 죄인의 만남 가운데 하나님이 함께해 주셔야 한다. 성경의 교제는 교회가 되어야 한다.

성경의 교제가 아닌 교회의 모임이 너무 많다. 하나님 없는 교회의 교제가 너무 많다. 하나님 말씀이 사라진 구역 모임과 목장 모임과 셀 모임이 너무 많다. 공동의회, 제직회, 당회, 운영위원회, 이사회, 총회, 교사회, 전도회, 선교회 등 하나님과 하나님의 말씀이 사라진 모임과 교제가 너무 많아졌다.

때로는 인간 다수의 힘으로 결정하고 때로는 돈과 권력을 가진 힘으로 결정하고 때로는 인기와 말 잘하는 힘으로 결정한다.

교회라는 명목으로 모여 자신의 스트레스를 해소하고 남을 험담하고 비난하고 조롱하는 일에 교제를 변질시키고 있다.

그 일에 목사가 본을 보이고 있다. 교회의 직분자들이 그렇게 모범을 보이고 있다. 없는 말을 만들어 내고, 있는 사실을 왜곡하여 비난하고 모함하고 정죄하는 일을 하고 있다. 쉽게 편을 가르고 쉽게 판단하는 교제가 가득하다.

교회의 교제가 그저 차 마시고 술 마시고 단지 자기 취미 생활이라면 직장에서 해도 충분할 것이다. 하지만 돈 많은 목사가 돈 많은 교인들과 골프를 치러 해외를 나갈 정도라면, 성경의 교제는 이미 오래전에 사라졌다고 해도 과언이 아니다.

성경의 교제는 회개의 도구로 사용될 수 없다. 회개한 자들이 함께 누릴 수 있는 친교가 성경의 교제이다.

"ROSC" 교제

> 신앙 13

봉사
Service

　성경의 봉사는 예배이다. 성경의 봉사는 주님께 드려지는 실천이다. 성경의 봉사는 주님의 말씀 실천이다. 성경의 봉사는 세상을 향한 사랑이다.

　성경의 봉사는 교회당 안에서 하는 모든 일이 아니다. 성경의 봉사는 안내 위원, 헌금 위원, 성찬 위원, 점심 위원, 설거지 위원, 주차 위원, 찬양 인도, 성가대, 주일학교 교사, 대표 기도, 설교까지 이런 교회당 안에서의 일이 아니다. 성경의 봉사는 면죄를 위해 하는 행위, 잘 되는 복을 받기 위해 하는 행위, 직분을 위해 하는 행위, 목사에게 잘 보이기 위해 하는 행위, 종교적 만족을 위해 하는 행위, 사람의 이목을 위해 하는 행위, 합당한 돈을 받기 위해 하는 행위 등이 아니다. 그 어떤 것도 아니다.

　성경의 봉사는 갚을 수 없고 측량할 수 없는 은혜와 사랑을 받은 사람이 자신의 모든 것으로 죽어가는 영혼들을 섬기는 것이다.

성경의 봉사는 이름 없이 빛도 없이 감사하며 섬겨야 하는 것이다. 교회당의 봉사를 이름도 있게 빛도 있게 칭찬도 있게 하고 있다. 목사의 칭찬을 한 번 받아보려고 봉사 아닌 봉사를 하고 있다.

성경의 봉사는 교회당에 하는 것이 아니라 세상에 해야 한다. 가정과 직장, 사회와 국가에 해야 한다. 주님의 말씀대로만 하면 그 어디나 하늘나라가 되지 않을 곳이 없을 것이다.

성경의 봉사는 성도들의 헌금을 바르게 사용하는 것이다. 하나님께 드려진 헌금은 구제와 봉사를 하기 위해 성도들이 하나님께 드린 것이다. 목사에게 교회당에 맡긴 것이 아니다. 하나님의 것을 하나님 원하시는 곳으로 사용하는 것이 성경의 봉사이다. 목사 한 사람을 위한 봉사의 헌금이 되어서는 안 된다. 목사에게는 일에 대한 대가로 노동비를 지급하는 것이다. 목사는 돈을 받고 하는 것이기에 목사라는 일은 봉사라고 할 수 없다. 봉사는 돈을 받고 하는 것이 아니라 돈을 들여서 하는 것이다. 마치 목사가 돈도 받지 않고 아무런 욕심과 사심 없이 교회를 위해 수고하고 봉사하는 것으로 생각하는 것은 아주 미련하고 어리석고 악한 것이다. 교회에서 자기 돈을 들여 봉사를 가장 하지 않는 사람이 목사이다. 목사는 모든 봉사의 돈을 교회 돈으로 쓰기 때문이다. 결국 성도들의 돈을 쓰면서도 성도들에게 봉사하라고 협박하고 있다. 성도들은 돈도 내고 협박도 받는 어리석은 소경이 되어가고 있다.

"ROSC" 봉사

신앙 14

비전
Vision

　성경의 비전은 일과 사역이 아니다. 성경의 비전은 꿈과 사명과 목적과 성공이 아니다. 성경의 비전은 일의 결과가 아니다. 성경의 비전은 선교와 전도와 대형 교회가 아니다. 성경의 비전은 숫자의 부흥이 아니다. 성경의 비전은 건물과 부동산이 아니다. 성경의 비전은 형식과 의식이 아니다. 성경의 비전은 도전과 모험이 아니다.

　성경의 비전은 곧 예수님이다. 성경의 비전은 곧 사람이다. 성경의 비전은 곧 예수님을 만나는 것이다. 성경의 비전은 곧 사람을 사랑하는 삶이다. 성경의 비전은 곧 말씀대로 살아가는 일상의 삶이다. 성경의 비전은 곧 진실한 삶이다.

　비전이라는 이름으로 성경의 복의 개념을 왜곡하고 결과론적인 기복의 개념만을 강조하여 일상의 삶을 파괴하고 신앙의 과정을 가벼이 여김으로 모든 사람들을 결과론적 성공으로 판단하여 실패자와 성공자를 구분하고 있다. 그 일을 교회가 앞장서고 있다.

　대형 교회, 수많은 교인, 천문학적인 헌금들, 돈 많이 받는 직장들, 권력에 사로잡힌 직업들, 인기를 누리는 연예인들, 이 모든 것을 비전으로 결과적 성공에만 초점을 맞추어 설정했기 때문이다. 하나님이 주신 비전이라는 거짓된 선동으로 오직 돈과 권력에 목적을 설정하여 그것이 하나님의 영광이라는 거짓말을 너무나도 태연하게 하여 하나님의 뜻과 이름으로 조장하고 있다.

　교인들은 시험에 합격하면 감사 헌금을 드리지만, 시험에 떨어지면 교회를 떠난다. 존경받는 직장에 들어가면 기명하여 감사 헌금을 하지만, 별 볼 일 없는 직장에 들어가거나 직장에 떨어진다면 교회를 떠나는 것이 현실이다. 목사와 교회당은 합격한 자와 보기 좋은 직장인을 기억하여 하나님의 영광이라 칭찬하지만, 교회를 떠난 교인들은 아예 기억조차 하지 않는다. 교회당을 떠나 혹시라도 합격과 성공을 해서 돌아오면, 개선한 장군처럼 하나님의 영광이라고, 하나님의 비전을 이루었다고 난리법석을 떨고 있다.

　성경의 비전 설정이 문제이다. 성경 비전의 정의가 문제이다. 예수 그리스도를 믿는 자들 모두에게는 하나님의 비전이 있다. 바로 예수 그리스도이다. 그분이 우리의 비전이고 목적이기 때문이다. 비저너리(visionary)가 곧 우리 모두의 비전임을 잊어서는 안 된다. 성공적인 비전을 핑계로 더는 성도들을 성공의 목적으로 내몰아서는 안 된다.

그렇기에 또 다른 비전은 예수 그리스도를 주로 삼고 사는 사람, 사람들이다. 우리는 사람 존재 자체의 비전을 너무 함부로 한다. 사람 존재 자체가 성경의 비전이다. 사람을 사람답게 사람의 존재를 존귀한 자로 다시 세우는 모든 일상의 삶이 성경의 비전이다. 사람을 함부로 하는 것은 성경의 비전일 수 없다. 작금의 개신교는 교회당 건물 안에서 하나님의 비전인 사람을 너무 함부로 하고 있다. 사람을 목적에 맞게 설정하고 사람을 돈으로 계산하고 사람을 자신들의 목회 수단으로 대하고 늘 높은 자리에서 하나님의 비전인 사람들을 자기 발아래 두고 부리고 있는 것이 작금의 교회당 목사들이다.

거짓으로 선동하는 목사들은 교회당 건물을 세우고, 교회당 조직을 유지하고, 교인 숫자를 늘려서 교회당을 부흥시키는 것을 비전으로 정한다. 그럼에도 교인들은 그렇게 교회당의 비전을 세우는 목사를 좋아한다. 환장한다. 하나님처럼 모신다. 그러니 교인들을 그렇게 다그치는 것이다. 헌금하라고 그렇게 협박하는 것이다. 목사는 모든 수단과 방법을 가리지 않고 교인들에게 외형적인 결과와 성공이 하나님의 비전이라고 하나님의 영광이라고 사기를 치며 미혹하고 있다.

　소경 된 무지한 교인들 목에 쇠사슬을 줄줄이 매고 지옥 불로 직행하는 모습이 그려진다. 교인들은 최소한의 양심과 위엄이 있다면, 목사의 미친 비전을 거절하고 거부해야 한다. 그런 목사에게서, 교회당에서 떠나야 한다. 성경의 비전 예수 그리스도로 돌아가야 한다. 성경의 비전 사람들에게 돌아가야 한다. 우리의 비전은 목사와 교회당이 아니다. 우리의 비전은 예수 그리스도와 사람 존재 자체가 되어야 한다.

　"ROSC" 비전

신앙 15

전도와 선교
Missionary work

성경의 전도와 선교는 교회 수가 늘어나는 것이 아니다. 성경의 전도와 선교는 교인 수를 늘리는 것이 아니다. 성경의 전도와 선교는 목사 수를 늘리는 것이 아니다. 성경의 전도와 선교는 신학 대학 수를 늘리는 것이 아니다.

성경의 전도와 선교는 사람을 교회로 인도하는 것이 아니다. 성경의 전도와 선교는 자기 교회 목사를 소개하는 것이 아니다. 성경의 전도와 선교는 자기 교회 건물을 자랑하는 것이 아니다.

성경의 전도와 선교는 교회당 세력을 확장하는 것이 아니다. 성경의 전도와 선교는 헌금을 거대 맘몬으로 상장시키는 것이 아니다. 성경의 전도와 선교는 교회 사업체를 늘리는 것이 아니다. 성경의 전도와 선교는 교회의 동산과 부동산을 늘리는 것이 아니다.

성경의 전도와 선교는 선교사 숫자를 늘려 선교지에 보내는 것이 아니다. 성경의 전도와 선교는 선교지에 자기 교회당 건물을 세우는 것이 아니다. 성경의 전도와 선교는 선교여행의 횟수를 늘리는 것이 아니다.

성경의 전도와 선교는 복음인 예수 그리스도를 전하는 것이다. 성경의 전도와 선교는 복음을 삶과 관계로 나타내는 것이다. 성경의 전도와 선교는 성경대로 살아가는 삶을 보이는 것이다. 성경의 전도와 선교는 믿음을 행함으로 보이는 것이다.

성경의 전도와 선교는 일상의 삶을 살아가는 것이다. 성경의 전도와 선교는 하나님의 나라와 의를 일상의 현장에서 화면으로 보이는 것이다. 성경의 전도와 선교는 하나님 나라를 일상의 현장으로 이루어가는 것이다.

성경의 전도와 선교는 사랑을 실천으로 보여주는 것이다. 성경의 전도와 선교는 삶의 변화와 회개를 보여주는 것이다. 성경의 전도와 선교는 일상의 삶에서 그리스도인이라 인정받는 것이다.

전도와 선교는 일상의 삶에 현장에서 나라와 민족까지 어느 곳 하나 선교지가 아닌 곳이 없다. 교회 전도지를 들고 거리에 전도하는 것과 거리를 다니며 666은 사탄의 징표라 외치는 것과 예수천당 불신지옥을 외치는 것과 다른 나라 선교지에서 후

원과 헌금을 받아 황제 선교사가 되어 있는 것, 그 어떤 경우도 성경에는 없는 선교와 전도이다. 해외 선교사들이 국내 교회의 선교 후원을 많이 받기 위해, 보고서를 최대한 힘들고 위험하게 거짓으로 조작하여 보고한다고 한다. 오직 선교 보고에만 신경을 쓰고 있다. 그렇게 받은 선교 후원금으로 현장에서는 부자 선교사로 인정받고, 자식들은 다른 나라 국제 학교에 보내면서 어쩌면 너무나도 쉽게 외국에 산다는 이유로 교회의 헌금을 야금야금 착복하고 있는 선교지의 현실을 알아야 한다.

국내에서 교인 숫자를 늘리기 위해 수단과 방법을 가리지 않는 교회당이 많아진다. 무리하게 교회당을 크게 지어놓고, 엄청난 은행 대출 원금과 이자를 갚기 위해 헌금을 강요하고 더 많은 사람의 돈이 필요해 필사적으로 교인 숫자를 늘리기 위해 허울 좋은 전도와 선교를 명분으로 교인들을 쥐어짜고 있는 교회가 많다. 대형 교회들은 작은 교회 교인들을 수평 이동하는 일도, 학교 앞 등 사람이 많이 모이는 곳에 노방 전도를 겹쳐 할 경우, 자리와 지분을 다투며 싸우는 일도, 기복적이고 변질된 설교로 갖은 헌금 명목을 만들어 내는 기술도, 안수와 안찰을 남용하여 온갖 거짓으로 교인들의 약한 부분을 이용하여 돈을 갈취하는 행위도, 목사나 사모가 예언의 능력을 받았다고 무당과 점쟁이의 흉내를 내며 빚까지 영혼까지 끌어다 투자하는 행위들도 전혀 부끄러워하지 않는다. 사람들만 데려올 수 있으면 불법과 불의를 자행하는 곳이 교회당이 되었다. 얼마나 돈이 궁했으면 목사들이 유튜브를 운영하며 수익을 극대화하기 위해 극단적이고 자극적인 영상을 무분별하게 양산하고 있다. 특히 정치적인 선동을 통해 극우와 극좌의 혐오를 조장하는 일에 목사와 개신교가 앞장서고 있다. 목사들은 거짓말과 지어낸 말과 과장된 말과 교묘히 유사한 말에 사람들이 자극되고 관심을 보이는 것을 잘 알고 있어 시간이 지날수록 저들의 군중 심리를 이용한 앵벌이를 계속할 것이다.

개신교 전도와 선교에는 예수님을 찾아볼 수가 없다. 예수님의 복음을 찾아볼 수 없다. 말의 구원이 말에 현혹되어 목사와 교회당에 맹종하는 종교인들만 가득할 뿐이다. 목사들에게 전도와 선교는 교인의 수를 늘려 자신의 권력과 돈을 착복하려는 꼼수와 술수에 불과하다.

"ROSC" 전도와 선교

신앙 16

주일
Lord's day

성경의 주일은 안식일이 아니다. 성경의 주일은 안식일의 율법을 절대 따르지 않는다.

성경의 주일은 안식일의 창조 의미와 구원의 의미가 있다. 성경의 주일은 창조 엿새 후, 하나님께서 쉬시는 일곱째 되는 날이다. 성경의 주일은 430년의 애굽 종살이에서 해방되어 구원받은 출애굽의 첫날이다.

성경의 주일은 주님의 날이다. 성경의 주일은 쉼의 날이다. 성경의 주일은 예수님이 부활하신 날이다. 성경의 주일은 생명의 날이다. 성경의 주일은 성령님께서 임하시던 날이다. 성경의 주일은 죄사함 받은 날이다. 성경의 주일은 기쁨의 날이다.

성경의 주일은 기억하고 구별하여 지키는 날이다. 성경의 주일은 개인의 오락과 취미로만 채울 수 없는 날이다. 성경의 주일은 예배를 통해 영과 혼과 육이 재충전하는 날이다.

성경의 주일은 주차장보다는 주유소에 가깝다. 성경의 주일은 한 주간의 첫날이다.

작금의 개신교는 주일 성수라는 명목으로, 토요일은 주일을 준비하는 날로 하루 종일 교회에서 봉사하고 헌신해야 한다. 주일은 새벽부터 저녁까지 교회에서 예배하고 봉사하고 헌신해야 한다. 그렇게 모든 것을 쏟아내고 월요일에 출근하면 피곤과 지침에 싸워야 한다. 그렇게 사는 교인들은 목사가 좋아하고 교회가 필요로 하는 사람이다.

목사를 비롯한 교회 교역자들은 교회에서 월급을 받는 직원들 다시 말해 노동자들이다. 그래서 매 주일 모든 교인이 함께 예배할 수 있도록 토요일에 준비하고 주일에 교회를 운영하는 것은 목사와 교역자들이 해야 하는 몫이다. 평소 교인들이 매일 8시간을 삶의 현장에서 일하는 것처럼 매일 8시간은 설교를 준비하는 목사들에게 충분하고도 남는 시간이다. 또한 목사와 교역자들은 가르치는 자들이기에 교회의 모든 가르침도 충분히 감당해야 한다. 그런데 목사와 교역자들은 자신들이 해야 하는 예배를 위한 모든 준비 이를테면 청소, 주보, 안내, 식사, 연락 등 모든 것을 직분 자들에게 맡긴다. 주일 날 대부분 목사의 일도 교인들이 하고 있다. 교사, 성가대, 찬양 인도, 반주, 안내, 헌금 위원, 식사 준비, 설거지, 차량 운전, 주차 관리 등 모든 것을 교인들이 하고 있다. 이 또한 목사의 몫인데 오직 목사들은 말씀을 전하는 것에 시간을 보낸다. 자신들은 정당한 노동의 대가를 받고 하는 사람들이고, 교인들은 도리어 헌금을 내고 하는 사람들인데도 하지 않으면 목사가 도리어 교인들에게 분노하고 있는 현실이다. 이는 모든 것이 주일 성수라 가르침을 받았기 때문이다.

더욱 기가 막힌 것은 모 교회라는 성경에도 없는 말을 만들어 내어 아무리 멀리 이사를 하고 아무리 직장에서 급하고 중요한 일이 생기고 아무리 몸이 아프고 힘든 일이 생겨도, 반드시 다니는 교회에서 예배를 드려야 한다고 한다. 또한 헌금과 십일조는 반드시 다니는 교회에 드려야 한다고 한다. 성경에도 없는 거짓말이다. 예수님은 매 안식일에 매번 다른 회당에서 예배를 드렸고 예루살렘 성전은 분노의 대상으로 몇 번 가지도 않았으며, 가서도 난동만 피우고 오셨다. 잘못된 예배의 모습에 분개하여 싹 무너뜨리겠다고 하시며 성전의 직원들과 두 번의 큰 다툼을 하셨다.

목사들의 간사한 노동 착취에 모든 교인은 속고 있는 것이다. 주일에 가장 중요한 것은 가정을 회복하는 일이다. 엿새 동안 모든 가족이 함께 모여 식사하기도 힘든 현실을 살고 있다. 주일에 가족들이 함께 예배하고 함께 식사하고 함께 쉴 수 있는 시간을 가져야 한다. 부모가 교회에 주일을 온통 바치고 있기에 자식들은 주일마저도 혼자 밥을 먹어야 한다. 재미있는 것은 목사는 주일 날 예배를 드렸다고 공식적으로나마 월요일은 쉬는 날이 되어 있다. 모든 교인은 월요일에 출근하여 생계를 유지하기 위해 일하는데 목사는 여가를 즐기고 있다. 쌩 양아치나 사기꾼들이 하는 파렴치한 이기주의자들이다.

주일을 기억하고 구별하여 함께 모여 예배하며 쉬게 하신 이유가 있다. 모든 날이 귀하고 소중한 날이라는 것을 잊지 않게 하려는 것이다. 각 날은 각 날대로 중요한 의미가 있는 삶의 현장이요 생명의 날이기 때문이다. 하나님께서 첫째 날부터 둘째, 셋째 그리고 마지막 엿새까지 사람이 사람답게 살 수 있도록 일하고 또 일하셨다. 각 날에 하신 그 생명의 일에 최선을 다했기에 하나님께선 칠 일째 되는 날 안식할 수 있었다. 그렇기에 하나님의 날은 주일 뿐 아니라 모든 날이 하나님의 날이고 하나님의 시간이 되는 것이다. 오히려 주일은 다른 엿새를 위한 재충전의 시간이기에 그 우선순위와 중요성을 따지면 평일 엿새가 더 귀하고 가치 있는 날이 된다는 말도 되는 것이다. 그런데 목사들은 주일과 교회를 오는 시간을 제외하고는 교인들이 어떻게 살아가는지 관심이 없다. 죽어 나자빠져도 교회만 오면 되고 헌금만 내면 되고 죽도록 봉사만 해 주고 그렇게 주일 성수만 해 주면 그것으로 충분한 것이다. 목사도 평일에 최선을 다해 살아가야 하는데 목사는 삶의 현장의 무게와 책임져야 하는 가장의 무게와 죽도록 고생해서 버는 돈의 무게를 알 수가 없는 것이다. 그저 말로만 지껄이고 있는 것이다.

작금의 개신교의 주일은 목사의 폭거와 독재, 거짓과 속임수를 공공적으로 창피함을 모른 채 염치와 양심도 없는 채 공인해 주는 날이 되었다.

"ROSC" 주일

< 신앙 17 >

세례(침례)
Baptism

　물세례(침례)는 구원이 아니다. 물세례(침례)는 구원의 완성이 아니다. 물세례(침례)는 구원의 여정을 시작하는 자기 결단이자 자기 의지이다. 물세례(침례)는 구원을 시작하는 상징일 뿐이다. 특별한 환경이 아니라면 물세례(침례)는 반드시 받아야 한다. 예수님이 정한 의무 의식이기 때문이다. 물세례(침례)를 받지 않아도 구원받을 수 있다. 하지만 성령 세례(침례) 없이는 구원을 시작할 수 없다. 성령 세례(침례)는 구원의 전 과정의 시작이며 성령 충만한 삶의 시작이다.

　성경의 세례(침례)는 형식은 물세례이지만 그 내용은 성령 세례(침례)이다. 물세례(침례)와 성령 세례(침례)는 동시적일 수 있지만 동시적이지 않을 수 있다. 성경 세례(침례)의 궁극적인 본질은 물세례가 아니라 성령 세례(침례)가 되어야 한다. 성령 세례(침례)는 방언과 예언이 아니다. 성령 세례(침례)의 표식은 방언과 예언 등 다양한 방법으로 나타난다. 성경의 세례(침례)는 곧 성례 세례(침례)를 뜻한다.

성경의 세례(침례)는 물속에 들어가는 의식 또는 물 뿌림의 의식이다. 물속으로 들어가는 것은 예수 그리스도를 믿지 않았던 옛사람이 완전히 죽었다는 상징이고, 다시 물에서 나오는 것은 예수 그리스도와 함께 부활, 연합하여 새 생명으로 다시 살아남을 상징한다. 성경의 세례(침례)는 예수 그리스도를 주로 고백하는 사람들이 그리스도와 함께 죄에 대해 죽고 예수 그리스도의 새 생명으로 다시 태어남을 상징하는 의식이다. 보이지 않는 성령 세례의 상징으로 물세례(침례)를 시행하고 있다. 예수님께서 세례 요한에게 물세례(침례)를 받음으로 물세례(침례)는 모든 그리스도인의 의무 의식이 되었다.

  성경의 세례(침례)는 노아의 홍수 사건에서 의미를 찾는다. 죄악으로 가득한 모든 세상이 물로 덮여 생명의 모든 것이 다 죽었다. 하나님의 은혜 가운데 말씀대로 순종하는 노아와 그의 가족만이 물 가운데 구원받아 살았다. 성경의 세례(침례)도 죄악으로 가득한 이전의 모든 것이 죽고 하나님의 은혜 가운데 말씀대로 순종하며 살아가는 생명만이 사는 것을 의미한다.

  성경의 세례(침례)는 홍해의 사건에서 의미를 찾는다. 홍해 앞에 선 사람들은 애굽의 종살이 가운데 온갖 우상의 다신(多神)을 섬기며 무질서와 억압 가운데 살았다. 죄와 사망의 법 가운데 하나님의 풍요가 아닌 인간의 욕망으로 가득한 삶을 살았다.

하나님의 능력으로 갈라진 홍해를 건너 광야에 도착한 사람들은 유일하신 여호와 하나님 안에서 질서와 자유의 삶을 새롭게 시작했다. 은혜와 성령의 법 가운데 광야의 불편함 속에서 하나님의 공급하심과 예비하심으로 새로운 삶을 시작하게 되었다. 홍해는 지나간 이전의 애굽의 삶과 새롭게 시작되는 하나님의 광야 삶을 갈라놓는 세례(침례)의 의미를 담고 있다.

성경의 세례(침례)는 할례 의식에서 의미를 찾는다. 할례는 부정을 제거하는 의식이다. 세례(침례) 전에는 더럽고 추한 부정한 세상의 삶을 살아가지만, 세례(침례)를 통해 부정을 완전히 제거하여 이전과 다른 정결하고 거룩하고 세상과 구별된 삶을 살아가는 하나님의 의(義)를 담고 있다.

성경의 세례(침례)는 그리스도와의 연합이다. 성경의 세례(침례)는 그리스도에게 접붙임이다. 성경의 세례(침례)는 육신에 속한 내가 죽고 내 안에 주님이 사시는 신령한 사람이 되기를 결단하는 것이다. 내가 주인인 삶에서 주님이 주인인 삶을 결단하는 것이다. 권리만을 주장하는 삶에서 의무와 책무를 지키는 삶을 살기로 결단하는 것이다. 이신칭의의 믿음에서 성화의 믿음으로 살기로 결단하는 것이다. 젖을 먹어야 하는 신앙에서 밥을 먹는 신앙을 살기로 결단하는 것이다. 하나님 사랑과 사람 사랑의 균형을 이루는 삶을 살기로 결단하는 것이다.

성경의 세례(침례)는 변화되는 것이다. 모든 것이 주님의 것으로 새롭게 변화되는 것이다. 주님의 생각과 마음으로 변화되는 것이다. 주님의 감정과 정서로 변화되는 것이다. 주님의 말과 행실로 변화되는 것이다. 주님의 인격과 삶으로 변화되는 것이다. 주님이 그러했듯이 나의 뜻이 아니라 주님의 뜻대로 살아가는 삶으로 변화되는 것이다.

성경의 세례(침례)는 성화(聖化)의 삶을 살아가는 것이다. 자신을 부인하는 삶을 살아가는 것이다. 자기 십자가를 지는 삶을 살아가는 것이다. 날마다 죽는 삶을 살아가는 것이다. 두렵고 떨린 마음으로 주의 구원을 이루는 삶을 살아가는 것이다. 먼저 하나님의 나라와 의를 구하는 삶을 살아가는 것이다. 덕과 유익을 위해 먼저 다른 사람의 유익을 위해 살아가는 것이다. 주님의 말씀대로 살아가는 것이다. 차이를 인정하고 다양성을 존중하는 삶을 살아가는 것이다. 공의와 공공의 선을 나의 판단과 가치보다 우선하는 삶을 살아가는 것이다. 용서와 관용의 삶을 살아가는 것이다. 소통과 배려의 삶을 살아가는 것이다. 연합과 일치의 삶을 살아가는 것이다. 낮은 곳에 마음을 두며 사회적 약자를 우선 돌아보는 삶을 살아가는 것이다. 성실하고 충직하게 맡은 바 임무를 다하는 삶을 살아가는 것이다. 진실하고 정직한 삶을 살아가는 것이다. 겸손과 온유의 삶을 살아가는 것이다. 그 어디나 하나님의 나라로 사는 일상의 평범한 삶을 살아가는 것입니다. 세상에서 그리스도인이라 칭송받는 삶을 살아가는 것이다. 삶의 현장이 예배와 찬양이 되게 살아가는 것이다. 서로 사랑하는 삶을 살아가는 것이다. 우선순위가 늘 주님에게 있고 세상 그 무엇보다 주님을 더 사랑하는 삶을 살아가는 것이다.

"ROSC" 세례

신앙 18

성찬
Sacrament

성경의 성찬은 보이는 설교이다. 성경의 성찬은 기념하는 의식이다. 성경의 성찬은 기억하는 의식이다.

성경의 성찬은 예수님의 살과 피를 기념하는 것이다. 성경의 성찬은 예수님의 생명을 나누는 것이다. 성경의 성찬은 예수님의 삶을 나누는 것이다. 성경의 성찬은 예수님의 구원을 나누는 것이다. 성경의 성찬은 예수님의 말씀이 육신이 되어 나에게 오는 것이다.

성경의 성찬은 예수님의 살과 피 자체가 아니다. 성경의 성찬은 구원 자체가 아니다. 성경의 성찬은 생명 자체가 아니다.

성찬을 독점하는 천주교와 성찬을 함부로 여겨 소홀히 여기는 개신교가 나서서 성경의 성찬 의미를 퇴색시키고 있다. 천주교는 지금의 성찬이 진짜 예수님의 몸이 되고 진짜 예수님의 피가 된다고 믿는 화체설로 지킨다. 그래서 분병은 신자들에게 허락하지만, 분잔은 오직 사제들만의 몫으로 하고 있다. 감히 신자들은 예수님의 피를 마실 수 없기에 오직 사제만 마시고 있는 것이 천주교의 모습이다. 이런 성찬을 천주교는 매주 미사 때마다 실시하고 있다. 천주교 신자들은 매주 성찬을 받기 위해 성당 미사에 참석하고 있는 경우가 많다. 개신교는 기념설이라는 이유로 일 년에 한두 번 고난 주일과 후반기 세례식 정도에 실시한다. 세례 교인만 받아야 하는 분병과 분잔도 참석하는 누구라도 받는 교회가 있는가 하면, 성찬식의 의미와 가치도 모른 채 질서와 위엄도 없이 그저 소홀히 진행되고 있다.

실은 목사의 설교는 교양강좌 또는 인성교육 또는 신앙세뇌의 수준에 불과하다. 십자가와 고난, 회개와 성화의 메시지는 갈수록 멀어지고 있다. 듣기 편한 설교, 위로와 격려의 설교, 부활과 영광의 설교로 더 많은 사람을 끌어들이고 있다. 목사들이 믿지 않는 사람들을 향한 전도가 아니라 다른 교회 교인들을 뺏어오는 그런 비열한 짓에 과도한 경쟁을 하고 있다. 그 이유 중 하나는 교회가 성찬의 의미를 교인들에게 온전히 전달하고 있지 않기 때문이다.

다른 말로 하면 성찬의 의미가 사라지고 있다는 것은 예수님 자체가 교회당에서 사라지고 있다는 것이다. 예수는 없고 목사만 남는 목회를 하고 있다는 증거이다. 예수님께서 친히 제자들에게 하신 성만찬의 의미는 교회가 교회를 이룰 수 있도록 가장 중요하게 강조되어야 한다. 교회는 예수님의 몸과 피로 하나 되는 화목을 이루어야 하기 때문이다.

예수님의 몸과 피를 빵과 포도주로 대신하여 나누셨다. 성경의 성찬 의미가 희미해지면서 교인들은 먹지도 말고 취하지도 말아야 할 술과 담배 그리고 마약으로 자신들의 몸을 더럽히고 죽이고 있다. 성찬은 친히 예수님께서 모범을 보여 실행하셨고 우리에게 기념하라 하신 일이기에, 교회는 반드시 예수님께서 하신 성만찬의 의미와 가치를 회복해야 한다.

"ROSC" 성찬

구 신앙 19 〉

심판

Judgment

성경의 심판은 믿는 자와 믿지 않는 자에 대한 심판이다. 성경의 심판은 외식하는 자와 진실한 자에 대한 심판이다. 성경의 심판은 사탄의 영과 하나님의 영에 대한 심판이다. 성경의 심판은 천국과 지옥에 대한 심판이다. 성경의 심판은 사랑의 실천에 대한 심판이다. 성경의 심판은 이웃을 대하는 태도에 대한 심판이다. 성경의 심판은 이 땅에서의 첫 번째 심판으로 예수님을 믿는 믿음의 결정으로 진행된다. 두 번째 심판은 죽음으로 영원한 천국과 지옥의 심판으로 진행된다.

성경의 심판은 오직 하나님만 하신다. 성경의 심판은 사탄의 시험으로 지연되고 수정될 수 없다. 성경의 심판은 모든 사람에게 찾아온다.

목사가 교인들을 협박하는 가장 두려운 방법이 심판이다. 심판을 이유로 면죄부 파는 일들을 서슴지 않고 있다. 죽음 이후에 심판을 빌미로 현실에서 도피하게 하며 가진 재산 전부를 교회에 바치게 한다. 교회 밖에 일상의 생활을 죄로 정하고 교회 안에 모든 일을 천국으로 정하여 일상의 삶의 구심점을 교회당 안으로 사람들을 끌어들이고 있다. 천국을 가는 방법으로 성경에도 없는 물질과 봉사 그리고 목사에게 순종을 들어 사기를 치고 있다. 또한 심판을 목사가 하고 있다. 천국과 지옥의 심판자가 목사가 되어 오직 교회당과 목사에게 맹종하고 충성하라며 세뇌하고 있다. 목사에게 잘못하면 지옥행이 되고 목사에게만 잘하면 천국을 갈 수 있다는 가스라이팅이 버젓이 교회당에서 이루어지고 있다.

성경은 형제 중 지극히 작은 자 하나에게 하는 것이 곧 예수님께 하는 것이라며 형제 중 지극히 작은 자 하나에게 선행을 베푼 자에게는 영생에 들어가고, 형제 중 지극히 작은 자 하나에게 선행을 베풀지 않은 자에게는 영벌에 들어가는 심판을 내렸다. 목사와 교회당에 하는 것이 결코 영생과 영벌의 심판 기준이 될 수 없다는 것을 성경은 말하고 있다.

한 번 죽는 것은 정한 이치이다. 그러나 그 후에는 하나님의 심판이 있는 것이 진리이다. 그 심판은 예수님을 믿는 것을 시작으로 예수님을 믿고 어떻게 살았는지가 심판의 기준이 될 것임이 자명하다. 심판의 메시지는 분명하다. 성경의 가르침대로 심판의 메시지가 전해져야 한다. 신앙과 불신앙의 심판과 예수님을 믿고 어떻게 살아왔는지에 대한 죽음의 심판은 우리들 모두에게 예외가 없다. 그러나 목사들은 심판을 믿지 않는다.

"ROSC" 심판

신앙 20

지옥
Hell

성경의 지옥은 있다.

성경의 지옥은 두 곳이 있다. 성경의 지옥은 예수님을 믿지 않는 사람의 마음과 삶이 지옥이다. 믿는다고 해도 행함으로 믿음을 보이지 않는 사람의 마음과 삶이 지옥이다. 성경의 지옥은 예수님을 믿지 않고, 믿는다고 해도 행함으로 그 삶을 살아내지 못한 사람들이 죽으면 영원히 가는 곳이 지옥이다.

성경의 지옥은 고통과 괴로움이 영원한 곳이다. 성경의 지옥은 욕심과 욕망이 영원히 가득한 곳이다. 성경의 지옥은 비난과 모함이 영원히 가득한 곳이다. 성경의 지옥은 시기와 질투가 영원히 가득한 곳이다. 성경의 지옥은 정죄와 참소가 영원히 가득한 곳이다. 성경의 지옥은 불평과 불만이 영원히 가득한 곳이다. 성경의 지옥은 거짓과 속임수가 영원히 난무한 곳이다. 성경의 지옥은 다시 돌아올 수 없고 천국으로도 갈 수 없지만 천국의 행복을 볼 수 있는 곳이기도 하다.

목사가 교회당만 나오면 지옥에 가지 않는다고 거짓말을 하고 있다. 목사가 교회당에 나와 직분을 받고 헌금을 많이 하고 봉사와 헌신에 죽을힘을 다하면 절대 지옥에 가지 않는다고 거짓말을 한다. 목사는 교회당에 나와서 목사의 말만 잘 들으면 목사가 시키는 대로 하고 목사를 하나님처럼 대하고 그렇기에 목사를 최고로 대접하면, 결코 지옥에 가지 않는다고 거짓말을 하고 있다. 정작 지옥을 피할 수 없는 자는 따로 있는데, 목사는 그런 가르침에는 입을 닫고 있다.

성경의 지옥은 이런 사람들의 몫이라고 말한다. 예수님을 믿는다고 하지만 말씀대로 살지 않은 사람들, 교회당은 나오지만 세상에서 불법과 불의로 살아가는 사람들, 이웃들과 직장 동료들에게 자신의 맡은 일을 성실하게 감당하지 못해 욕을 먹는 사람들, 교회당에서 직분은 있지만 가정에서는 부모의 역할과 남편과 아내의 역할을 제대로 감당하지 못해 별거와 이혼을 하는 사람들, 자신의 욕심과 욕망을 위해 하고 싶은 것을 다 한 후에 찾아오는 결과의 책임을 감당하지 못해 자살을 선택하는 사람들, 지켜야 할 법과 규범을 범하고 비도덕적이고 비윤리적인 삶을 살며 인간의 양심을 저버리고 상식을 넘어 사람들에게 해를 끼치는 사람들, 교회당에서 신령하고 경건한 척하지만, 일상의 삶에서 술에 취해 살고 담배에 찌들어 살아가는 사람들이다. 그 무엇보다 지옥의 판결을 피할 수 없는 사람들은 따로 있다.

외식하는 목사들이다. 위선으로 가득한 목사들이다. 사람들을 미혹하여 거짓과 속임으로 가르치는 목사들이다. 아마도 목사들은 지옥을 믿지 않을 것이다. 성경의 지옥은 있다.

　우리가 예수님을 믿는 이유는, 천국으로 살고 천국에 가기 위해서이다. 그러나 이보다 더 정확한 말이 있다. 우리가 예수님을 믿는 이유는, 지옥으로 살지 않고 지옥에 가지 않기 위해서이다. 절대로 가지 말아야 할 곳이 지옥이기에, 우리는 더욱 절실하게 예수님을 믿고 그분의 말씀대로 살아가는 것이다. 우리는 본래 죄인으로 태어나서 죄인으로 살아가기에 지옥은 당연히 우리의 몫이 되는 것이다. 본래 우리는 천국과는 거리가 먼 사람들이다. 그렇기에 우리는 지옥으로 살지 않기 위해, 지옥에 가지 않기 위해 애쓰고 또 애써야 한다. 가만히 있으면 우리는 지옥행이 될 것이다.

"ROSC" 지옥

신앙 21

죽음
Death

성경의 죽음은 이 땅에서 마지막 호흡이 끊어지는 것이다. 성경의 죽음은 자는 것이다. 성경의 죽음은 영원한 생명의 시작이다. 성경의 죽음은 이 땅에서의 마지막 심판이다. 성경의 죽음은 죄인의 죄의 결과이다.

목사는 죽음에 대한 두려움이 있다. 그러나 죽음 이후에 대한 두려움은 없다. 가진 것과 누리고 있는 것이 너무 많기 때문이다. 그래서 죽음을 성경대로 가르칠 수가 없다. 믿음의 사람도 병들어 죽을 수 있고 사고로 죽을 수도 있다. 사도 바울도 평생 불치병을 안고 살았다. 예수님의 제자 모두, 자신이 원하는 순리적인 죽음이 아니라 자신이 원하지 않는 순교의 죽음을 맞이했다. 그렇기에 예수님 때문에 환난과 핍박, 고난과 역경을 친히 감당했다. 저들은 저들의 십자가를 부인하지 않았다. 자기 십자가를 지는 것은 곧 자신을 죽이고 사는 것이기 때문이다. 성경은 죽어야 산다고 한다. 그래서 사도 바울은 자신은 날마다 죽는다는 고백을 한 것이다. 그래서 그는 자신에게 다가오는 순교의 죽음이 두렵지 않았다. 죽음 이후 심판의 두려움이 크기에 더더욱 살아 있는 동안 날마다 죽어 사는 것이다.

   성경의 죽음은 자는 것이다. 매일 우리는 잠을 잔다. 잠을 자는 것은 곧 죽는다는 말이다. 그렇게 우리는 잠을 자면 아무것도 할 수 없다. 그러나 그 잠에서 죽음에서 매일 깨어난다. 우리는 매일 죽는 연습을 하고 있다. 어쩌면 죽음은 우리에게 또 다른 진짜 복이 될 것이다. 날마다 죽어야 사는 사람은 이 땅에서의 마지막 죽음도 의연하게 받아들이지 않을까 한다. 목사는 성경의 죽음에 진정한 메시지를 절대 놓쳐서는 안 된다. 그리고 죽음을 담보로 교인들을 더 이상 협박해서는 절대 안 된다. 죽을 인생이기에 가진 모든 것을 목사에게 교회당에 다 내놓으라고 사기를 치지 말아야 한다.

   살아 숨 쉬는 것이 순리이고 복인 것처럼, 죽음도 예수님을 믿고 살아가는 우리 모두에게 순리이고 복이다. 죽음은 영원한 생명의 시작이기 때문이다.

"ROSC" 죽음

신앙 22

하나님의 나라와 천국
Kingdom of God

성경의 하나님의 나라는 주님이 다스리는 천국이다.
성경의 하나님의 나라는 주님과 함께하는 에덴이다.

성경의 하나님의 나라는 예수님을 믿는 성도들 마음 가운데 있다. 성경의 하나님의 나라는 말씀대로 살아가는 사람들의 가난한 심령이다. 성경의 하나님의 나라는 말씀대로 실천하는 사람들의 상하고 통회하는 심령이다.

성경의 하나님의 나라는 예수님을 믿는 사람들 가운데 있다. 성경의 하나님의 나라는 말씀대로 살아가는 삶의 현장이다. 성경의 하나님의 나라는 예수님을 믿고 말씀대로 살아낸 사람들이 죽음 이후에 가는 영원한 곳이다.

하나님의 나라는 우리 안에 있어야 한다. 주님과 함께하는 곳이 곧 하나님의 나라이다. 주 예수와 동행하는 그 어디나 하나님의 나라이다. 높은 산도 거친 들도 초막들도 궁궐들도 주 예수 모신 곳이 그 어디나 하나님의 나라이다. 주님과 동행하는 곳은 그 어디나 하나님 나라 곧 천국이다. 주님과 동행하는 가정이 하나님 나라요, 주님과 동행하는 부부의 삶이 하나님 나라요, 주님과 동행하는 직장이 하나님의 나라요, 주님과 동행하는 학교가 하나님 나라요, 주님과 동행하는 군대가 하나님 나라요, 주님과 동행하는 사업장이 하나님 나라요, 주님과 동행하는 시장터가 하나님 나라요, 주님과 동행하는 삶의 모든 현장이 하나님 나라요 천국이다. 그곳이 하나님 나라가 되지 못하는 것은 주 예수를 믿는 삶이 아니거나 주 예수와 동행하지 않는 삶이기 때문이다.

목사는 교회당만 천국이라고 가르친다. 세상을 지옥으로 교회당을 하나님의 나라 천국으로 가르친다. 하나님 나라를 죽고 난 후에 가는 곳이라 가르치고 있다. 그래서 열심히 교회당에 헌금을 내고 맹종을 다 하여 면죄부를 받으라고 한다. 어떻게 살든 예수만 믿는다고 하면 되고, 교회만 나오면 죽어서 천국에 간다고 가르친다. 그래서 세상에서 불법과 불의로 번 돈을 교회당에 왕창 내면 직분을 받고 천국의 티켓을 주고 있다. 늘 교회당이 하나님의 나라이고 천국은 죽어서 가면 되니까 가정보다 교회당이 우선이고 직장보다 교회당이 우선이고 삶의 현장 모든 것보다 교회당이 우선이고, 남편과 아내보다 목사가 우선이고, 직장의 동료보다 목사가 우선이고, 자녀보다 목사가 우선이고, 부모보다 목사가 우선이고 그래서 모든 관계에서 목사가 우선이 되어야 죽어서 가는 천국의 티켓을 받는다고 가르친다. 이뿐 아니라 자식들을 잘 되게 하고 남편 사업이 잘되게 하고 가족 모두가 출세하고 건강하고 돈을 많이 벌려면 하나님 나라인 교회당에 돈을 내고 목사에게 잘하라고 가르치고 있다. 이는 주예수와 동행하는 그 어디나 하나님 나라라는 성경의 가르침을 왜곡하여, 교회당 아닌 모든 곳을 지옥으로 왜곡하고 변질시키는 목사들의 뻔뻔하고 거짓된 가르침일 뿐이다.

하나님의 나라는 주님과 동행하는 그 어디에나 그곳이며, 주님을 믿은 그리스도인의 양심 안에 있는 그곳이며, 사랑을 실천하는 우리 안에 있는 그곳이다.

"ROSC" 하나님의 나라와 천국

신앙 23

회개
Repentance

 성경의 회개는 믿음의 첫 단계이다. 성경의 회개는 고백이 아니라 시작이다. 성경의 회개는 인간의 죄악에서 하나님의 선으로 돌아오는 것이다. 성경의 회개는 고백한 죄를 돌이켜 변화된 삶을 사는 것이다. 성경의 회개는 고해성사로 될 수 없다. 성경의 회개는 눈물로 반성한다고 되는 것이 아니다. 성경의 회개는 돈으로 살 수 없다. 성경의 회개는 사람에게 한 잘못을 반드시 사람에게 용서받아야 한다.

 '회개하라, 천국이 가까이 왔다'는 말씀은 복음서에서 예수님의 첫 메시지이자 가르침이다. 이는 죄인으로 사는 사람이 하나님 앞에 설 때 가장 먼저 해야 하는 일이 회개라는 의미이다. 신앙의 첫 단계 그리고 예수님을 만났을 때, 죄인 된 우리의 첫 시작이 바로 회개라는 것이다. 죄인 된 우리가 하나님 앞에 서면 지은 죄가 무엇인가 가장 먼저 생각하는 것은 신앙의 가장 자연스러운 모습일 것이다.

예수님과 삭개오의 만남을 보면 알 수 있다. 삭개오는 세금을 징수하는 세리장이요 부자였다. 예수님은 삭개오 집을 찾았다. 그렇게 예수님 앞에 선 삭개오는, 예수님이 시키지도 않았지만 자발적으로 회개하고 있다. 자기 소유의 절반을 가난한 자들에게 주겠고, 만일 누구의 것을 속여 빼앗은 일이 있으면 네 갑절이나 갚겠다고 했다. 예수님은 구원이 이 집에 이르렀고 삭개오도 아브라함의 자손이라 말씀하셨다. 예수님을 만난 삭개오의 첫 반응은 회개였다. 단순히 잘못에 대한 고백 및 반성이 아니라, 그것을 넘어 잘못에 대한 행동 변화를 보여주고 있는 회개이다.

베드로가 예수님을 처음 만나 제자가 된 이야기다. 예수님은 갈릴리 바닷가에 밤새 고기를 잡고 돌아온 베드로에게 찾아갔다. 평생 어부로 살아온 베드로는 밤새 허탕 쳤지만, 배 오른편에 그물을 던지라는 예수님의 말씀에 순종하여 그물이 찢어지는 만선의 기쁨을 보게 된다. 베드로는 예수님 발아래 엎드려 자신을 떠나 달라고 자신은 죄인이라고 고백한다. 그러고는 배와 그물을 버려두고 예수님을 따르는 제자가 되었다. 죄인이라는 고백에 머물지 않고, 즉시 예수님을 따른 회개의 사람이 된 것이다.

목사는 회개의 메시지를 잃어버렸다. 예수님을 만난 죄인이 가장 먼저 보이는 신앙의 모습이 회개이다. 이는 누가 시키지 않아도 자백할 수밖에 없다. 사람의 선한 양심은 예수님 앞에 서면 죄를 자백할 수 있도록 바로 작동이 된다. 하지만 많은 교인은 회개하지 않는다. 이는 목사에게서 가르침을 받았기 때문이다. 회개는 불편한 메시지이다. 교회당을 찾아온 사람들을 불편하게 하여 돈이 되는 사람을 잃고 싶지 않기 때문이다. 기도회를 해도 필요를 요구하는 기복 기도로 가득하다. 자신의 죄를 회개하며 눈물 흘리는 기도는 사라진 지 오래되었다. 교인들은 회개하지 않아도 되는 것으로 생각하고, 오히려 회개하는 것을 이상하게 생각한다. 무서운 일이다. 그렇게 사람들을 교회로 인도하려고 애를 쓰고는, 결국 배나 넘게 지옥 자식을 만들고 있다.

목사가 회개하지 않는다. 목사는 누구보다 죄에 대해서 잘 알고 있다. 누구보다 회개에 대해 잘 알고 있다. 문제는 그것을 자신에게 적용하지 않는다. 언젠가부터 자신들은 죄가 없는 목사가 되어 있다. 예수님의 자리에 떡하니 자리를 잡고 있다. 목사들은 인간으로서 한 점의 흠과 티도 없는 무오한 사람의 자리에 앉아 있는 로만가톨릭의 교황을 흉내 내고 있다. 목사 자신도 천국에 들어가지 못하고 들어가려 하는 교인들까지 들어가지 못하게 만들고 있는 현실이다.

목사는 돈을 사랑하는 것을 회개해야 한다. 당장 계약된 자신의 연봉 이외 수십 가지의 수당과 가족들에게 지급되는 수당을 거절해야 한다. 목사는 음란한 것을 회개해야 한다. 아내에게 진실해야 하며 여자 교인들을 미혹하여 자신의 성욕을 채우는 못된 짓을 그만두어야 한다. 별거와 이혼 중인 목사는 목사의 자격을 반납해야 한다. 목사는 정직하지 못하고 은밀한 중에 행한 모든 것에 진실해야 한다. 목사는 거짓말을 회개해야 한다. 목사도 사람이고 죄를 짓는다. 그것은 당연하다. 괜찮다. 그러나 그렇지 않은 것처럼 의인인 채 하는 모든 것을 정직하게 고백하고, 하나님 앞에 교인 앞에 진실한 모습으로 서야 한다. 자꾸 자신을 신비스럽고 거룩한 사람의 모양으로 교인들을 속이는 거짓에서 회개하고 돌이켜야 한다. 개신교 교회는 성경의 회개가 없다.

예수님 앞에 감출 수 있는 죄는 없고, 드러나지 않는 죄도 없다. 예수님은 우리의 마음까지 감찰하시기 때문이다. 행하는 죄뿐 아니라 마음으로 품는 죄가 너무나 크다. 하나님과 사람 앞에 자백부터 행동의 변화까지 회개해야 한다. 하나님은 모든 것을 다 아신다.

"ROSC" 회개

신앙 24

십자가
Cross

성경의 십자가는 나무가 아니다. 성경의 십자가는 처형 형틀이 아니다. 성경의 십자가는 액세서리 장식이 아니다. 성경의 십자가는 교회의 상징 곧 형상이 아니다. 성경의 십자가는 보이는 신비로운 종교 모양이 아니다.

성경의 십자가는 사랑이다. 성경의 십자가는 생명이다. 성경의 십자가는 온 인류의 구원이다. 성경의 십자가는 예수님의 순종이다. 성경의 십자가는 예수님의 물과 피와 눈물이다.

성경의 십자가는 치욕과 수치와 모욕이다. 성경의 십자가는 조롱과 비웃음과 놀림이다. 성경의 십자가는 불신과 배신으로 신의를 저버리는 일이다. 성경의 십자가는 음모와 조작과 선동이다. 성경의 십자가는 거짓과 속임수이다.

성경의 십자가는 장식용이 아니다. 감상용이 아니다. 예수님의 십자가를 보고 구원의 삶을 살아가는 우리는 각자의 십자가를 지고 예수님을 따라가야 한다. 죄인인 우리가 감당해야 하는 것은 각자의 십자가이면 된다. 자기의 십자가는 내팽개치고 십자가 없는 부활의 영광에만 혈안이 된 목사와 교인들이 많다. 우리가 져야 하는 자기 십자가는 목사가 되고 선교사가 되고 찬양 사역자들이 되는 것이 아니다. 일상의 삶에 현장에서 감당해야 하는 우리의 모든 관계와 일이 자기 십자가이다. 부부로서의 십자가, 부모로서의 십자가, 자녀로서의 십자가, 전업주부로서의 십자가, 학생으로서의 십자가, 직장인으로서의 십자가, 사업가로서의 십자가, 정치인으로서의 십자가, 공무원으로서의 십자가, 교사로서의 십자가, 목사로서의 십자가, 선교사로서의 십자가, 모두가 져야 하는 거룩한 삶이 주님의 십자가이다. 다시 말해 말씀대로 살아가려는 모든 삶은, 우리 각자가 져야 하는 주님의 십자가라는 것을 잊어서는 안 된다.

목사는 교회당에서 십자가를 변질시키고 있다. 교회당 종탑 맨 꼭대기에 시뻘건 십자가를 세워두면, 많은 사람이 보고 죄를 회개하고 돌아온다고 착각한다. 예배당 정면 벽에 대형 십자가를 장식해 놓고 예배당 들어올 때마다 쳐다보고 감상하면 십자가를 진다고 생각한다. 자기 십자가를 져야 하는 메시지는 가르치지 않은 채, 십자가 장식 뒤에 숨어 자신도 편하고 교인들도 편한 적당한 방법을 찾고 있는 자들이 목사이다. 고난 주간 한 주간 온갖 퍼포먼스를 하면서 마치 세상 십자가는 자신이 다

지는 것처럼 외식하여 속이는 목사들이, 이제는 고난 주간 특별 새벽기도회로 헌금을 걷고 기괴한 사업 아이템을 구상한 것을 보면, 과히 새삼 놀랄 일도 아닌 것으로 보인다.

  그런 목사들에게 가르침을 받은 교인들은 십자가를 액세서리로 귀에 차고 목에 차고 심지어 문신까지 하고 다니는 것을 보게 된다. 예수님의 십자가를 모르는 사람들이라면 조금은 이해가 되지만, 이 또한 교인들의 영향일 것이다. 예수님의 십자가 의미가 무엇인지도 모르고 그렇게 자신 있게 귀걸이로, 목걸이로 문신으로 만들어 몸에 부착하는 것은 십자가를 사랑해서가 아니라 무식해서이다. 모두가 겁이 없어서다. 두려움이 없다. 십자가의 액세서리를 하고 살인하고 간음하고 사기를 치고 거짓말하고 도둑질하고 다니는 사람들은 무엇인가. 그런 용기는 목사에게서 배웠을 것이다. 성경의 위엄과 예수님의 십자가 구원의 엄숙함과 결연함을 목사와 교인들이 무참히 짓밟고 있다. 교인들의 양심까지 사라지고 있다. 개신교 교회는 성경의 십자가가 없다.

  "ROSC" 십자가

> 신앙 25

자기부인

Self-deny

성경의 자기부인은 자신을 날마다 죽이는 것이다. 성경의 자기부인은 자기를 버리는 것이다. 성경의 자기부인은 자기비하이다. 성경의 자기부인은 상한 심령이다. 성경의 자기부인은 새로운 피조물이다.

성경의 자기부인은 예수님을 닮아가는 것이다. 성경의 자기부인은 예수님께 삶의 주인 자리를 내어주는 것이다. 성경의 자기부인은 성령님께 우선순위를 내어주는 것이다. 성경의 자기부인은 주님의 형상으로 변화되는 것이다.

성경의 자기부인은 자기를 쳐 복종시키는 것이다. 성경의 자기부인은 성경대로 살아가는 고통을 감내하는 것이다. 성경의 자기부인은 부단히 애쓰는 성화의 삶이다.

성경의 자기부인은 지독하게 주님을 사랑하는 것이다. 성경의 자기부인은 비로소 나의 나 됨을 회복하는 것이다. 성경의 자기

부인은 삶의 진정한 가치와 의미를 찾는 것이다. 성경의 자기부인은 자신에게는 더욱 철저하고 타자에게는 한없이 관대한 삶이다. 성경의 자기부인은 자기 유익보다 다른 사람의 유익을 먼저 실천하는 것이다. 성경의 자기부인은 자신의 체면보다 하나님의 아름다운 덕을 먼저 실천하는 것이다. 성경의 자기부인은 이름 없이 빛도 없이 주님이 기억하시면 족한 삶을 사는 것이다. 성경의 자기부인은 사람이 사람답게 사는 것이다.

예수님을 믿어도 성품은 바뀌지 않는다. 그래서 목사와 교인들을 보면 교회 안에서 자기 성질대로 자기 고집대로 그렇게 사람들에게 상처를 주고 있다. 교인들의 다름과 차이를 수용하지 못한다. 특히나 예수님을 믿고 교회당에서 그렇게 열심히 하는 직분 자들의 변명을 들으면 가관이다. 목사가 욕하고 주먹질하고 거짓말하고 가스총으로 위협하고 용역을 동원하고 헌금을 횡령하고 여자 교인을 성폭행하고 정치를 선동하고 저주를 퍼붓고 정죄하여 힐난하고 이혼하고 마약하고 자살하고 하나님께 까불면 죽는다고 함부로 말하고 있다. 하나님을 가장 경외해야 하고 사랑해야 하는 목사가 자기부인의 삶을 모두 거부하고 있다. 자기 마음대로 하고 싶은 대로 살고 있다. 저들이 교인들을 가르치고 있다는 것이 더 문제이다. 저들의 외식과 위선은 그럴싸한 거짓과 속임, 위장한 옷과 화장, 신령하게 들리는 말솜씨로 감쪽같이 감추고 있다. 사람답지 못한 목사가 사람답지 않은 교인들을 가르치고 있다. 자기부인의 삶은 말로 되지 않는다. 자기부인의 삶은 행함으로 보여지는 것이다.

  목사와 교인들의 모습이 사람답지 못한데 세상이 사람답지 못한 사람들로 가득해지는 것은 시간문제다. 세상이 자기 절제와 타자를 이해하는 사람들을 잃어가고 있다. 자기 탓을 남 탓으로 돌리는 사람들이 많아지고 있다. 자기를 돌아보는 것을 잊어버린 채, 남을 향한 추측과 비난만 쇄도하고 있다. 목사와 교인들이 자기 자신을 향한 예수님의 가르침을 거절하고 있다. 자기부인의 삶을 거부하고 있다. 자기 변화의 삶을 거부하고 있다. 이는 예수님을 거절하고 거부하는 것과 마찬가지다. 죄인이 예수님을 만나면 변화한다. 즉시 변화하고 지속해서 변화한다. 그렇게 부단히 애쓰며 자기부인의 삶을 살아간다. 나를 버리고 내 안에 주님의 형상을 회복해 가야 한다. 하지만 지금의 목사와 교인들은 그것을 거부하고 있다. 개신교 교회는 성경의 자기부인이 없다.

  "ROSC" 자기부인

신앙 26

겸손
Humble

  성경의 겸손은 주님 앞에 서는 것이다. 성경의 겸손한 사람은 주님 앞에 서는 사람이다. 성경의 겸손한 사람은 죄인으로 주님 앞에 서는 사람이다. 성경의 겸손한 사람은 죄인으로 날마다 부단히 애쓰며 주님 앞에 서는 사람이다.

  창조주 하나님, 구원자 예수님, 보혜사 성령님을 믿고 결단하고 변화되고 성화 되므로 오늘을 신실하게 살아내려 날마다 부단히 애쓰는 믿음(Faith)의 사람이 주님 앞에 겸손한 사람이다.

  예수 그리스도만이 유일한 길이요 진리요 생명이라는 독선, 세상에 예수 그리스도 외에 구원받을 만한 다른 이름은 없다는 독선을 파수하려 날마다 부단히 애쓰는 진리(眞理)의 사람이 주님 앞에 겸손한 사람이다.

  스스로 존재하신 유일하신 여호와 성부, 성자, 성령 하나님의 속성과 성품을 존재와 삶으로 인식하여 생각과 마음과 말과 행실과 관계 가운데 더욱 친밀하게 의식하여 두렵고 떨림으로 주의 구원을 이루어 나가려 날마다 부단히 애쓰는 경외(敬畏)의 사람이 주님 앞에 겸손한 사람이다.

　하고 싶은 일이 아니라 해야 할 일을 하는 인생, 감당할 수 있는 일이 아니라 감당해야 할 일을 하는 인생, 만나고 싶은 사람들이 아니라 만나야 할 사람들을 만나는 인생, 가고자 하는 곳이 아니라 가야 할 곳을 가는 인생, 살고 싶은 삶을 사는 것이 아니라 살아내야 하는 삶을 사는 인생, 즉 하나님을 영화롭게 하는 비전의 삶을 살아가려 날마다 부단히 애쓰는 목적(目的)의 사람이 주님 앞에 겸손한 사람이다.

　아픔과 고통, 상처와 결핍, 상실과 상함, 실패와 가난으로 아파할 수 있지만, 출세와 성공, 잘됨과 형통, 부와 재물로 좋아할 수 있지만, 평범한 일상 중에 무의미와 무가치로 무감각할 수 있지만 하나님 그분만을 영원토록 즐거워하려 날마다 부단히 애쓰는 기쁨(Joy)의 사람이 주님 앞에 겸손한 사람이다.

　종교적인 형식과 의식이 아닌 불가항력적인 은혜와 사랑으로 전 인격과 전 일상을 통해 영이신 하나님께 성령과 진리로 삶 가운데 음악이 아닌 말과 생각과 행실의 노래로 찬양하고 경배하려 날마다 부단히 애쓰는 예배(禮拜)의 사람이 주님 앞에 겸손한 사람이다.

하나님의 정의 안에서 공평과 공정을 실현하여 좌로나 우로나 치우치지 않으며 공공의 선과 공공의 정의를 삶 가운데 적용하려 날마다 부단히 애쓰는 공의(公義)의 사람이 주님 앞에 겸손한 사람이다.

두 마음을 품어 기만하지 않으며 참된 말, 의로운 말, 진리의 말, 은혜의 말, 덕스러운 말, 유익한 말, 사랑의 말, 감사의 말로 우리의 입술이 성령이 말하게 하심이 되며 성령의 기름 부으심과 가르치심과 생각나게 하심으로 말과 행실이 하나 되게 날마다 부단히 애쓰는 성령(聖靈)의 사람이 주님 앞에 겸손한 사람이다.

생각과 마음이 구별되고 가치와 의미가 구별되고 말과 행실이 구별되어 세상의 빛과 소금으로 살아내려 날마다 부단히 애쓰는 거룩(Holy)의 사람이 주님 앞에 겸손한 사람이다.

고아와 과부 등 사회적 약자를 그 환난 중에 돌보고 또한 자기를 지켜 세속에 물들지 아니하려 날마다 부단히 애쓰는 경건(Godliness)의 사람이 주님 앞에 겸손한 사람이다.

남에게 대접을 받고자 하는 대로 남을 대접하려는 신앙의 강령으로 늘 다른 사람의 입장과 유익을 생각하려 날마다 부단히 애쓰는 헤아림의 사람이 주님 앞에 겸손한 사람이다.

급변하는 세상 가운데 이 세대의 문화, 가치, 사상, 이념을 본받지 않으며 하나님의 선하시고 기뻐하시고 온전하신 뜻을 분별하려 날마다 부단히 애쓰는 분별(分別)의 사람이 주님 앞에 겸손한 사람이다.

세상의 현상, 사건, 자연의 변화, 세대를 읽는 눈과 그 세상 현상 너머를 읽는 눈을 통해 하나님의 통치하심과 운행하심을 흘려보내려 날마다 부단히 애쓰는 통찰(通察)의 사람이 주님 앞에 겸손한 사람이다.

예수님 앞에 죄인임을 깨닫고 죄인으로 절실하게 삶을 살아내려 날마다 부단히 애쓰는 간절(懇切)의 사람이 주님 앞에 겸손한 사람이다.

나 같은 죄인을 구원할 분은 오직 예수님밖에 없음을 깨닫고 구원의 은혜로만 살아내려 날마다 부단히 애쓰는 은혜(恩惠)의 사람이 주님 앞에 겸손한 사람이다.

받은 은혜 감사하여 주의 말씀대로 실천하려고 날마다 부단히 애쓰는 실천(實踐)의 사람이 주님 앞에 겸손한 사람이다.

받은 사랑 너무 커서 사랑의 빚진 자로 남 섬기는 일에 헌신하려 날마다 부단히 애쓰는 섬김(Serving)의 사람이 주님 앞에 겸손한 사람이다.

마음을 감찰하시는 주님 앞에 두 마음을 품지 않으려 날마다 부단히 애쓰는 진실(眞實)의 사람이 주님 앞에 겸손한 사람이다.

예수님 앞에 늘 부족함을 깨닫고 사람들 앞에서 작은 것 하나도 배우려 날마다 부단히 애쓰는 배움(Learning)의 사람이 주님 앞에 겸손한 사람이다.

때론 진실을 모함하는 억울함도 주님이 계시기에 참아내고 인내하는 상한 심령으로 침묵하며 삶을 살아내려 날마다 부단히 애쓰는 인내(忍耐)의 사람이 주님 앞에 겸손한 사람이다.

생명을 천하보다 귀히 여기시는 예수님을 본받아 지극히 작은 자 하나를 예수님을 대하듯 귀하게 여기려 날마다 부단히 애쓰는 선(善)의 사람이 주님 앞에 겸손한 사람이다.

지위고하와 빈부귀천을 막론하고 매일 만나는 사람이든 처음 만나는 사람이든 주님께서 만민을 향한 인자함으로 한 사람 한 사람을 존귀하게 대하려 날마다 부단히 애쓰는 친절(親切)의 사람이 주님 앞에 겸손한 사람이다.

무심코 건넨 말 한마디가 생각 없이 한 행동 하나가 연약한 자를 실족하게 하지는 않았는지 늘 삼가 조심하여 돌아보고 사과하려 날마다 부단히 애쓰는 순수(純粹)의 사람이 주님 앞에 겸손한 사람이다.

내가 먼저 손 내밀어 대화하며 경청하기를 먼저 하여 매이는 관계가 아니라 풀리는 관계로 넉넉한 마음으로 수용하려 날마다 부단히 애쓰는 소통(疏通)의 사람이 주님 앞에 겸손한 사람이다.

자신이 살아내지 않는 삶을 가르치며 자신의 삶은 은혜로 끊임없이 관대하면서 남의 삶은 율법으로 더욱 철저히 정죄하는 위선과 외식을 닮지 않기 위해 고통스럽게 노력하고 날마다 부단히 애쓰는 순전(純全)의 사람이 주님 앞에 겸손한 사람이다.

나를 향한 주님의 생각이 내 생각과 다르고 주님의 길이 나의 길과 다름을 믿고 나를 위해 가장 선하고 좋은 것을 예비하심을 신뢰하여 원하지 않는 것까지도 끝까지 믿고 따르러 날마다 부단히 애쓰는 순종(順從)의 사람이 주님 앞에 겸손한 사람이다.

싫고 좋음보다 앞서 있는 그대로의 사실을 서로 듣고 상고하여 진실이 훼손되지 않도록 언제나 좌로나 우로나 치우치지 않게 날마다 부단히 애쓰는 균형(均衡)의 사람이 주님 앞에 겸손한 사람이다.

인간의 수많은 인본주의의 가치와 도덕 앞에서도 살아계신 하나님의 말씀을 바르게 해석하고 실천하여 넉넉히 세상을 품고 이기려 날마다 부단히 애쓰는 단호한 말씀(Logos)의 사람이 주님 앞에 겸손한 사람이다.

표적과 기사가 아니라, 기적과 이적이 아니라, 환상과 환청이 아니라, 신비한 체험이 아니라. 물질과 건강과 성공의 기복이 아니라 오직 주님의 말씀인 성경으로 예수님을 만나려 날마다 부단히 애쓰는 본질(本質)의 사람이 주님 앞에 겸손한 사람이다.

불의와 불법, 외식과 위선으로 멸망의 지옥 자식을 만드는 정사와 권세를 향해, 독사의 혀로 정죄하고 판단하여 지옥의 판결을 피할 수 없게 만드는 간사한 정사와 권세를 향해, 말씀을 도둑질하여 하나님의 자리에 앉아 거짓과 속임으로 실족하여 멸망케 하는 정사와 권세를 향해, 하나님의 집을 물질의 탐욕으로 강도의 소굴을 만드는 정사와 권세를 향해 대노하려 날마다 부단히 애쓰는 거룩한 분노(忿怒)의 사람이 주님 앞에 겸손한 사람이다.

마땅히 해야 할 사명을 최선으로 감당하면서도 주님 앞에서는 늘 무익한 종, 사람 앞에서는 늘 드러내지 않는 존재로 살아가려 날마다 부단히 애쓰는 헌신(獻身)의 사람이 주님 앞에 겸손한 사람이다.

옳은 것도 고집하지 않으며 자기 생각만을 주장하지 않으며 사실 앞에서도 쉬이 판단하여 정죄하지 않으며 이렇게 남의 유익을 먼저 구하며 우선하여 덕을 세워 가려 날마다 부단히 애쓰는 배려(配慮)의 사람이 주님 앞에 겸손한 사람이다.

시간이 지나도 처음 사랑, 처음 마음이 변하지 않고 늘 한결같이 일관되게 묵묵히 자기 일을 감당하려 날마다 부단히 애쓰는 성실(誠實)의 사람이 주님 앞에 겸손한 사람이다.

거룩하신 하나님 앞에서 드러나지 않을 것이 없음을 알고 하나님 앞에 벌거벗음으로 자신의 죄를 솔직하게 인정하고 늘 죄인 중의 죄인으로 하나님과 올바른 관계를 유지하려 날마다 부단히 애쓰는 의(義)의 사람이 주님 앞에 겸손한 사람이다.

자족하여 감사하고 있는 것에 족할 줄 알며 돕는 손길에는 풍성함으로 나누기를 날마다 부단히 애쓰는 심령이 가난(家難)한 사람이 주님 앞에 겸손한 사람이다.

더 많이 취하고 더 소유하고 싶은 탐욕 앞에서도 거저 받은 은혜와 사랑이 너무 커서 삶의 전부를 주님께 드리며 주인의 뜻에 따라 거저 주려 날마다 부단히 애쓰는 나눔(Sharing)의 사람이 주님 앞에 겸손한 사람이다.

자신의 지식과 경험 연륜을 앞세워 우선하여 선택 결정하지 않으며 늘 주님의 마음과 뜻을 헤아리려 애쓰며 주님의 기쁨이 되기를 날마다 부단히 애쓰는 지혜(智慧)의 사람이 주님 앞에 겸손한 사람이다.

사람에게만 잘 보이려고 보이는 곳에서만 잘하는 척 눈가림만 하는 것이 아니라, 보이지 않는 곳에서 보이는 모습과 같게 묵묵히 자신을 지키려 날마다 부단히 애쓰는 중심(中心)의 사람이 주님 앞에 겸손한 사람이다.

왜곡하여 변질하지 않고 계산하여 타협하지 않고 주님의 진리를 수호하려 날마다 부단히 애쓰는 신의(信義)의 사람이 주님 앞에 겸손한 사람이다.

　사람들 앞에 자신의 잘남을 드러내어 자랑하며 인정받고 칭송받는 자리를 스스로 거절하고 일상의 평범함 속에 자신의 몫을 성실하게 살아내려 날마다 부단히 애쓰는 무명(無名)의 사람이 주님 앞에 겸손한 사람이다.

　인생은 결국 나 자신 앞에 홀로 서는 것, 구원은 결국 주님 앞에 나 자신이 홀로 서는 것이기에 실존적 자아를 더욱 온전히 세워 가려 날마다 부단히 애쓰는 고독한 고립(孤立)의 사람이 주님 앞에 겸손한 사람이다.

　나의 뜻과 주님의 뜻이 충돌할 때 겟세마네 동산에서 아버지의 뜻을 구했던 예수님처럼, 자기를 부인하며 십자가를 눈물로 순응하려 날마다 부단히 애쓰는 기도(祈禱)의 사람이 주님 앞에 겸손한 사람이다.

　타고난 부드러움이 없이 거칠고 과격한 성품으로 짜증과 분노할 일 많지만, 주님의 말씀과 믿음이 작동되어 참고 절제하며 친절하기를 날마다 부단히 애쓰는 온유(Gentle)의 사람이 주님 앞에 겸손한 사람이다.

시기가 올라오고 미움이 올라와 말로 행함으로 상하게 하고 싶어도 결코 상종치 않고 싶을 때도, 나를 향한 예수님의 그 보혈의 사랑 십자가 앞에서 눈물을 훔치며 다시 사랑하려 그 고통을 감내해 내려 날마다 부단히 애쓰는 긍휼(矜恤)의 사람이 주님 앞에 겸손한 사람이다.

　죄에 대해서는 더욱 철저히 대항하여 싸우지만, 연약하여 넘어져 돌아서면 또 죄짓는 회개하는 죄인을 언제든 용납하고 용서하려고 날마다 부단히 애쓰는 사랑(Love)의 사람이 주님 앞에 겸손한 사람이다.

　두렵고 떨린 마음으로 주의 구원을 이루기 위해 자신을 죽이며 하나님께서 죄인인 우리와 함께 하시는 임마누엘의 복을 잃지 않기 위해, 늘 주님 안에 거하기를 날마다 부단히 애쓰는 광야(廣野)의 사람이 주님 앞에 겸손한 사람이다.

　사랑이 필요하지 않은 넉넉한 사람도 없고 사랑만 필요로 하는 가난한 사람도 없기에, 늘 오늘을 함께 하는 모든 사람들을 귀하게 여기려 날마다 부단히 애쓰는 서로 사랑(Love another)하는 사람이 주님 앞에 겸손한 사람이다.

　죽을 수밖에 없는 존재이자 흙으로 돌아갈 수밖에 없는 존재임을 절대 잊지 않고 생명의 주인이 되신 주님 앞에, 인생의 일각도 소중히 여기며 범사에 늘 존재함으로 살아있는 삶을 만족하려 날마다 부단히 애쓰는 감사(感謝)의 사람이 주님 앞에 겸손한 사람이다.

남녀노소가 다르고 인종과 국가가 다르고 문화와 생활이 다르고 언어와 신체가 다르고 재능과 실력이 다르고 지식과 지혜가 다름을 인정하고 차이와 다양성을 존중하여, 오직 예수 그리스도로 하나 됨을 가장 우선하여 살아가려 날마다 부단히 애쓰는 연합(聯合)의 사람이 주님 앞에 겸손한 사람이다.

믿음의 본질인 오직 성경 오직 믿음 오직 은혜를 기준으로 하여 유사하지만, 다른 것을 구별하고 다시 성경으로 다시 믿음으로 다시 은혜로 항상 돌아가려 날마다 부단히 애쓰는 개혁(改革)의 사람이 주님 앞에 겸손한 사람이다.

다시 오실 예수님의 약속을 믿고 오늘을 살아야 할 마지막 하루라는 가치를 잊지 않고, 늘 깨어 언제든 주님 맞을 준비를 하려 날마다 부단히 애쓰는 재림(再臨)의 사람이 주님 앞에 겸손한 사람이다.

하마르톨로스[죄인], 에노스[죽을 수밖에 없는 존재], 아크레

이오 둘로스[무익한 종], 크리스티아노스[성도], 휘오데시아[양자], 안드로포스[사람]이기에, 날마다 부단히 애쓰고 또 애쓰는 성화(聖化)의 사람이 주님 앞에 겸손한 사람이다.

목사와 교회의 교만이 하늘을 찌른다. 목사가 교인 수와 거대 헌금, 교회당 규모로 세상을 향한 온갖 거만한 모습을 보이고 있다. 목사가 오만하니 교인들도 오만하다. 목사들의 자만은 하나님의 자리에 하나님 말씀의 자리에 앉은 데서 시작하여 그 끝을 본다. 목사는 하나님이 되었고 목사의 말은 하나님의 말씀이 되어 절대 맹신을 강요하고 있다.

식당에서 종업원들이 제일 상대하기 어려운 무례한 손님들은 목사와 교사라고 한다. 두 직업의 공통점은 가르치는 자이면서 늘 대접받고 존경받는 자리에 있다는 것이다. 섬김을 받는 자리에 있기에, 식당 종업원들을 종들 부리듯 한다는 것이다. 존중과 이해는 찾아볼 수 없고, 진상만 부리지 않으면 다행이라는 것이다. 남에게 시키고 대접받는 데에 너무 익숙한 사람들이라 종업원을 무시하는 언사와 함부로 하는 행동은 그들에게 크고 깊은 상처가 될 것이 분명하다. 이는 겸손을 가르치면서 스스로 겸손하지 못한 목사들의 현주소가 아닐까 한다.

늘 대접받은 자리에 앉는 자들이 목사요, 늘 높은 자리에 앉는 자들이 목사요, 늘 섬김을 받는 자리에 앉는 자들이 목사요, 늘 가장 좋은 것을 갈취하는 자들이 목사요, 자기가 말한 대로 행하지 않는 자들이 목사요, 무거운 짐을 교인들에게 지우면서 자기는 손가락 하나 까딱하지 않는 자들이 목사요, 모든 행동을 보이기 위해 하는 자들이 목사요, [11]성구함을 크게 하고 옷술을 길게 늘어뜨리는 자들이 목사요, 인사받는 것과 사람들에게 '선생'이라 불리는 것을 좋아하는 사람들이 목사이다. 목사들이 하나님의 자리에서 하나님 말씀의 자리에서 얼마나 교만하고 거만하고 오만하고 자만하는지를 볼 수 있는 모습이다. 예수님은 늘 낮은 자리로 섬기는 자리로 내려가셨다.

"ROSC" 겸손

---

11) 구약 성서의 성구를 적은 양피지를 담은 가죽 상자

신앙 27

온유
Gentle

성경의 온유는 타고난 성품이 아니다. 성경의 온유는 부드러움이 아니다. 성경의 온유는 우유부단함이 아니다.

성경의 온유는 예수님의 성품이다. 성경의 온유는 성화 되어가는 성품이다. 성경의 온유는 훈련된 성품이다. 성경의 온유는 자기 절제된 성품이다. 성경의 온유는 변화된 선함과 인자함이다. 성경의 온유는 조련된 야생마의 뜻을 가진 프라우테스이다.

사람은 본래 선하지 않고 악하다. 사람은 본래 죄인으로 태어나 죄인으로 살다가 죄인으로 죽는다. 사람에게 죄의 본성은 성품으로 나타난다. 온유함은 누구나 타고난 성품이 아니다. 선하고 친절한 성품은 본래 죄인의 성품이 아니다. 하나님의 성품이다. 그렇기에 사람 안에는 예수님을 만나기 전에 다른 사람의 마음을 아프게 하고 상처를 주는 성품이 가득하다. 말과 행동으로 상대방을 고통스럽게 하는 것은 사람의 자연스러운 기질이고 성품이다.

야생마가 있다. 종자가 좋고 훌륭한 말의 기질을 충분하게 갖추었다. 그러나 조련되지 않아 아무 기수나 말을 탈 수가 없다. 그런 상태로는 경주뿐 아니라 사람에게 유익한 역할을 감당할 수 없는 상태이다. 명마를 알아본 기수는 그런 야생마를 쉽게 포기하지 않는다. 태어나면서부터 야생에서 살아온 야생마의 등에 올라타 거친 야생마의 저항을 온몸으로 이겨내며 조련하기 시작한다. 야생마는 처음 경험하는 등 뒤에 기수를 만나면 날뛰기 시작한다. 기수를 등에서 떨어뜨리기 위해 몇 날이고 야생적인 야생마의 기질을 남김없이 보여준다. 그러나 노련한 기수의 야생마를 알아보는 확신은 야생마의 저항보다 크기에 절대로 포기하지 않는 끈기를 보여준다. 시간의 문제가 아니다. 확신의 문제이다.

확신과 시간이, 날뛰는 야생마를 기수의 손에서 명마가 되게 한다. 어떤 기수가 등에 올라타나 자신의 실력을 가감 없이 발휘하는 명마가 된 것이다. 야생의 기질이 없어진 것이 아니다. 야생의 기질은 그대로 있다. 그 야생의 기질이 조련사에 의해 조련되어 명마의 기질로 변화된 것이다. 그렇게 명마가 된 야생마는 계속해서 좋은 기수에 의해서 명마로 더욱 변화되어 가는 것이다. 언제든지 좋은 기질을 조련하지 못하는 기수를 만나면, 명마는 다시 야생마의 기질로 돌아가고 말 것이다. 이렇게 야생마가 좋은 조련사를 만나 명마가 되는 성품이 프라우테스 곧 온유이다.

　온유는 결코 부드럽고 착하고 친절한 성품이 아니다. 사람은 본래 강하고 거칠고 독선적이고 고집스럽고 자기 마음대로 하는 이기적인 인간이다. 다른 사람보다 자기를 먼저 생각하고, 다른 사람의 불편함보다 자기의 편함을 먼저 고려하고, 자기와 생각이 다르면 화부터 먼저 내고, 용서를 해 주는 것보다 용서받는 것에 우선하며, 무시와 자존심 상함을 참지 못하며, 변명과 핑계로 자기를 변호하며, 자신의 책임보다 남 탓을 우선하는 것이 사람이다. 이런 사람이 예수님을 만나고 자기의 이런 모습을 만나서 괴로워하고 깨어지고 부서지고 변화되고 승화되어 예수님의 본래의 성품을 닮아가는 것이 온유이다. 온유는 자기부인이고 자기절제이고 이타적인 삶이고 다른 사람의 유익과 덕을 먼저 생각하는 삶이다.

　성경의 온유에는 사람을 귀하게 여기는 마음을 갖고 있다. 세상의 모든 사람을 존재 자체로 귀하게 여기는 마음을 갖고 있다. 사람의 아픔을 함께 아파하는 마음이 있다. 사람의 눈물을 깊이 헤아리는 마음이 있다. 사람의 고통을 함께 고통받는 마음이 있다. 다른 사람을 향한 상한 마음이 있다. 통회하는 마음이 있다. 우는 자들과 함께 울고, 웃는 자들과 함께 웃는다. 사람을 절대 함부로 대하지 않는다. 절대로!

성경의 온유에는 가난한 마음이 있다. 불쌍히 여기는 마음이 있다. 긍휼히 여기는 마음이 있다. 늘 주님 앞에 죄인이라는 진심이 있다. 사람을 진심으로 대한다. 늘 낮은 곳에 마음을 둔다. 늘 약자에게 마음을 둔다. 형제 중 지극히 작은 자 하나에게 마음을 둔다. 억울한 사람들의 눈물, 아파하는 사람들의 눈물, 고통받는 사람들의 눈물, 가난한 사람들의 눈물, 억압당하는 사람들의 눈물, 슬퍼하는 사람들의 눈물을 자기 눈물로 여긴다. 사람을 대할 때 교만할 수 없고 거만할 수 없다.

성경의 온유는 외식과 위선에 대해 분노한다. 불의와 불법에 대해 분노한다. 거짓과 속임에 대해 분노한다. 미혹과 사기에 대해 분노한다. 진리를 왜곡하고 변질시키는 사람들을 향해 분노한다. 타락한 목사들과 빚 위에 지어진 교회당을 향해 분노한다. 사람을 함부로 대하고 가난한 마음을 악용하는 자들을 향해 분노한다. 말씀대로 살아가야 하는 신앙 본질의 삶을 버리고 교회당 규모와 교인의 숫자와 헌금 액수 등 신앙 비본질의 삶을 취하는 목사들과 교인들에게 분노한다.

성경의 온유는 양심이고 상식이다. 이성적이고 합리적이며 객관적이다. 대화와 설득과 타협의 소통 역량이다. 목사와 교회당이 양심과 상식을 잃어버렸다. 부끄러움을 잃어버렸고 사람됨을 잃어버렸으며 해로운 사회악이 되었다. 겸손과 온유의 성품은 인간 모두가 회복해야 할 예수님의 성품이다. 교회가 공동체로 세워질 수 있는 기본이 겸손과 온유이다. 겸손과 온유는 본래 인간에게는 없는 예수님의 성품이기에 가만히 있으면 늘 교만해지고 이기적인 성품으로 돌아가게 되어 있다. 끊임없이 죽어라 노력해야 비로소 우리는 예수님처럼 겸손하고 온유할 수 있는 것이다. 반드시 회복해야 한다. 정의로 실천되는 온유만이 성경에 있다. 친절에 감추어진 불의는 성경에 없다. 개신교 교회는 성경의 온유가 없다.

"ROSC" 온유

| 신앙 28 |

만인제사장

Priesthood of all believers

성경의 제사장은 목사만이 아니다. 성경의 제사장은 목사, 선교사, 찬양 사역자만이 아니다. 성경의 제사장은 그 어떤 사람만이 아니다.

성경의 제사장은 기름 부음 받은 자이다. 성경의 제사장은 만인이다. 성경의 제사장은 지성소에서 직접 하나님께 제사하는 선택받은 사람이다.

성경의 제사장은 그 누구도 포함된다. 성경의 제사장은 예수님을 주로 삼는 모든 사람들이다. 성경의 제사장은 예배하는 모든 사람들이다.

예수님을 통해 선택받아 기름 부음을 받은 몇 사람만이 감당했던 제사장직이 십자가에서 물과 피를 쏟으신 예수님의 죽음으로 예수님을 믿는 모든 사람으로 확장되었다. 십자가에서 예수님의 호흡이 끊어질 때 동시에 성소와 지성소를 구분하는 성소 휘장이 위에서부터 아래로 쫙 찢어지는 현상이 벌어졌다. 성소 휘장은 제사장만이 들어갈 수 있는 지성소와 이스라엘 일반 사람들이 들어갈 수 있는 성소를 구분하였다. 구약의 지성소는 하나님의 임재가 가득한 곳으로 제사장도 회개하지 않는 죄가 있다면 즉사해서 나오는 곳이다. 그래서 일반 사람들은 제사장이 대신해서 제사를 드렸던 것이다. 제사장을 통한 예배가 진행된 것이다. 그런 휘장을 예수님께서 찢으셨다. 이제는 예수님의 피로 더 이상 휘장이 필요 없고 대신할 제사장도 필요 없다는 의미이다. 또한 이제는 하나님께서 예수님을 통해 성도들을 직접 만나시겠다는 결연한 의지이기도 하다는 뜻이다.

그런데 목사와 교회당이 예수님께서 친히 찢어버리신 휘장을 복원하고 있다. 목사 외에는 강대상에 올라가는 것을 허락하지 않고 있다. 자신들만의 성역을 만들어 보이지 않는 휘장을 만들고 자신들만이 독점하는 곳으로 성스러움을 증폭시키고 있다. 직분의 서열을 만들고 목사는 최상위 포식자가 되어 있다. 목사의 말이 곧 하나님의 말씀이 되고, 목사의 말에 절대복종해야 하며, 목사는 그 어떤 짓을 해도 죄가 없다는 속임을 중단하지 않고 있다.

목사는 교회당만 휘장을 만들고 성역을 정하고 있는 것이 아니다. 직업도 목사만이 성직이고, 다른 모든 직업은 세상의 타락한 일로 정해놓고 있다.

　구원은 예수 그리스도를 통한 하나님과의 일대일 관계이다. 여기에는 그 누구도 개입할 수 없다. 목사도 교황도 개인의 구원에는 개입할 수 없다. 대제사장은 예수님이시고, 제사장은 모든 그리스도인이다. 모두가 하나님 앞에서의 예배자이며 모두가 예수 그리스도의 종이며 모두가 성령님의 동역자이다. 모두에게 주어진 하나님의 말씀인 성경은 동일하고 모두에게 주어진 믿음을 통한 구원은 동일한 것이다. 목사는 이 과정에서 그 어떤 개입할 권한도 책임도 없다. 그래서 개신교는 만인이 제사장이다. 더 이상 목사를 성직자로 성스럽고 신비하게 포장하고 위장해서는 안 된다. 개신교 교회는 성경의 만인제사장이 없다.

"ROSC" 만인제사장

신앙 29

직업 소명
Vocational calling

성경의 직업 소명은 모든 직업이 하나님의 성직이다. 성경의 직업 소명은 모든 직업이 하나님으로부터 온 것이다. 성경의 직업 소명은 모든 직업이 다른 사람의 유익을 위한 것이다.

성경의 직업 소명은 평등하며 차별이 없다. 성경의 직업 소명은 사람의 생존을 위한 남의 유익과 덕을 위한 직업이다. 성경의 직업 소명은 타자를 위한 봉사와 섬김이다.

모든 사람은 다름과 차이를 갖고 있다. 모든 사람은 각자 다른 은사와 재능과 달란트를 갖고 있다. 각자 하고 싶은 일도 있지만, 해야 할 일을 해야 한다. 각 사람이 각자의 다름을 가지고 각자 해야 할 일을 하며 세상을 살아간다. 그것이 직업이고 소임이다. 교회당의 은사와 직분을 비롯한 세상의 직업까지 그 소명에 해당한다. 학생도 교사도 전업주부도 회사인도 사업가도 정치인도 장사도 경찰도 법조인도 아르바이트도 미화사 등 모든 직업이 하나님의 소명이고 하나님의 성직이다.

목사는 교회당만 휘장을 만들고 그 성역을 정하고 있는 것이 아니다. 직업도 목사만이 성직이고 다른 모든 직업은 세상의 타락한 일로 정해놓고 있다. 목사와 교회당의 직분과 은사만이 거룩하고 경건한 성직이고, 세상의 모든 직업은 세상일이라는 이분법적인 사고방식은 목사들이 자신의 직업에 대한 성역을 만들기 위한 꼼수일 뿐이다. 모든 직업은 하나님의 소명을 통한 것이며, 그렇기에 하나님의 성직이 되는 것이 성경의 직업 소명이다. 그렇기에 평일 하나님의 소명을 갖고 직업의 성직을 수행하는 교인들을 더 이상 교회에서의 직분과 봉사가 주님의 성직이라고 속여, 주일 날 새벽부터 저녁까지 헌신하고 봉사하게 해서는 안 된다. 토요일에 주일을 준비하는 일과 주일 예배와 교제와 교회 운영하는 모든 일은 목사와 교역자들이 친히 해야 한다. 목사와 교역자들은 교회로부터 정당한 대가를 받고 고용한 직원들이기 때문이다. 그리고 월요일에 쉬면 된다. 마찬가지로 성도들은 주일 날 충분히 쉴 수 있도록 안식의 날을 목사가 보장해야 한다.

목사도 교역자도 성도들의 모든 직업도 하나님의 소명으로 부르심을 받은 하나님의 성직임을 잊지 말아야 한다. 목사가 마치 모든 직업보다 성스럽고 신비롭고 고귀하고 경건한 직업이라는 거짓말은 이제 멈추어야 한다. 지금 당장 주일 날 예배에 관한 일과 가르침에 관한 일과 교제에 관한 일부터 목사와 교역자가 전담해야 한다. 성도들을 각자의 하나님의 소명을 받은 직업, 성직에 전담할 수 있도록 배려해야 한다. 믿음의 척도로, 상급의 기준으로, 구원의 잣대로, 잘됨의 도구로, 장수의 도구로, 형통의 도구로, 성공의 도구로 성도들의 직업 소명을 평가 절하하여 주일 목사와 교역자들이 보수를 받고 해야 할 당연한 일들을 성도들에게 억지로 짐을 지우는 일을 멈추어야 한다. 하나님은 세상에서 남을 이롭게 하는 모든 직업은 소명을 가진 성직이라 하신다. 개신교 교회는 성경의 직업 소명이 없다.

"ROSC" 직업 소명

신앙 30

가정
Family

성경의 가정은 아담과 하와의 만남으로 시작한다. 부부는 남자의 뼈 중의 뼈요, 살 중의 살인 여자를 만나 한 몸을 이룬다. 부부는 남자가 부모를 떠나 그의 아내와 합하여 한 몸을 이룬다. 부부는 벌거벗었으나 부끄러움을 모른다. 부부는 한 몸이니 그러므로 하나님이 짝지어 주신 것을 사람이 나누지 못한다. 성경의 가정은 부부가 에덴에서 시작한 최초의 가족이며, 교회며, 공동체이며, 사회이며, 하나님 나라이다. 아담은 첫 남편이며 아버지이자 제사장이다. 성경의 가정은 존재 자체의 귀함과 생명 자체의 존엄으로 충만한 곳이다.

성경의 가정은 남편이자 아버지인 아담과 아내이자 어머니인 하와, 그리고 두 사람을 통해 태어난 자녀들인 가인과 아벨 그리고 셋 등으로 시작됐다. 남편은 아내를 사랑하고 아내는 남편을 존경하고 순종한다. 부모는 자녀들을 주의 사랑과 교훈으로 양육하며 자녀들은 부모를 공경하고 부모에게 순종하며 성장한다. 자녀들은 부모의 일상에서 부모의 말과 생각과 행실과 관계와 믿음을 통해 하나님을 보고 하나님을 체험하고 하나님을 만난다. 부모는 자녀에게 하나님 말씀을 가르치고 하나님에 대하여 가르치고 하나님을 경험하게 하는 하나님의 화면이 된다. 부모는 하나님의 형상, 하나님의 성품, 하나님의 인격, 하나님의 사랑을 자녀에게 전수하며, 말씀대로 살아가는 믿음의 삶의 본이 되어야 한다.

성경의 가정은 일상의 모든 삶이 하나님과 동행하는 하나님 나라의 삶이며 예배이다. 사랑하고 신뢰하고 존중하고 이해하고 배려하지만, 죄악 세상에서 살아야 하는 현실 앞에 늘 교훈하고 책망하고 훈계하고 의로 교육해야 한다. 사랑의 울타리 안에 귀한 생명을 잃지 않도록 늘 주의 말씀으로 경계하고 삼가야 함을 가르치고 본을 보여야 한다.

결혼은 가정의 시작이다. 부부는 가족의 시작이다. 성경의 결혼은 믿지 않는 자와 멍에를 같이 할 수 없다. 성경은 예수님을 믿지 않는 자와의 결혼을 허락하지 않는다. 성경이 믿지 않는 자와 결혼을 허락하지 않는 것은 분명하다. 의와 불법이 함께 할 리 없고, 빛과 어둠이 사귈 수 없으며, 그리스도와 마귀 벨리알이 조화될 수 없고, 믿는 자와 믿지 않는 자가 무엇을 같이 할 수 없으며, 하나님의 성전과 우상이 일치할 수 없기 때문이다. 성경은 이혼을 허락하지 않는다. 이혼은 가족 모두에게 지옥을 선물하며 특히 자녀들에게 하늘이 없어지는 너무나 깊고 큰 상처를 남기게 된다. 이혼은 하나님이 기뻐하지 않는 분명하고 명백한 죄악이다. 불신자와 결혼을 허락하지 않는 이유는, 부부는 사랑으로 결혼해야 하며 그 사랑은 하나님이기 때문이다. 사랑이신 하나님 안에서만 사랑할 수 있고 사랑이 유지될 수 있기 때문이다. 그래서 부부로 결혼해서 산다는 것은 가정을 이루는 기초가 되는 것이다.

부부의 성혼 서약은 하나님 앞에서 분명해야 한다. "당신에 대해 아는 것을 사랑하고, 당신에 대해 모르는 것을 신뢰하며, 존경과 명예와 믿음으로 영원히 사랑하겠습니다. 평생 당신과 함께하며 사랑할 것을 맹세합니다. 나를 행복하게 만드는 사람은 당신이며, 나의 삶에 가장 중요한 것도 당신입니다."

부부는 주님 안에서 이런 사람이 되어야 한다. 부부는 서로 먼저 사랑하는 한 몸 한 사람이요, 서로 먼저 부단히 애쓰는 한 몸 한 사람이요, 서로 먼저 수고하고 헌신하는 한 몸 한 사람이요, 서로 먼저 존중하는 한 몸 한 사람이요, 서로 먼저 진실하고 거짓 없는 한 몸 한 사람이요, 서로 먼저 예의를 갖추는 한 몸 한 사람이요, 서로 다른 일상을 함께 하는 한 몸 한 사람이요, 서로 다른 희로애락을 함께 하는 한 몸 한 사람이요, 서로 다른 빈부귀천을 함께 하는 한 몸 한 사람이요, 서로 다른 생각, 느낌, 감정, 말, 행동을 함께 하는 한 몸 한 사람이요, 서로 다른 관계, 경험을 함께 하는 한 몸 한 사람이요, 서로 다른 부모, 가족을 떠나 둘이 함께 하는 한 몸 한 사람이다.

  부부는 주님 안에서 이렇게 살아야 한다. 결혼하여 부부로 산다는 것은 소중한 사람으로, 존귀한 사람으로, 존중하는 사람으로, 존경하는 사람으로 서로를 아끼며 사는 것이요, 서로를 귀하게 여기며 사는 것이요, 서로를 소중히 여기며 사는 것이요, 서로를 존중하며 사는 것이요, 서로를 존경하며 사는 것이요, 생명과 존재만으로 귀하게 여기며 사는 것이요, 다름과 차이를 존중하며 사는 것이요, 감정과 느낌까지 소중하게 여기며 사는 것이요, 가치와 기준을 존경하며 사는 것이요, 서로에게 필요한 사람으로 사는 것이요, 평범한 일상을 함께 함으로 사는 것이요, 부단히 애쓰고 수고함으로 사는 것이요, 익숙한 일상을 늘 새로움으로 사는 것이요, 변하지 않는 깊은 진실함으로 사는 것이요, 마음과 생각까지 헤아리는 헤아림으로 사는 것이요, 연약하고 부족할수록 더욱더 귀하게 여기며 사는 것이요, 그분의 한사랑! 다사랑! 끝사랑까지 사는 것이요, 영원까지 함께 사는 것이다.

  영국의 소설가이자 극작가인 존 릴리는 "물고기와 귀한 손님은 사흘이 지나면 냄새가 난다."라고 했다. 사람은 가까이 갈수록, 알면 알수록 냄새나는 죄인 된 존재라는 의미이다. 매일 매일 함께 살아가는 가족도 그럴 수 있다. 사랑만 하기에 너무나도 짧은 시간인데 미워하고 불신하여 더욱 원수가 되어가는 것이 가정이며 가족이다. 기쁨과 행복의 동산 에덴에 사탄이 들어와 하와를 찾았다. 하와에게 심어놓은 사탄의 욕심과 교만이 결국 하나님을 향한 불순종을 초래했고 그로 인해 에덴의 영원한 생명은 죽음으로 중단됐다. 하나님이 세우신 에덴의 가정이 금이 가고 깨어지기 시작한 것이다.

가정이 파괴되고 있다. 교인들의 가정도 마찬가지이다. 관심 속 불편함보다 무관심한 편안함을 택하고 있다. 가정의 시작인 결혼이 잘못되어 이혼하고, 부모의 이혼으로 자녀들은 깨어지고 부서지고 있다. 별거하고 이혼하고 가출하고 싸우고 불륜으로 남들보다 못한 사람들이 가정 속에 가족이 되어가고 있다. 가정이 쇼윈도 부부, 쇼윈도 가족으로 되어간다. 가족이라는 이유로 죄에 대해 관대하며 온정주의와 가족주의와 인본주의 가치관을 무분별하게 수용하여 결국 집안 식구가 서로 원수가 되어가고 있는 현실이다.

가정의 사랑이 식어 간다. 가정이 욕심과 욕망으로 가득하다. 가정이 존재와 생명의 존엄을 상실하고 성공과 출세와 돈을 좇아가고 있다. 성경과 거리가 먼 가치관으로 가정의 올바른 관계가 깨어지고 있다. 부부의 관계, 부모와 자녀의 관계, 자녀들의 관계가 깨어지고 있다. 자녀들이 가정에 머물 수 없게 되어가고 있다.

성경의 가정을 회복해야 한다. 세상의 가정이 본으로 삼을 수 있는 성경의 가정을 회복해야 한다. 에덴의 가정을 회복해야 한다. 그리스도인의 가정을 우선하여 그리스도의 사랑으로 가정을 회복해야 한다. 가정에 관심, 기쁨, 사랑, 행복을 회복해야 한다. 남편을 남편답게, 아내를 아내답게, 자녀를 자녀답게, 가족을 가족답게 회복해야 한다. 가정 안에 사람다움 사람 그 자체를 회복해야 한다.

"ROSC" 가정

신앙 31

시간
Time

하나님은 영원(永遠) 속에서 우리에게 제한된 시간을 허락하신다. 하나님은 시간의 주관자이시며 시간의 주인이시다. 인생에 허락된 시간은 하나님의 창조로 시작하여 재림으로 끝이 난다. 인간은 죄로 인해 허락된 시간을 사는 인생이 되었다.

예수님은 시간의 처음이자 시간의 끝이다. 예수님은 시간을 운행하신다. 예수님은 천년을 하루 같이, 하루를 천년같이 시간을 운행하신다. 역사는 예수님의 시간 이야기이다. 역사는 예수님의 이야기이다. 예수님은 시간의 주인이시다.

하나님은 허락된 시간의 시작과 끝을 사람으로 측량할 수 없게 하셨다. 하루는 24시간이요, 7일이 한 주간이요, 1년은 12개월 365일의 시간이다. 성경에 인생의 허락된 시간이 칠십이요, 강건하면 팔십이라 한다. 그 시간의 자랑은 수고와 슬픔뿐이다. 인생의 허락된 시간은 헛된 것이요, 안개요, 그림자요, 풀의 꽃이요, 밤의 한 점이요, 순간이요, 찰나(刹那)일 뿐이다. 그렇기에 하나님은 허락된 인생의 시간을 사는 우리에게 영원(永遠)을 사모하는 마음을 주신다.

시간은 생명이다. 시간은 호흡이다. 시간보다 더 가치 있는 것은 없다. 시간은 돈보다, 금보다 귀하다.

인생의 모든 것에는 시간이 필요하다. 그리고 때가 있다. 성장과 성숙의 시간이 필요하다. 그리고 때가 있다. 관계의 시간이 필요하다. 그리고 때가 있다.

하나님은 모든 것을 지으시되, 때를 따라 아름답게 하셨다. 우리 인생의 모든 일에는 다 때가 있다. 우리 인생의 시간 안에 일어나는 일마다 알맞은 때가 있다. 태어날 때가 있고, 죽을 때가 있다. 심을 때가 있고, 뽑을 때가 있다. 죽일 때가 있고, 살릴 때가 있다. 허물 때가 있고, 세울 때가 있다. 울 때가 있고, 웃을 때가 있다. 통곡할 때가 있고, 기뻐 춤출 때가 있다. 찾아 나설 때가 있고, 포기할 때가 있다. 간직할 때가 있고, 버릴 때가 있다. 모일 때가 있고, 흩어질 때가 있다. 말하지 않을 때가 있고, 말할 때가 있다. 사랑할 때가 있고, 미워할 때가 있다. 전쟁을 치를 때가 있고, 평화를 누릴 때가 있다. 우리 인생의 시간을 하나님의 시간과 하나님의 때에 맞추어야 한다.

오늘의 시간은 어제의 미래이자 내일의 과거이다. 그래서 하나님의 시간은 오늘을 사는 것이다. 인생이란 그 순간 즉 오늘을 사는 것이다. 오늘의 시간이 중요하다. 지나간 시간에 얽매이는 것은, 다가올 시간을 두려워하는 것은, 하나님의 오늘의 시간을 허비하는 것이다. 오늘의 시간에 최선을 다해야 한다. 오늘의 시간을 허비해서는 안 된다. 오늘의 시간을 내 마음대로 내 멋대로 사용할 수 없다. 허비한 오늘의 시간은 다시 돌아오지 않는다.

인생은 허락된 오늘의 시간을 산다. 인간은 오늘 시간의 청지기일 뿐이다. 오늘 시간의 주인에게 인간은 오늘 시간을 총량으로 받았다. 그것이 우리 인생의 제한된 오늘의 시간이다. 허락된 오늘의 시간 앞에 겸손해야 한다. 허락된 오늘의 시간을 감사해야 한다. 허락된 오늘의 시간을 사랑해야 한다. 허락된 오늘의 시간에 신실해야 한다. 허락된 오늘의 시간 안에 있는 생명과 사명, 사람들을 소중하게 존귀하게 보배롭게 귀하게 여겨야 한다. 그 이유는 오늘도 허락된 시간은 멈추지 않고 흐르기 때문이다.

오늘의 시간은 어제 죽은 사람이 그토록 바라던 내일이다. 오늘의 시간은 예기치 못한 사고와 질병으로 죽은 사람이 그토록 바라던 생명이다. 오늘의 시간을 아껴야 한다. 오늘의 시간을 건져 올려야 한다. 오늘의 시간을 붙잡아야 한다. 오늘의 시간을 확보해야 한다. 오늘의 시간을, 값을 지급해서라도 사야 한다. 허락된 오늘의 시간에 최선을 다해야 한다. 허락된 오늘의 시간에 부단히 애써야 한다. 허락된 오늘의 시간에 죽을 힘을 다해야 한다. 허락된 오늘의 시간을 사는 우리는 악한 때를 살고 있기 때문이다.

"ROSC" 시간

신앙 32

영성
Spirituality

성경의 영성은 특별하고 신비스러운 능력이나 기교가 아니다. 성경의 영성은 방언, 능력, 병 고침 등 성령의 은사 자체가 아니다. 성경의 영성은 금식 기도, 유창한 기도, 새벽 기도, 새벽 예배를 드리는 것이 아니다. 성경의 영성은 유창한 설교, 탁월한 찬양 인도, 신령한 목소리가 아니다. 성경의 영성은 주일 성수, 헌금과 십일조, 교회의 충성과 헌신, 목사에 대한 절대 순종과 복종이 아니다. 성경의 영성은 초대형 교회 건물, 수많은 교인, 인기와 출세와 성공이 아니다. 성경의 영성은 맹신과 맹종을 조장하는 것이 아니다. 성경의 영성은 보이는 것이 아니라 보이지 않는 것이다.

성경의 영성은 경건이다. 성경의 경건은 고아와 과부를 그 환난 중에 돌보고 또 자기를 지켜 세속에 물들지 아니하는 것이다. 성경의 영성은 거룩함이다. 거룩은 하나님의 속성 중 가장 중심을 이루는 말이다. 이는 하나님께서 모든 피조물과 완전히 다르게 구별되심을 의미한다. 하나님의 거룩은 죄를 완전히 잘

라내고 죄악의 더러움과 완전히 분리된 구별 상태이다. 성경의 영성은 죄악 된 세상과 완전히 단절되고 분리되고 구별된 거룩함이 되어야 한다.

성경의 영성은 말씀대로 살아가는 것이다. 성경의 영성은 언행일치이다. 성경의 영성은 사랑이다. 성경의 영성은 서로 사랑하는 것이다. 성경의 영성은 한 생명을 천하보다 귀하게 여기는 사랑이다. 성경의 영성은 지극히 작은 자 하나를 존귀하게 여기는 긍휼이다. 성경의 영성은 거저 받은 은혜 때문에 용서할 수밖에 없는 자비이다. 성경의 영성은 갈등과 충돌에도 항상 져주는 친절이다.

성경의 영성은 가진 것을 나눌 수 있는 가난한 심령이다. 성경의 영성은 일상의 평범한 모든 것을 함께 하는 사람들에게 보일 수 있는 동행이다. 성경의 영성은 언제나 죄인으로 살아가는 진실이다. 성경의 영성은 가장 낮은 곳에서 자신을 내어주는 섬김이다.

성경의 영성은 말씀대로 살아가려는 부단한 애씀이다. 성경의 영성은 두 마음을 품어 정죄함을 가지지 않는 정직이다. 성경의 영성은 옳은 것에 동역하고 그른 것에 저항하는 겸손이다. 성경의 영성은 날마다 말씀의 기준으로 돌이키는 개혁이다. 성경의 영성은 변질과 왜곡을 향한 분노이다.

성경의 영성은 일상적인 평범함에 있다. 성경의 영성은 인격적인 삶에 있다. 성경의 영성은 상식과 이성에 있다. 성경의 영성은 풀어가는 관계에 있다. 성경의 영성은 존중되어야 한다. 성경의 영성은 예수님의 영성이 되어야 한다.

"ROSC" 영성

신앙 33

일용할 양식
Daily Bread

　일용할 양식은 생존하기 위한 양식이다. 일용할 양식은 생존하기 위한 소유이다. 일용한 양식은 사람이 사람답게 살아가는 최소한의 생명이다. 일용한 양식은 모두가 함께 더불어 살아가는 최소한의 사랑이다.

　일용할 양식은 세상의 모든 소유가 하나님의 것임을 믿는 것이다. 천지의 주인이신 하나님은 만물이 있게 하신 분이고 만물을 소유하신 분이다. 생존을 위해 필요한 일용한 양식은 만물의 소유주가 주셔야 우리가 취할 수 있다.

　일용한 양식은 청지기인 우리가 주인에게 위임받아 관리하는 것이다. 일용할 양식을 맡은 청지기로서 착하고 충성되게 모든 생명이 존재할 수 있도록 관리해야 한다. 일용할 양식을 맡은 청지기로서 과함도 부족함도 없이 주인의 뜻과 의도에 맞게 사용하고 관리해야 한다.

일용할 양식은 하늘에서 내린 하루 세 끼 광야의 만나와 같다. 일용할 양식은 직접 나가서 먹을 만큼 날마다 거두는 것이다. 넘치는 양식은 먹지 않고 남겨두면 벌레가 생기고 냄새가 나서 버리게 된다. 일하지 않고 쉬어야 할 주일에는 전날 이틀의 양을 거두었다. 일용할 양식은 모두에게, 공평하게, 날마다, 먹이시고 입히시고 마시게 하시는 것이다. 일용할 양식은 하나님의 은혜와 사랑이며 하나님의 복이다. 광야에서 240만 명 정도 되는 사람들이 40년 동안 끼니, 물, 신발, 의복, 천막까지 공급하신 일용할 양식들은 하나님의 사랑과 복이 아닐 수 없다.

일용할 양식은 수고하고 땀을 흘리는 노동의 열매이다. 일용할 양식은 에덴에서부터 시작된 창조의 원리 가운데 노동하는 자의 대가이다. 일용할 양식이 생명이 되기 위해서는 심는 수고와 가꾸는 수고와 거두는 수고와 요리하는 수고까지 우리 스스로 해야 한다. 일하지 않는 자는 일용할 양식을 먹을 수 없다. 일용할 양식은 무위도식하는 자들의 것이 아니라, 제 손으로 수고하고 애쓰는 자들의 것이다. 수고해야 할 이들을 위해 노동하여 얻은 일용할 양식과, 땀 흘려야 할 것을 위해 노동하여 얻은 일용할 양식으로 사는 이들은 진정한 감사와 은혜를 하늘로부터 찾을 것이다.

일용할 양식은 모두를 위해 서로 나누어야 한다. 일용한 양식보다 더 많은 것은 필요한 이웃들에게 나누어야 한다. 욕심으로 쌓아둔 재물과 축적한 소유가 결국 존귀한 생명까지 위협하는 상황이 일어나고 있다. 벌레가 생기고 냄새가 나는 현상이다. 방법은 나눔이다. 풍족한 일용할 양식은 생존에 어려움을 겪는 사람들과 나누어야 한다. 일용할 양식은 우리 모두를 위한 생명이기 때문이다.

"ROSC" 일용할 양식

신앙 34

영적 전쟁
Spiritual war

사탄은 본래 하나님이 창조하신 천사였다. 사탄은 하나님과 같아지려는 교만 때문에 하나님이 주신 자유를 남용함으로써, 하나님께 불순종하고 대항하는 죄를 짓고 하늘에서 쫓겨나 타락한 존재가 되었다. 사탄은 마귀라고도 불리며 타락한 천사들 즉 악령, 귀신들의 우두머리이다. 사탄은 하나님께 대적하는 악마, 적대자, 원수이다.

사탄은 인격을 가진 영적 존재이다. 사탄은 지, 정, 의의 세 요소를 갖춘 인격적인 존재로 단순히 어떤 악한 힘, 악한 세력이나 악한 성향이 아니다.

성경에서 사탄은 귀신의 왕, 시험하는 자, 바알세불, 원수, 악한 자, 벨리알, 대적자, 속이는 자, 큰 용, 거짓말쟁이, 거짓의 아비, 살인자, 죄를 짓는 자, 무저갱의 사자, 아볼루온, 옛 뱀, 꼬불꼬불한 뱀 리워야단, 이 세상 신, 공중 권세 잡은 자, 사망의 세력을 잡은 자, 이 세상 임금, 어두움의 세상 주관자, 시험하는 자, 중상자, 훼방자, 고소자, 참소자로 불린다.

하나님께 죄를 범함으로써 본래의 지위에서 쫓겨나 공중 권세 잡은 자가 된 사탄은 귀신들을 부려 세상에서 활동하며 하나님을 대적하고 사람들을 타락시키고 있다. 사탄은 사람들에게 경배받고자 하며 이적을 행하여 성도들을 미혹한다. 정신적, 육체적인 질병을 가져와 사람에게 고통을 주기도 하며, 사람들의 마음을 조종하여 온갖 범죄와 악을 유발하기도 한다.

사탄은 본래 속이는 자이다. 우는 사자와 같이 대기 중이다. 사탄은 의심과 불신을 심는다. 사탄은 우선 환난과 핍박과 고난과 역경으로 시험한다. 돈과 명예와 권력으로 유혹한다. 사탄은 다음으로 말과 생각과 마음과 감정과 정서와 영으로 유혹한다. 사탄은 인간을 잘 안다. 인간이 하나님처럼 되는 것으로 변함없이 미혹하고 있다.

사탄은 비슷하고 유사하고 위장된 것으로 속이고 유혹하고 시험한다. 사탄은 알곡 속에 가라지를 심는다. 사탄은 교회 가는 것을 허용하지만, 말씀대로 살아가는 것을 싫어한다. 사탄은 보이려고만 하는 외식하는 신앙인을 좋아한다. 사탄은 변질된 종교를 좋아하며 왜곡된 신앙을 좋아한다. 사탄은 분열과 분쟁을 좋아하며, 시기와 미움을 좋아한다. 사탄은 교만하고 거만하고 오만하고 자만하는 것을 좋아한다. 사탄은 사람을 함부로 하는 것을 좋아한다.

사탄은 죄인에게 욕심과 불순종만 심고 지켜본다. 욕심과 불순종으로 하나님의 말씀을 거역하는 행동을 지켜본다. 욕심과 불순종으로 죄책감을 느끼게 하여, 결국 죄인의 손으로 직접 죽게 만든다. 사탄은 어떤 생명도 건드리지 못한다. 그렇게 사탄은 하와를 만났고 가인을 만났다. 그렇게 사탄은 바벨을 쌓게 했고, 노아의 시대를 홍수로 진멸케 했고, 소돔과 고모라를 타락시켜 유황불의 심판을 받게 했다.

사탄의 방법은 단순하다. 속이고 선동하는 것이다. 거짓과 모함으로 예수님을 십자가에 처형했다. 이스라엘 자손들의 손으로, 제자들의 손으로 예수님을 십자가에 처형하는 데까지 성공했다. 그렇게 승리의 개선가를 부를 때, 죽었던 예수님이 죽음의 권세를 이기고 다시 사심으로 사탄의 머리를 박살 내 버렸다. 그렇기에 사탄은 예수님 앞에서 할 수 있는 것이 아무것도 없다. 모든 영적 전쟁에서의 영원한 승리, 완전한 승리, 모두의 승리이다. 사탄을 대적하여 이기는 방법은 오직 예수님뿐이다. 예수님의 이름, 예수님의 보혈, 예수님의 사랑, 예수님의 말씀뿐이다.

영적 전쟁은 혈과 육에 있는 것이 아니라, 정사와 권세와 이 세상 어둠의 주관자들과 하늘에 있는 악한 영들 곧 사탄과 귀신들이다. 영적 전쟁은 절대로 죄인 된 사람을 대적해서는 안 된다. 영적 전쟁의 상대는 늘 죄의 본체인 사탄과 귀신들이 되어야 한다. 이미 머리가 박살 난 사탄과 귀신들이 영적 전쟁의 상대가 되어야 한다.

늘 깨어있어서 사탄과 귀신들을 대적해야 한다. 하나님의 전신 갑주를 입고 사탄을 대적해야 한다. 진리의 띠를 두르고, 의의 흉배를 붙이고, 복음의 신을 신고, 믿음의 방패를 가지고, 구원의 투구를 쓰고, 하나님의 말씀인 성령의 검을 가지고, 무시로 성령 안에서 기도해야 한다. 새가 머리에 앉을 수는 있지만, 결코 둥지를 틀게 해서는 안 된다.

사탄과 귀신들은 대적하고, 죄인 된 인간을 사랑하는 것이 영적 전쟁이다. 그 어떤 경우라도 사람을 해(害)하는 것은 사탄에게 속하는 일이지, 예수님에게 속한 일이 아니다. 예수님은 영적 전쟁을 통해 생명을 살리고자 하는 것이고, 사탄은 영적 전쟁을 통해 생명을 죽이고자 하는 것이다. 예수님은 영적 전쟁을 통해 사랑과 행복을 풍성하게 하고자 하는 것이고, 사탄은 영적 전쟁을 통해 사랑과 행복을 파괴하고자 하는 것이다. 예수님은 영적 전쟁을 통해 죄인들과 하나님을 화목해지게 하려는 것이고, 사탄은 영적 전쟁을 통해 죄인들과 하나님을 분리하려는 것이다. 예수님은 영적 전쟁을 통해 죄인들을 구원으로 끝까지 견인하려는 것이고, 사탄은 영적 전쟁을 통해 죄인들을 구원에서 떨어지게 하려는 것이다. 예수님은 영적 전쟁에서 죄인들을 천국으로 보내려는 것이고, 사탄은 영적 전쟁에서 죄인들을 지옥으로 보내려는 것이다. 예수님은 영적 전쟁에서 죄인들의 죄를 변호하려는 것이고, 사탄은 영적 전쟁에서 죄인들의 죄를 고발하려는 것이다. 사탄과 귀신들은 세상의 모든 생명과 사랑을 건드릴 수 없고 임의대로 할 수 없다.

영적 전쟁의 상대는 사람이 아니다. 그 상대는 오직 사탄과 귀신들이다. 영적 전쟁에서 승리하는 비결은 예수님의 이름, 예수님의 사랑, 예수님의 보혈, 예수님의 말씀이다.

"ROSC" 영적 전쟁

신앙 35

십계명

Ten Commandments

　십계명은 여호와 하나님이 친히 써 주신 것이다. 십계명은 하나님의 언약인 성경의 요약이다. 십계명은 사람이 사람답게 살아가는 최소한의 언약이다. 십계명은 사람의 생명을 유지하는 생명의 언약이다. 십계명은 사람을 행복하게 살아가게 하는 사랑의 언약이다. 십계명은 하나님의 나라를 유지하는 핵심 언약이다. 십계명은 신앙에서 가장 중요한 우선순위이다. 교회에는 반드시 십계명이 살아있어야 한다. 십계명의 준행은 주님의 명령이다.

　십계명은 사랑이다. 하나님 사랑과 사람 사랑이다. 성경의 가장 큰 계명은 마음을 다하고 뜻을 다하고 목숨을 다하여 주 너의 하나님을 사랑하는 것이며, 이와 마찬가지로 네 이웃을 네 몸과 같이 사랑하라는 것이다. 십계명은 하나님을 사랑하는 계명과, 사람을 사랑하는 계명을 간단하고 정확하게 말씀하고 있다. 하나님을 사랑하는 것은 유일하신 여호와 하나님 외에 다른 신을 섬기지 않는 것이며, 유일하신 여호와 하나님을 대신할 그 어떤 우상도 형상도 만들지 않는 것이며, 여호와 하나님의 이름을 인간의 욕망과 욕심을 위해 망령되게 일컫지 않는 것이며, 여호와 하나님께서 엿새 동안의 창조를 완성하시고 쉬신 안식일을 모든 피조물이 기억하여 지키는 것이다. 이는 창조주 하나님에 대한 피조물 인간이 반드시 지켜야 할 의무이고 책임이다.

사람을 사랑하는 것은 지금의 나를 있게 한 부모와 더 나아가 어른들을 공경함으로 권위를 보호하는 것이며, 살인하지 않는 것과 살인을 하지 않게끔 하는 것으로 생명을 보호하는 것이며, 간음하지 않는 것과 간음하지 않게끔 하는 것으로 정조(貞操)를 보호하는 것이며, 도둑질하지 않는 것과 도둑질하지 않게끔 하는 것으로 재산을 보호하는 것이며, 거짓 증거하지 않는 것과 거짓 증거하지 않게끔 하는 것으로 명예를 보호하는 것이며, 탐심을 품지 않는 것과 탐심을 품지 않게끔 하는 것으로 가정을 보호하는 것이다. 이는 이웃을 보호하는 것이 곧 나를 보호하는 것이기에 우리가 반드시 지켜야 할 의무이고 책임이다.

사람을 사랑하는 계명의 상대적 의미임을 잊지 않아야 한다. 다른 사람으로 하여금 십계명을 범하게 하는 동기도 계명을 범하는 범주에 포함된다. 예수님을 통해 십계명의 의미와 범위는 더욱 자명해졌다. 예를 들면, 살인은 사람을 죽이는 행위만이 아니라 사람의 존재를 함부로 무시하고 하대(下待)하는 것 즉, 사람에게 성내는 것, 사람을 모욕하는 것, 사람에게 바보라고 하는 것까지 포함한다. 타인의 목숨을 해(害)하는 살인과도 같은 미워하는 마음과 생각을 품는 것까지 그 범위를 확대하면서도 성경에는 자신의 목숨을 함부로 해하는 것은 당연한 살인이기 때문에 직접 언급하지 않는다. 자기 자신의 존재를 함부로 무시하고 하대하는 것까지 살인이다. 이는 이 땅에 모든 생명의 주인이 하나님이시기 때문이다. 그렇기에 사람은 자신의 생명도 타인의 생명도 그 어떤 경우라도 함부로 살인할 수 있는 권한이 없다. 타인을 살인한 자는 회개할 기회가 있지만, 자신을 살인한 자는 회개할 기회가 없다. 하나님께서 예수 그리스도의 십자가 죽음을 통해 지키고자 했던 것이 사람의 생명이다. 하나님께서는 사람의 생명을 함부로 하는 것을 가장 싫어하신다. 특히 성경에서 [12]아히도벨과 [13]가룟 유다는 자신의 욕심과 욕망을 이기지 못해 자살한 사람들이다. 자살은 곧 살인이다.

간음은 음란한 생각을 품고 사람을 보는 것, 음행한 이유 없이 아내를 버리는 것, 음행한 이유로 이혼당한 사람과 결혼하는

---

[12] 다윗의 자문관이었지만 다윗을 배반하고 반역자 다윗의 아들 압살롬을 따랐다. 다윗을 죽이기 위해 압살롬에게 제안한 암살 계획이 무산되자 자기 고향에 돌아가 목을 매어 자살했다.
[13] 가룟 지방 출신이다. 유다는 '하나님 찬양'이라는 뜻이다. 예수님과 12명 제자 공동체의 돈궤를 맡은 사람이며, 돈궤에서 돈을 훔친 사람이라는 평가를 받기도 한다. 예수님을 은 30개에 팔았다. 예수님과 입맞춤을 신호로 예수님을 내어주었다. 스스로 양심의 가책을 받아 목을 매어 자살했다. 자살한 유다의 몸이 곤두박질하여 배가 터지고 창자가 다 흘러나오는 비참한 죽음을 맞았다.

것까지 포함된다. 우리가 피차 도둑질하지 않고, 사기 치지 않고, 탐욕을 갖지 않는 방법은 은밀하게 구제하는 것이며, 악한 자를 대적하지 않는 것이며, 원수를 사랑하는 것이며, 비판하지 않는 것이며, 보물을 하늘에 쌓아 두는 것이며, 쌓아 둘 보물을 이웃과 함께 나누라는 것이다.

십계명은 모두의 생명을 보호하는 최소한의 약속이며, 모두의 행복을 보장하는 최소한의 약속이며, 함께 더불어 살아가는 최소한의 약속이며, 사람이 사람답게 살아가는 최소한의 약속이다. 그래서 열 개의 언약(言約)은 하나님을 사랑하는 것과 사람을 사랑하는 것, 곧 서로 사랑하는 생명의 언약이다.

"ROSC" 십계명

신앙 36

주기도문
Lord's prayer

 성경의 기도에는 진실, 경외, 겸손, 간절, 복종, 믿음, 예수의 이름이 반드시 있어야 한다. 주기도문은 이 모든 것을 갖춘 완벽한 기도이다.

 주기도문은 기도를 받으시는 예수님이 친히 가르쳐주신 기도이다. 주기도문은 모든 기도의 모범이다. 주기도문은 모두의, 모두를 위한, 모두에 대한 완전한 주님의 기도이다.

 주님께서 친히 기도를 가르쳐주신 이유가 있다. 하나는 잘못된 기도들이 유행했기 때문이다. 외식하는 기도와 중언부언하는 기도이다. 남에게 보이기 위해 큰 소리로 기도하고 신령하게 보이기 위해 금식하며 기도하고 말을 반복하여 주문 외우듯 기도하고 자기 행동과는 전혀 다르게 기도한 것이다. 은밀하게 보시는 하나님을 믿지 않는 기도들이 너무 유행한 것이다.

 다른 하나는 제자들의 요청이다. 그 시대는 감히 하나님께 함부로 누구나 기도하지 못하는 분위기인 듯하다. 하나님의 이름을 부르는 것도, 하나님 앞에서 죄인이 입을 열어 기도하는 것도 결코 상상할 수 없는 일이다. 그래서 율법의 선생인 랍비들이 가르쳐 준 기도로만 기도한 것이다. 그러기에 제자들도 예수님께 기도를 요청한 것이다.

주기도문은 하나님을 위한 기도와 사람을 위한 기도이다. 주기도문은 하늘에 계신 우리 아버지를 향한 기도이다. 하나님을 위한 기도는 하나님 이름의 거룩한 구별을 위한 기도이며, 하나님 나라의 임재를 구하는 기도이며, 하나님의 뜻이 하늘에서와 같이 땅에서도 이루지는 기도이다.

우리를 위한 기도는 시간과 물질과 지식과 재능과 믿음과 소유와 음식 등 모든 필요에 대한 일용할 양식을 위한 기도이며, 대접을 받고자 하는 대로 남을 대접해야 하는 것처럼 죄 사함의 은혜와 사랑의 실천을 위한 용서에 대한 기도이며, 늘 시험과 유혹으로 넘어질 수밖에 없는 연약한 인간을 시험과 악으로부터의 보호에 대한 기도이며, 교만으로 언제나 하나님처럼 되고자 하는 죄인들이 나라와 권세와 영광이 영원히 아버지의 것임을 잊지 않아야 하는 기도이다.

"ROSC" 주기도문

신앙 37

사도신경

Symbolum Apostolicum

　사도신경은 신앙의 규범이며 고백이다. "주는 그리스도시오 살아계신 하나님의 아들이십니다" 이는 베드로의 최초 신앙고백이다. 이를 알게 한 이는, 사람이 아니라 하나님이시다. 이처럼 예수님의 열두 사도들의 신앙고백을 근거로 여러 학자가 오랜 시간을 거쳐 만든 신앙고백서가 사도신경이다.

　사도신경은 우리 각자의 신앙고백의 길라잡이가 된다. 성령을 통한 신앙고백이 성경에서 벗어나지 않도록 사도신경이 신앙의 울타리가 되어 준다. 신앙고백은 매우 주관적이다. 그렇기에 사도신경은 이단과 사이비를 분별하는 경계가 되어 준다.

　사도신경은 전능하신 하나님, 천지를 만드신 하나님, 아버지 되신 하나님을 나의 하나님으로, 우리의 하나님으로 믿는 고백이다. 사도신경은 예수 그리스도가 하나님의 외아들이시며, 우리의 주님이시며, 우리의 그리스도시며, 우리를 죄에서 구원할 분이시며, 동정녀 마리아에게서 나시며, 참사람으로 사시며, 십자가에 죽으시고, 지옥에 내려가셨다가 사흘 만에 부활하시고, 사십일을 지내시고 하늘로 승천하셨으며, 승천하신 그대로 다시 재림하심을 믿는 고백이다. 사도신경은 지금 우리와 함께 하시는 분은 영이신 하나님인 성령이심을 믿는 고백이다. 사도신경은 우리가 함께 모이는 교회가 거룩하게 구별되는 공회이며 교회 안에서 성도가 서로 교제하는 것을 믿는 고백이다. 사도신경은 회개하는 자의 죄를 용서받는 것과 예수 그리스도를 믿는 자의 몸이 다시 사는 것과 영원히 사는 것을 믿는 고백이다.

사도신경을 통해 우리는 성부, 성자, 성령을 믿고 교회를 통하여 영생을 얻는다는 신앙고백을 드리는 것이다.

"ROSC" 사도신경

제5장

하나님 The God 에 대하여

About the God

개신교는 하나님의, 하나님에 의한, 하나님에 대한 종교이다. 하나님이 누구신가에 대한 질문에 정답을 찾아가는 과정이 구원의 과정이요 믿음의 여정이다. 하나님을 바르게 인식해야 하나님을 바르게 의식하며 삶을 살아갈 수 있다.

하나님을 바르게 알아야 변질되지 않고 왜곡되지 않는다. 하나님을 바르게 알아야 죄에 넘어지지 않는다. 하나님을 바르게 알아야 저항하고 개혁할 수 있다. 하나님을 바르게 알아야 하나님의 나라로 살아갈 수 있다. 하나님을 바르게 알아야 풍성한 생명의 삶을 누릴 수 있다. 하나님을 바르게 알아야 구원의 전 과정을 완주할 수 있다.

하나님은 성경을 통해서만 알 수 있다. 말씀이 곧 하나님이시기에 말씀하신 성경을 통해 하나님이 누구신지, 하나님이 무엇을 원하시는지, 하나님의 의도는 무엇인지, 하나님의 뜻이 무엇인지를 알 수 있다.

하나님을 알아야 한다. 힘써 하나님을 알아야 한다.

> 5.1

절대성. 하나님
About the absoluteness of God

하나님은 절대적 속성을 갖는다. 하나님의 절대성은 창조주와 피조물의 분명한 차이이다. 하나님의 절대성은 피조물인 인간이 절대적으로 닮을 수도 없고, 같을 수도 없고, 넘어설 수도 없는 하나님의 고유한 속성이며, 유일한 속성이며, 완전한 속성이다. 흙으로 빚어진 사람을 통해 하나님은 그 어느 것도 만들어질 수 있는 형상이 아니며, 사람에 의한 형상이 될 수 없다.

하나님의 절대성은 개신교의 근간이며, 개신교가 자력 종교가 아닌 타력 종교라는 뚜렷한 이유이다. 하나님의 절대성은 하나님의 의로움과 사람의 믿음을 통한 구원이 은혜로 인한 선물임을 보여준다. 하나님의 절대성은 일방적인 사랑, 선행적인 사랑, 불가항력적 사랑, 필승 불패의 사랑, 완전한 사랑을 가능하게 한다. 절대적 신권을 가진 여호와 하나님은 하늘에 계신 우리의 아버지이시다.

하나님의 절대성은 하나님의 이름, 삼위일체, 자존하심, 완전하심, 불변하심, 무한하심, 전능하심, 전지하심, 무소부재하심, 유일하심, 광대하심, 내재하심, 초월하심, 영원하심이다. 하나님의 절대적 속성에는 오류가 전혀 없는 무오류(無誤謬)를 전제로 하고 있다.

> 절대성 1

이름 name

그 이름만으로 너무나 존귀하신 분, 하나님!

Your precious name, God 존귀하신 이름, 하나님!

너희는 주 너희 하나님의 이름을 함부로 부르지 못한다.
주는 자기의 이름을 함부로 부르는 자를 죄 없다고 하지 않는다.

하나님의 이름은 주님이신 엘(El), 강하고 힘 있는 분 엘로힘(Elohim)과 알라(Alah), 높고 존귀한 분 엘론(Elyon), 전능한 통치자 아도나이(Adonai), 하늘과 땅의 모든 것을 소유한 분 엘샤다이(Elshaddai), 은혜의 하나님으로 자신을 계시하시고 스스로 존재하신 야훼(Yahwoh)와 여호와, 엘과 엘로힘과 엘론의 속성을 가지신 데오스(Theos), 전능하신 주님으로 소유자와 통치자이신 퀴리오스(Kurios), 아버지되신 파테르(Pater), 자기 백성을 죄에서 구원하는 분 예수(예수아, 여호수아), 우리와 함께 하시는 분 임마누엘, 돕는 자 되신 보혜사이다. 하나님의 이름은 오직 믿음으로 현현(顯現)한다.

하나님의 이름은 사랑이다.

> 절대성 2

삼위일체 Trinity

하나님은 세 위격으로 성부, 성자, 성령 하나님은 한 분이시다
God is the Trinity 삼위일체이신 하나님!

그러므로 너희는 가서 모든 민족을 제자로 삼아
아버지와 아들과 성령의 이름으로 세례를 베풀고

하나님 안에서 유일의, 구분할 수 없는 본체가 있다. 근본 하나님의 본체는 하나이시며, 그 속성(위격)은 성부, 성자, 성령 세 분이시다. 여호와 하나님은 한 분이시면서 세 분이시고, 세 분이시면서 한 분이시다. 하나님의 나누어지지 않는 전 본체는 세 분 각자에게 동등하게 속한다. 세 분의 실존과 활동은 성부, 성자, 성령의 정해진 순서대로 실현된다. 세 분은 구별되는 속성이 있다. 삼위일체는 사람의 일체를 초월하는 신비이다. 세 분 하나님은 창조, 역사, 구원, 재림, 실존에 동역하신다. 하나님은 세 위격으로 성부, 성자, 성령 하나님은 한 분이시다. 하나님의 삼위일체는 오직 믿음으로 현현(顯現)한다.

하나님의 삼위일체는 사랑이다.

절대성 3
자존 self-existence

하나님은 스스로 존재하시고 자존하시는 분이다
God is self-existence 자존(自存)하신 하나님!

하나님이 모세에게 대답하셨다.
"나는 스스로 있는 나다. 너는 이스라엘 자손에게 이르기를
'스스로 계신 분이 나를 너희에게 보내셨다.' 하여라."

하나님은 무엇에 의해 시작하지 않으신다. 하나님은 유일한 시작이다. 그러면서 모든 것의 끝이다. 하나님은 누구에 의해 존재할 수 없고 그럴 수도 없다. 하나님은 스스로 존재하신 분이다. 모든 존재의 시작은 하나님의 자존이다. 하나님의 자존이 모든 존재의 시작이 된다. 하나님의 자존하심은 오직 믿음으로 현현(顯現)한다.

하나님의 자존하심은 사랑이다.

절대성 4
완전 Perfection

하나님은 어떠한 제한이나 결핍도 없으신 완전하신 분이다

God is Perfection 완전(完全)하신 하나님!

하나님은 반석, 하시는 일마다 완전하고, 그의 모든 길은 올곧다.
그는 거짓이 없고, 진실하신 하나님이시다. 의로우시고 곧기만 하시다.

하나님은 어떠한 제한이나 결핍이 없다. 하나님은 흠결이 전혀 없다. 하나님은 오점이 전혀 없다. 하나님은 결점이 전혀 없다. 하나님은 불완전한 것이 하나도 없다. 하나님은 어떠한 것도 완전한 분이다. 하나님은 어떠한 제한이나 결핍도 없으신 완전하신 분이다. 하나님은 실수하지 않으신다. 하나님의 예정과 구원 전 과정은 완전하다. 개인의 죽음과 예수님의 재림을 통한 하나님의 심판은 완전하다. 하나님의 완전하심은 오직 믿음으로 현현(顯現)한다.

하나님의 완전하심은 사랑이다.

절대성 5
불변 Immutability

하나님은 동일하고 일관되게 변하지 않는 불변하시는 분이다

God is Immutability 불변(不變)하신 하나님!

예수 그리스도께서는 어제나 오늘이나 영원히 한결같으신 분이십니다.
아버지께는 변하는 것이나 움직이는 그림자가 없습니다.

하나님은 어제나 오늘이나 동일하시다. 하나님은 늘 일관되신다. 하나님은 영원히 변하지 않으신다. 하나님은 언제나 변할 수 없는 완전한 분이다. 하나님은 동일하고 일관되게 변하지 않는 불변하시는 분이다. 하나님은 모든 민족, 세대, 상황, 환경, 나라, 족속, 백성, 방언 가운데 변함이 없으시다. 하나님은 어제나 오늘이나 내일이나 영원토록 변함없이 동일하시다. 하나님의 불변하심은 오직 믿음으로 현현(顯現)한다.

하나님의 불변하심은 사랑이다.

절대성 6
무한 Infinitude

하나님은 한계가 없으신 무한하신 분이다
God is Infinitude 무한(無限)하신 하나님!

저 하늘, 저 하늘 위의 하늘이라도 주님을 모시기에 부족할 터인데,
제가 지은 이 성전이야 더 말하여 무엇하겠습니까?
전능하신 분의 무한하심을 다 측량할 수 있느냐?
하늘보다 높으니 네가 어찌 미칠 수 있으며,
스올보다 깊으니 네가 어찌 알 수 있겠느냐?
그 길이는 땅 끝까지의 길이보다 길고, 그 넓이는 바다보다 넓다.

하나님은 누구도 무엇으로도 제한할 수 없다. 하나님은 측정할 수 없고 측량할 수 없다. 하나님은 한계가 없으시고, 그 무엇도 하나님을 제한할 수 없다. 하나님의 자유는 제한과 한계까지 정하신다. 하나님은 처음과 나중, 시작과 끝이 되신다. 하나님은 한계가 없으신 무한하신 분이다. 하나님의 무한하심은 오직 믿음으로 현현(顯現)한다.

하나님의 무한하심은 사랑이다.

절대성 7
전능 omnipotence

하나님은 모든 것이 가능하신 전능하신 분이다
God is omnipotence 전능(全能)하신 하나님!

나는 전능한 하나님이다. 나에게 순종하며, 흠 없이 살아라.

하나님은 모든 것을 할 수 있다. 하나님의 능력은 한계가 없다. 하나님은 절대적인 능력이 있으시다. 하나님은 무한한 능력이 있으시다. 하나님은 불가능한 일이 없으시다. 하나님은 모든 것이 가능한 전능하신 분이다. 하나님의 전능은 생명의 창조와 우주 만물의 섭리를 주관하신다. 하나님의 전능하심은 오직 믿음으로 현현(顯現)한다.

하나님의 전능하심은 사랑이다.

절대성 8
전지 omniscience

하나님은 모든 것을 알고 계시는 전지하신 분이다
God is omniscience 전지(全知)하신 하나님!

주님, 주께서 나를 샅샅이 살펴보셨으니, 나를 환히 알고 계십니다.
내가 앉아 있거나 서 있거나 주께서는 다 아십니다.
멀리서도 내 생각을 다 알고 계십니다. 내가 길을 가거나 누워 있거나,
주께서는 다 살피고 계시니, 내 모든 행실을 다 알고 계십니다.
내가 혀를 놀려 아무 말 하지 않아도 주께서는
내가 그 혀로 무슨 말을 할지를 미리 다 알고 계십니다.

하나님은 만물을 아신다. 하나님은 사람의 마음과 생각, 의지와 계획, 감정과 기분을 아신다. 하나님은 우주의 섭리와 자연의 순리를 아신다. 하나님은 사람의 작은 신음에도 반응하신다. 하나님은 과거, 현재, 미래의 모든 것을 아신다. 하나님은 즉시 완전히 아신다. 하나님께는 아무것도 숨길 수 없고 감출 수 없다. 하나님은 모든 것을 알고 계시는 전지하신 분이다. 하나님의 전지하심은 오직 믿음으로 현현(顯現)한다.

하나님의 전지하심은 사랑이다.

절대성 9

무소부재 omnipresence

하나님은 계시지 않은 곳이 없는 무소부재하신 분이다

God is omnipresence 무소부재(無所不在)하신 하나님

내가 주의 영을 피해서 어디로 가며, 주의 얼굴을 피해서 어디로 도망치겠습니까?
내가 하늘로 올라가더라도 주께서는 거기에 계시고,
스올에다 자리를 펴더라도 주님은 거기에도 계십니다.
내가 저 동녘 너머로 날아가거나, 바다 끝 서쪽으로 가서 거기에 머무를지라도,
거기에서도 주의 손이 나를 인도하여 주시고,
주의 오른손이 나를 힘있게 붙들어 주십니다.

하나님은 어디에나 계시고 여기에도 계신다. 하나님은 가까이 곁에 계신다. 하나님은 각 사람에게 계시고 누구에게나 계신다. 하나님은 은밀한 중에도 계시고 함께 하는 그들 중에 계신다. 하나님은 사람의 마음 중심에 계시고 삼라만상 중에 계신다. 하나님은 동시에 계시고 언제나 계신다. 하나님은 평범한 모든 일상에 침투하신다. 하나님은 계시지 않은 곳이 없는 무소부재하신 분이다. 하나님의 무소부재하심은 오직 믿음으로 현현(顯現)한다.

하나님의 무소부재하심은 사랑이다.

절대성 10

유일 unique

하나님은 어떤 것도 대체할 수 없는 유일하신 분이다

God is unique.[one and only 유일(唯一)하신 하나님!

그러나 너희에게 이것을 나타내셨으니,
그것은 주님이 곧 하나님이시고,
그분밖에는 다른 신이 없음을 알게 하시려는 것이다.

하나님은 유일하신 한 분이다. 하나님은 스스로 한 분으로 계신 유일하신 분이다. 하나님과 비교될 다른 존재는 없다. 하나님은 세 본질이지만, 또 나눌 수도 없는 유일하신 한 분이다. 하나님 외에 다른 신은 없다. 사람에 의해 만들어지는 신은 신이 아니다. 사람은 신이 될 수 없다. 하나님은 만들 수 없는 유일한 신이기에 모방할 수도 없다. 하나님은 어떤 것도 대체할 수 없는 유일하신 분이다. 하나님의 유일하심은 오직 믿음으로 현현(顯現)한다.

하나님의 유일하심은 사랑이다.

절대성 11

광대 Immensity

하나님은 크기를 측정할 수 없는 광대하신 분이다

God is Immensity 광대(廣大)하신 하나님!

나와 함께 여호와를 광대하시다 하며 함께 그의 이름을 높이세.
그 너비와 길이와 높이와 깊이가 어떠함을 깨달아
하나님의 모든 충만하신 것으로 너희에게 충만하게 하시기를 구하노라.

하나님은 넓고 크신 분이다. 하나님은 끝없이 광활하시다. 하나님은 품지 못할 사람이 없다. 하나님을 품을 수 있는 것은 없다. 하나님은 용서하지 못할 사람이 없다. 하나님은 제한도 없고, 차별도 없고, 측량할 수도 없다. 미치는 넓이와 깊이, 높이와 길이에는 지옥까지 포함된다. 하나님은 크기를 측정할 수 없는 광대하신 분이다. 하나님의 광대하심은 오직 믿음으로 현현(顯現)한다.

하나님의 광대하심은 사랑이다.

절대성 12

내재 Immanence

하나님은 모든 사람의 마음과 영혼 안에 늘 내재하시는 분이다

God is Immanence   내재(內在)하신 하나님!

여러분은, 여러분이 하나님의 성전이요 하나님의 성령이
여러분 가운데 계시다는 것을 모르십니까? 여러분의 몸은 성령의 전입니다.
여러분은 하나님으로부터 성령을 받아서 여러분 안에 모시고 있습니다.
여러분은 여러분이 스스로의 것이 아니라는 것을 알지 못합니까?

하나님은 극히 제한적으로 사람에게 침투하신다. 하나님은 사람 안에 내재하시고 내주하신다. 하나님은 그들 중에 내재하시고 내주하신다. 내재하셔서 자유의지를 전적으로 존중하는 인격이다. 하나님은 당신의 형상 안에만 내재하신다. 하나님이 내재하신 유일한 곳은 사람의 전인격이다. 하나님은 모든 사람의 마음과 영혼 안에 늘 내재하시는 분이다. 하나님의 내재하심은 오직 믿음으로 현현(顯現)한다.

하나님의 내재하심은 사랑이다.

절대성 13

초월 Transcendence

하나님은 시간과 공간 모든 것을 초월하시는 분이다

God is Transcendence 초월(超越)하신 하나님

여호와여, 위대하심과 권능과 영광과 승리와 위엄이 다 주께 속하였사오니 천지에 있는 것이 다 주의 것이로소이다. 여호와여, 주권도 주께 속하였사오니, 주는 높으사 만물의 머리이심이니이다.

하나님은 이성과 감정을 초월하신다. 하나님은 지식과 과학을 초월하신다. 하나님은 시간과 공간을 초월하신다. 하나님은 생명과 죽음도 초월하신다. 하나님은 인간의 모든 것을 초월하신다. 하나님은 인간과 간격을 가지신다. 하나님과 똑같은 본질을 가진 존재는 없다. 하나님은 시간과 공간에 존재하는 인간의 모든 것을 초월하시는 분이다. 하나님의 초월하심은 오직 믿음으로 현현(顯現)한다.

하나님의 초월하심은 사랑이다.

절대성 14

영원 Eternalness

하나님은 끝이 없으신 영원하신 분이다

God is Eternalness 영원(永遠)하신 하나님!

주님은 대대로 우리의 거처이셨습니다. 산들이 생기기 전에,
땅과 세계가 생기기 전에, 영원부터 영원까지, 주님은 하나님이십니다.

하나님은 의존하지 않으신다. 하나님은 처음 시작 전에 계셨고, 마지막 끝 이후에도 계신다. 하나님은 생명의 시작 전에도 계신다. 하나님은 죽음 이후에도 계신다. 하나님은 사람의 창조 전에 홀로 계셨고, 사람의 종말 이후에도 홀로 계시는 분이다. 영원한 하나님의 시간 속에 담지 못할 것은 하나도 없다. 영원을 사시는 분은 하나님 한 분밖에 없다. 하나님은 끝이 없으신 영원하신 분이다. 하나님의 영원하심은 오직 믿음으로 현현(顯現)한다.

하나님의 영원하심은 사랑이다.

5.2

공유적 인격, 하나님
Sharing personality about God

하나님은 공유적 속성, 즉 인격성을 갖는다. 하나님은 자신의 자유의지를 통해 자신의 형상대로 사람을 창조하셨다. 하나님은 사람의 형상 가운데 하나님의 성품을 부어주심으로 사람이 하나님을 닮아갈 수 있는 자신의 속성을 공유하신다. 사람의 인격에는 하나님의 인격을 담을 수 있는 자유의지가 있다.

사람이 사람답게 살아갈 수 있는 이유는, 사람이 양심과 위엄을 지키고 살아갈 수 있는 이유는, 사람이 의미와 가치를 위해 살아갈 수 있는 이유는, 사람이 보이지 않는 영원한 가치를 위해 살아갈 수 있는 이유는, 사람이 죄의 본성을 이기고 회개의 삶을 선택하여 성화의 삶을 살아갈 수 있는 이유는, 사람이 구원의 전 과정을 완주하여 영원한 하나님의 나라로 견인될 수 있는 이유는 하나님의 공유적 속성 즉 하나님의 인격성 전부를 죄인 된 사람에게 공유해 주시기 때문이다. 공유적 인격을 가진 여호와 하나님은 하늘에 계신 우리의 아버지이시다.

하나님의 공유적 속성 즉 인격성은 영이심, 빛이심, 지혜이심, 거룩하심, 자비하심, 긍휼하심, 성실하심, 공의로우심, 공평하심, 선하심, 인자하심, 사랑하심, 주관하심, 창조하심, 주인 되심, 아버지 되심, 도우심, 말씀하심, 질투하심, 함께하심, 져주심, 눈물 흘리심, 분노하심, 한탄하심, 기다리심, 뒤에 계심, 정죄치 않으심, 중심을 보심, 길이심, 진리이심, 생명이심, 구원하심이다.

> 공유적 인격 1

영 Holy spirit

하나님은 어떤 형상도 아니신 영이신 분이다
God is Holy spirit 영(靈)이신 하나님!

하나님은 영이시다. 그러므로 하나님께 예배를 드리는 사람은
영과 진리로 예배를 드려야 한다.

    하나님은 영이시다. 하나님은 영으로 존재하신다. 영이신 하나님은 시간과 공간을 넉넉히 초월하신다. 영이신 하나님은 제한받지 않는다. 영이신 하나님은 동시적으로 어디에든, 누구에게든 함께 하신다. 영이신 하나님은 형상화할 수 없다. 영이신 하나님은 오직 말씀으로만 사람 가운데 현존하신다. 하나님은 어떤 형상도 아니신 영이신 분이다.

영이신 하나님은 사랑이다.

> 공유적 인격 2

빛 light

하나님은 어둠이 하나도 없는 빛이신 분이다

God is light 빛이신 하나님!

우리가 그리스도에게서 들어서 여러분에게 전하는 소식은 이것이니, 곧 하나님은 빛이시요, 하나님 안에는 어둠이 전혀 없다는 것입니다.

하나님은 빛이시다. 빛이신 하나님은 그 어떤 것도 혼재할 수 없다. 빛이신 하나님은 어두움이 조금도 없다. 빛이신 하나님은 어떤 어두움도 허용하지 않는다. 빛이신 하나님은 어두움과 섞일 수 없다. 빛이신 하나님은 어두움의 존재를 허락할 수 없다. 하나님은 어두움이 하나도 없는 빛이신 분이다.

빛이신 하나님은 사랑이다.

공유적 인격 3
지혜 wisdom

하나님은 어리석음을 찾을 수 없는 지혜로우신 분이다
God is wisdom   지혜(智慧)이신 하나님! [덕(virtue,德)]

그러나 지혜와 권능은 본래 하나님의 것이며,
슬기와 이해력도 그분의 것이다.

    하나님은 지혜이시다. 하나님은 완전히 아신다. 지혜이신 하나님은 '조금'도 모르는 것이 없다. 지혜이신 하나님은 누구에게나 선하다. 지혜이신 하나님은 어떤 상황에서도 모든 것을 수용하신다. 지혜이신 하나님은 모두에게 어떤 어리석음도 주지 않는다. 하나님은 어리석음을 찾을 수 없는 지혜이신 분이다.

    지혜이신 하나님은 사랑이다.

공유적 인격 4

거룩 holiness

하나님은 죄와 완전히 분리되신 거룩하신 분이다

God is holiness 거룩하신 하나님!

그러나 주님은 거룩하신 분, 이스라엘의 찬양을 받으실 분이십니다.

하나님은 거룩하시다. 하나님의 거룩은 구별됨이다. 거룩하신 하나님은 흠이 없다. 거룩하신 하나님은 가까이할수록 신비롭다. 거룩하신 하나님은 완전히 구별된다. 거룩하신 하나님은 피조물과 구별되는 거룩함 자체이다. 거룩하신 하나님은 인간과 세상과 만물과 죄와 선명히 구별된다. 하나님은 죄와 완전히 분리되신 거룩하신 분이다.

거룩하신 하나님은 사랑이다.

공유적 인격 5
자비 mercy

하나님은 사랑으로 무한히 너그럽게 여기시는 자비하신 분이다
God is mercy 자비(慈悲)하신 하나님!

주님은 자비롭고, 은혜로우시며, 노하기를 더디하시며, 사랑이 그지없으시다.
두고두고 꾸짖지 않으시며, 노를 영원히 품지 않으신다.
우리 죄를, 지은 그대로 갚지 않으시고 우리 잘못을,
저지른 그대로 갚지 않으신다.

하나님은 자비하시다. 하나님의 자비는 사랑에 의한 적극적인 도움이다. 자비하신 하나님은 죄인을 돕는다. 자비하신 하나님은 죄인을 이해하신다. 자비하신 하나님은 죄인을 너그럽게 대하신다. 자비하신 하나님은 죄인을 관대하게 포용하신다. 자비하신 하나님은 죄인을 무한히 용납하고 수용하신다. 자비하신 하나님은 무력하고 도움이 필요한 죄인을 돕는다. 하나님은 죄인을 사랑으로 무한히 너그럽게 여기시는 자비하신 분이다.

자비하신 하나님은 사랑이다.

> 공유적 인격 6

긍휼 mercy

하나님은 가엽게 여기시고 불쌍히 여기시는 긍휼하신 분이다

God is mercy 긍휼(矜恤)하신 하나님!

여호와는 긍휼이 많으시고 은혜로우시며 노하기를 더디 하시고
인자하심이 풍부하시도다

하나님은 긍휼하시다. 하나님의 긍휼은 자궁이다. 하나님의 긍휼은 탯줄로 연결된 상태이다. 하나님의 긍휼은 같은 태에서 나온 이들에 대한 감정이다. 긍휼하신 하나님은 죄인의 처지를 이해하고 불쌍히 여기신다. 긍휼하신 하나님은 죄인의 고통에 전심으로 공감하신다. 긍휼하신 하나님은 죄인의 아픔을 온몸으로 체감하신다. 긍휼하신 하나님은 십자가를 통해 죄의 고통을 체감하신다. 긍휼하신 하나님은 광야의 시험을 통해 인간의 시험을 감당하신다. 하나님은 가엽게 여기시고 불쌍히 여기시는 긍휼하신 분이다.

긍휼하신 하나님은 사랑이다.

> (공유적 인격 7)
>
> # 성실 faithfulness

하나님은 말씀을 정성스럽고 참되게 이루시는 성실하신 분이다

God is faithfulness 성실(誠實)하신 하나님!

내가 영원히 주의 사랑을 노래하렵니다. 대대로 이어 가면서,
내 입으로 주의 신실하심을 알리렵니다.
내가 이르기를 "주의 사랑은 영원토록 서 있을 것이요,
주의 신실하심을 그 하늘에 견고하게 세워 두실 것이다" 하였습니다.

하나님은 성실하시고 신실하시다. 하나님은 스스로 거스르는 존재가 될 수 없다. 하나님은 스스로 거스르는 행동을 할 수 없다. 모든 말씀과 행하심은 그분의 성실하심과 조화를 이룬다. 하나님의 성실은 거짓이 없고 참되다. 하나님의 성실하심은 말씀을 열매로 맺는 신실함이다. 성실하신 하나님은 변함이 없으시다. 성실하신 하나님은 모두에게, 모든 것에, 어디에나 신실하시다. 하나님은 말씀을 정성스럽고 참되게 이루시는 성실하시고 신실하신 분이다.

성실하신 하나님은 사랑이다.

공유적 인격 8
공의 Justice

하나님은 올바른 관계로 모두를 대하시는 공의로우신 분이다

God is Justice 공의(公義)로우신 하나님!

오직 만군의 여호와는 정의로우시므로 높임을 받으시며,
거룩하신 하나님은 공의로우시므로 거룩하다 일컬음을 받으시리니

하나님은 의(義)이시고 정의이시다. 하나님의 의는 완전하고 항상 옳다. 하나님의 의는 모두에게 선하고 공평하다. 하나님의 의는 정의로 실천되며, 실천된 정의는 모두에게 공평하게 공의로 나타난다. 하나님의 공의는 상황과 여건에 따라, 사람에 따라, 신분과 소유에 따라, 지식과 가치에 따라 달라질 수 없다. 공의로우신 하나님은 동일하게 변함없이 치우침이 없다. 하나님은 올바른 관계로 모두를 대하시는 공의로우신 분이다.

공의로우신 하나님은 사랑이다.

> 공유적 인격 9

공평 fair

하나님은 본질적인 존재 자체에 차별이 없는 공평하신 분이다

God is fair 공평(公平)하신 하나님!

구름과 흑암이 그를 둘렀고, 의와 공평이 그의 보좌의 기초로다.
그래야만, 너희가 하늘에 계신 너희 아버지의 자녀가 될 것이다.
아버지께서는, 악한 사람에게나 선한 사람에게나,
똑같이 해를 떠오르게 하시고, 의로운 사람에게나 불의한 사람에게나,
똑같이 비를 내려 주신다.

하나님은 공평하시다. 공평하신 하나님은 누구에게도 그 어떤 차별이 없다. 공평하신 하나님은 각자의 분량에 따라 차이를 인정한다. 공평하신 하나님은 본질적인 존재 가치와 기준에는 치우침이 없다. 공평하신 하나님은 구원하심과 심판에도 차별이 없다. 하나님은 본질적인 존재 자체에 차별이 없는 공평하신 분이다.

공평하신 하나님은 사랑이다.

> 공유적 인격 10

선 goodness

하나님은 악함이 하나도 없는 선하신 분이다

God is goodness 선(善)하신 하나님!

선하신 주님, 너그러우신 주님, 주의 율례를 내게 가르쳐 주십시오.

하나님은 선하시다. 하나님은 공공의 선이다. 하나님은 어떤 악도 존재하지 않는다. 하나님은 악을 창조하지 않으셨다. 하나님은 죄악과 무관하시다. 하나님은 착함이다. 선하신 하나님은 완전하고 무한하다. 선하신 하나님은 언제나 변하지 않는다. 하나님은 악함이 하나도 없는 선하신 분이다.

선하신 하나님은 사랑이다.

> 공유적 인격 11

인자 kindness

하나님은 세상 모든 이들에게 친절하신 인자하신 분이다

God is great kindness   인자(仁慈)하신 하나님!

그러나 너희는 너희 원수를 사랑하고, 좋게 대하여 주고, 아무것도 바라지 말고 꾸어 주어라. 그러면 너희는 큰 상을 받을 것이요, 너희는 가장 높으신 분의 자녀가 될 것이다. 그분은 은혜를 모르는 자들과 악한 자들에게도 인자하시기 때문이다.

하나님은 인자하시다. 하나님의 인자는 풍성하여 넘치는 친절이다. 하나님의 인자는 마음 깊이 사랑을 느낌으로 우러나오는 친절이다. 하나님의 인자는 자발적이면서 결정적으로 도움을 주는 친절이다. 하나님의 인자는 윗사람이 아랫사람에게, 강한 자가 약한 자에게 변함없이 나타내는 친절이다. 하나님은 세상 모든 이들에게 친절하신 인자하신 분이다.

인자하신 하나님은 사랑이다.

공유적 인격 12

은혜 Grace

하나님은 갚을 수 없는 생명의 사랑을 값없이 베풀어 주시는 은혜로우신 분이다

God is Grace 은혜(恩惠)로우신 하나님!

우리가 다 그의 충만한 데서 받으니 은혜 위에 은혜러라.
율법은 모세로 말미암아 주어진 것이요,
은혜와 진리는 예수 그리스도로 말미암아 온 것이라.

하나님은 은혜로우시다. 선하심으로 인간의 결점을 상대하는 것이 하나님의 은혜이다. 선하심으로 인간의 죄를 상대하는 것이 하나님의 자비이다. 하나님의 은혜는 갚을 수 없는 하나님의 호의이다. 하나님의 은혜는 공로 없는 자들을 위한 하나님의 선함이다. 하나님의 은혜는 하나님의 진노를 가로막는다. 하나님의 은혜는 영생을 값없이 선물한다. 하나님의 은혜는 죄 없으신 하나님의 자발적 십자가이다. 하나님은 모두의 연약함을 수용하시는 은혜로우신 분이다.

은혜로우신 하나님은 사랑이다.

> 공유적 인격 13

사랑 love

하나님은 원수와 악인까지도 포기하지 않는 사랑이신 분이다

God is love 사랑이신 하나님!

우리는, 하나님께서 우리에게 주시는 사랑을 알고, 믿었습니다.
하나님은 사랑이십니다. 사랑 안에 있는 사람은 하나님 안에 있고,
하나님도 그 사람 안에 계십니다. 나는 확신합니다.
죽음도, 삶도, 천사들도, 권세자들도, 현재 일도, 장래 일도, 능력도, 높음도,
깊음도, 그 밖에 어떤 피조물도, 우리를 우리 주 예수 그리스도 안에 있는
하나님의 사랑에서 끊을 수 없습니다.

하나님은 사랑이다. 하나님은 사랑 그 자체이다. 하나님은 사랑의 본질이며 시작이다. 하나님은 사랑을 절대 포기하지 않으신다. 하나님은 다함없이 끝없이 끝까지 사랑하신다. 하나님의 사랑은 유일하고 완전하며 불변하며 무한하며 영원하다. 하나님의 사랑은 우주 만물 미치지 않은 곳이 없지만, 그 사랑의 전부이자 결국은 사람! 사람이다. 죄인들을 향한 하나님의 사랑은 지독하고 지독하며 지독하다. 하나님은 나 같은 죄인부터 원수까지 모두를 사랑하신 분이다.

하나님은 사랑이다.

> 공유적 인격 14

주권자 Sovereignty

하나님은 하고자 하시는 대로 하시는 주권자이신 분이다

God is Sovereignty 주권(主權)자이신 하나님!

여호와여, 주권도 주께 속하였사오니, 주는 높으사 만물의 머리이심이니이다.
그러므로 하나님께서는 긍휼히 여기시고자 하는 사람을 긍휼히 여기시고,
완악하게 하시고자 하는 사람을 완악하게 하십니다.

하나님은 주권적인 분이시기 때문에, 하나님이 행하기를 원하는 모든 것을 행하실 절대적 권한이 하나님께 있다. 누구도 하나님께 강제로 무엇을 시킬 수 없으며, 하나님을 가로막거나 방해할 수 없다. 하나님께서는 하나님이 기뻐하는 대로 행하실 자유가 있다. 하나님의 절대주권은 오직 하나님께만 속한다. 하나님의 절대주권은 완전하고 불변하다. 하나님의 절대주권은 공의롭고 공평하다. 하나님의 절대주권은 인자하고 성실하다. 하나님의 절대주권은 사랑의 완성이다. 하나님은 하고자 하시는 대로 하시는 주권자이신 분이다.

하나님의 주권은 사랑이다.

> 공유적 인격 15

창조자 Creator

하나님은 무에서 유를 만들어 낸 창조자이신 분이다

God is Creator 창조(創造)자이신 하나님!

태초에 하나님이 천지를 창조하셨다.

절대자 하나님은 태초에 천지를 창조하신다. 그분의 창조는 우주의 만물, 만사, 만인, 즉 어느 것 하나 미치지 않은 것이 없으시며, 그분의 말씀으로 전적으로 창조된다. 모든 세상이 창조주의 다스림에서 제외되는 때는 없다. 하나님의 창조는 우주 만물, 삼라만상의 시작이며 끝이다. 하나님은 사람을 세 분 형상으로 창조하시며, 동시에 흙으로 창조하신다. 하나님의 창조는 질서와 섭리로 세계 위에 운행된다. 하나님은 무에서 유를 만들어 낸 창조인 분이다.

하나님의 창조는 사랑이다.

> 공유적 인격 16

주인 master

하나님은 모든 만물의 소유자가 되시는 주인이신 분이다

God is master 주인(主人)이신 하나님!

입으로 예수는 주님이라고 고백하고, 하나님께서 그를 죽은 사람들 가운데서 살리신 것을 마음으로 믿는 사람은 구원을 얻을 것입니다.

창조주가 되시는 하나님은 우주 만물 모든 피조물의 주인이시다. 사람도 하나님의 피조물로서 잠시 사탄의 속임으로 불순종의 죄로 인해 본래의 주인을 떠나 자신을 주인 삼아 살다가, 주인 되신 하나님의 방법을 믿음으로 본래의 주인 되신 하나님을 주님으로 영접하여 영원한 삶을 살아간다. 하나님은 생명의 주인이시고 시간의 주인이시고 인생의 주인이시고 교회의 주인이시고 재능의 주인이시고 모든 피조물의 주인이시다. 하나님은 모든 만물의 소유자가 되시는 주인이신 분이다.

하나님의 주인 되심은 사랑이다.

> 공유적 인격 17

아버지 father

하나님은 믿는 자를 자녀로 삼으시는 아버지이신 분이다

God is father 아버지이신 하나님!

여러분은 또다시 두려움에 빠뜨리는 노예의 영을 받은 것이 아니라,
자녀로 삼으시는 영을 받았습니다.
그래서 우리는 그 영으로 하나님을 "아빠, 아버지"라고 부릅니다.

영원하고 불변하고 무한하신 하나님의 형상은 완전한 인격에 있다. 하나님의 형상으로 지어진 사람에게 가장 친밀하게 함께 하신 인격체가 아빠, 아버지이시다. 아버지 되신 하나님은 남성성과 여성성에서 완전하시며, 선하시고 인자하심에 풍성하시며, 상한 갈대를 꺾지 않고 꺼져가는 등불도 끄지 않으시며, 졸지도 주무시지도 않으며 그분의 사랑을 표현하신다. 하나님은 예수님을 믿는 모든 자에게 아빠, 아버지가 되신다. 하나님은 믿는 자를 자녀로 삼으시는 아버지이신 분이다.

하나님의 아버지 되심은 사랑이다.

> 공유적 인격 18

보혜사 parakletos

하나님은 돕는 자와 변호자로 동행하시는 보혜사이신 분이다

God is parakletos(헬) 보혜사(保惠師)이신 하나님!

그러나 보혜사, 곧 아버지께서 내 이름으로 보내실 성령께서,
너희에게 모든 것을 가르쳐 주시고,
또 내가 너희에게 말한 모든 것을 생각나게 하실 것이다.

성령(聖靈)은 하나님이시며, 거룩한 하나님의 영이시며, 보혜사이시다. 보혜사는 위로자, 돕는 자, 상담자, 탄원자시며, 중보자의 역할을 하시며, 모든 사람과 모든 곳에서 창조주 하나님과 구원자 예수님의 동시적 현존이다. 죄인 된 인간의 모든 연약함을 도우시며, 참소하는 사탄 앞에서 예수 그리스도의 보혈과 이름으로 모든 성화된 죄인들을 변호하신다. 하나님은 돕는 자와 변호자로 동행하시는 보혜사이신 분이다.

하나님의 보혜사 되심은 사랑이다.

(공유적 인격 19)

말씀 word

하나님은 처음부터 말씀으로 존재하신 분, 곧 말씀 자체이다

God is the word 말씀이신 하나님!

태초에 말씀이 계셨다. 그 말씀은 하나님과 함께 계셨다. 그 말씀은 하나님이셨다.

    절대적 완전한 속성을 지닌 하나님은 동시에 완전한 인격체다. 자신의 완전함을 펼치시는 유일한 도구는 말씀이다. 창조자의 위엄과 전능성을 말씀으로 보이시며, 자신의 형상으로 지으신 사람과 유일한 교제 수단은 말씀이다. 하나님의 말씀은 행동 언어로 표현되었고, 진리와 신뢰성이 담겨 있다. 예수님 자신이 로고스, 즉 하나님의 말씀 그 자체로 말씀의 권능을 소유한다. 로고스는 모두에게 선포된 말씀이며, 쉐마는 그리스도인에게 개별적으로 성취된 말씀이다. 특별 계시인 말씀은 성경 66권으로 그 영역을 제한하며, 극히 일부의 상황과 환경에 따라 일반 계시를 허락한다. 하나님은 태초부터 말씀으로 존재하신 분, 곧 말씀 자체이다.

    하나님의 말씀은 사랑이다.

공유적 인격 20

질투 jealous

하나님은 피조물을 더 사랑하는 것을
용납하지 않으시는 질투인 분이다

God is jealous 질투(嫉妬)하신 하나님!

너희는 다른 신에게 절을 하여서는 안 된다.
나 주는 '질투'라는 이름을 가진, 질투하는 하나님이기 때문이다.

질투는 그 백성을 사랑하시는 하나님의 지독한 열심이다. 질투는 다른 신을 더 사랑하는 우상숭배를 경고하시는 하나님의 독선적 사랑이다. 질투는 거룩함을 나타내는 방법이며, 다른 신들에게 내어줄 그 어떠한 곁도 허락하지 않는다. 하나님보다 더 사랑하는 그 어떤 것도 허락하지 않으며, 그를 위한 방법과 문화도 내어주지 않는다. 만약 하나님을 조금이라도 소홀히 경배한다면, 그 어떤 것도 질투의 벌을 피할 수 없다. 질투는 악을 그 어느 것 하나라도 용납하지 않는다. 하나님은 피조물을 더 사랑하는 것을 용납하지 않으시는 질투하신 분이다.

하나님의 질투는 사랑이다.

> 공유적 인격 21

함께 Immanuel

하나님은 죄인 된 우리와 늘 함께하시는 분이다
God is Immanuel. God with us 함께하신 하나님!

"보아라, 동정녀가 잉태하여 아들을 낳을 것이니,
그의 이름을 임마누엘이라고 할 것이다" 하신 말씀을 이루려고 하신 것이다.
임마누엘은 번역하면 '하나님이 우리와 함께 계시다'는 뜻이다.

하나님의 ¹⁴⁾현존은 사랑의 극치이다. 죄가 전혀 없으신 하나님께서 죄인이 된 인간과 함께하심은, 창조의 회복이며 하나님 나라의 복원이다. 하나님과 죄인의 동행은, 불가항력의 은혜와 사랑이 아니면 설명할 길이 없다. 하나님과 죄인의 동행으로 비로소 예수 그리스도를 통한 구속사의 계획과 섭리를 완성하는 것이다. 하나님은 영과 말씀으로 우리와 함께하신다. 세상 가운데 하나님의 현존은 완전하신 하나님 사랑의 완성이다. 하나님은 죄인 된 우리와 늘 함께하시는 분이다.

하나님의 동행은 사랑이다.

---

14) 현재 존재한다.

> 공유적 인격 22

져주심 lose

하나님은 더 사랑하기에 모든 것을 져주시는 분이다
God will lose 져주시는 하나님!

그분이 야곱에게 물었다. "너의 이름이 무엇이냐?"
야곱이 대답하였다. "야곱입니다."
그 사람이 말하였다. "네가 하나님과도 겨루어 이겼고,
사람과도 겨루어 이겼으니, 이제 너의 이름은, 야곱이 아니라, 이스라엘이다."

하나님께서는 사람을 창조할 이유, 사람으로 오실 이유가 없다. 그럼에도 창조와 성육신은 실현된다. 창조와 성육신은 하나님의 자기 비하, 자기 축소이다. 아파하지 않아도 될 하나님께서 아파하고 계신다. 질투하지 않아도 될 하나님께서 질투하고 계신다. 참지 않아도 될 하나님께서 참고 있으시다. 친구가 되지 않아도 될 하나님께서 친구가 되어 주신다. 져줄 수 없는 하나님께서 져주고 계신다. 늘 더 사랑하는 자가 져준다. 하나님과 겨루어 이기게 해 주신다. 하나님은 더 사랑하기에 모든 것을 져주시는 분이다.

하나님의 져주심은 사랑이다.

> 공유적 인격 23

우심 crying

하나님은 죄인의 눈물을 이기지 못하시며
작은 신음에 눈물 흘리시는 분이다

God is crying 우시는 하나님!

예수께서는, 마리아가 우는 것과 함께 따라온 유대 사람들이 우는 것을 보시고, 마음이 비통하여 괴로워하셨다. 예수께서 "그를 어디에 두었느냐?" 하고 물으시니, 그들은 "주님, 와 보십시오" 하고 대답하였다. 예수께서 눈물을 흘리셨다.

우실 수 없는 하나님께서 울고 계신다. 가난한 자의 눈물, 고통받는 자의 눈물, 억울한 자의 눈물, 지극히 작은 자들의 눈물은 주님의 눈물이다. 하나님은 작은 신음에도 눈물로 응답하신다. 하나님은 죄인들의 눈물을 이기지 못하신다. 하나님은 주께로 돌아오지 못한 모든 영혼을 물끄러미 바라보시며 눈물 흘리신다. 오늘도 하나님은 미움이 가득한 곳, 거짓이 가득한 곳, 불신이 가득한 곳, 위선이 가득한 곳, 죄악이 가득한 곳을 바라보시며 울고 계신다. 늘 더 사랑하는 자가 운다. 하나님은 죄인의 눈물을 이기지 못하시며 작은 신음에 눈물 흘리시는 분이다.

하나님의 눈물은 사랑이다.

공유적 인격 24

분노 angry

하나님은 외식과 우상숭배, 미혹과 실족에 분노하시는 분이다

God is angry 분노하신 하나님!

노끈으로 채찍을 만드셔서, 양과 소와 함께 그들을 모두 성전에서 내쫓으시고,
돈을 바꾸어 주는 사람들의 돈을 쏟아 버리시고, 상을 둘러엎으셨다.
뱀들아, 독사의 자식들아, 너희가 어떻게 지옥의 심판을 피하겠느냐?

하나님은 위선과 우상숭배에 분노하신다. 하나님은 미혹과 실족에도 분노하신다. 하나님은 거짓과 속임수에 분노하신다. 하나님은 성령을 훼방하는 자들에게 분노하신다. 하나님은 서로 사랑하지 못하는 우리에게 분노하신다. 하나님은 교회가 세상의 덕과 유익이 되지 못하는 것에 분노하신다. 하나님은 하나님의 자리와 말씀의 자리에서 수많은 성도를 배나 지옥 자식을 만들고 있는 목사들에게 분노하신다. 하나님의 분노는 아프고 깊다. 분노의 이유는 죄로 인해 단 한 사람도 사탄과 지옥에 내어주지 않기 위해서다. 지독하게 사랑하기 때문이다. 하나님은 외식과 우상숭배, 미혹과 실족에 분노하시는 분이다.

하나님의 분노는 사랑이다.

> 공유적 인격 25

한탄 bemoans

하나님은 포기할 수 없어 죄가 차고 넘치는 인간에게 실망하시며 한숨을 쉬고 탄식하며 한탄하시는 분이다

God bemoans 한탄하시는 하나님!

주께서는 사람의 죄악이 세상에 가득 차고,
마음에 생각하는 모든 계획이 언제나 악한 것뿐임을 보시고서,
땅 위에 사람 지으셨음을 후회하시며 마음 아파하셨다.

하나님은 포기하지 않으신다. 인간의 자유의지는 하나님의 자유의지이다. 인간의 자유의지에 대한 하나님의 신뢰는 무한하다. 죄로 인한 인간의 연약함과 나약함을 간과하지 않으신다. 하나님은 포기하는 법이 없다. 포기할 수 없기에 아파하시고 실망하신다. 안타까움과 아쉬움에 한숨으로 탄식하신다. 그분의 한숨과 탄식은 포기할 수 없는 사랑이다. 하나님은 포기할 수 없어 죄가 차고 넘치는 인간에게 실망하시며 한숨을 쉬고 탄식하며 한탄하시는 분이다. 인간을 향한 하나님의 후회하심을 다시는 반복하지 않아야 한다.

하나님의 한탄은 사랑이다.

> 공유적 인격 26

기다림 waiting

하나님은 돌아오기를 천년을 하루 같이 끝까지 기다리시는 분이다

God is waiting 기다리시는 하나님!

주님께는 하루가 천 년 같고, 천 년이 하루 같습니다.
어떤 이들이 생각하는 것과 같이, 주께서는 약속을 더디 지키시는 것이 아닙니다.
도리어 여러분을 위하여 오래 참으시는 것입니다.
그분은, 아무도 멸망하지 않고, 모두 회개하는 데에 이르기를 바라십니다.

기다리지 않아도 될 하나님께서 기다리고 계신다. 모든 것을 탕진하고 자기 마음대로 살고 있는 둘째 아들을 매일 그 자리에서 기다리시는 아버지처럼 기다리신다. 거리가 먼 아들 같은 그림자만 보여도 발을 동동거리며 기다리신다. 새까맣게 탄 마음으로 하루를 천 년 같이, 천 년을 하루 같이 기다리신다. 우리 모두 마찬가지다. 우리를 기다리시는 하나님이 계시기에, 그 기회를 놓치지 않아야 한다. 하나님은 돌아오기를 천 년을 하루 같이 끝까지 기다리시는 분이다.

하나님의 기다리심은 사랑이다.

> 공유적 인격 27

뒤에 계심 behind

하나님은 보호하시고 든든히 지켜주시기 위해 늘 등 뒤에 계시는 분이다

God is behind him 뒤에 계시는 하나님!

아브람이 구십구 세 때에 여호와께서 아브람에게 나타나서 그에게 이르시되, "나는 전능한 하나님이라. 너는 내 앞에서 행하여 완전하라."

하나님은 늘 우리를 지지해 주신다. 하나님은 늘 우리를 보호하신다. 하나님은 늘 우리를 든든히 지켜주신다. 하나님은 늘 우리 등 뒤에서 흐뭇하게 동행하신다. 여전히 그 자리에서 지치고 주저앉고 싶을 때면 넘어질 때면 손 내밀어 잡아주고 새 힘 주어 밀어주신다. 늘 다시 일어나 걷게 해 주신다. 때론 스스로 일어나 걷게도 하신다. 우리의 등 뒤에서 지지하시며 응원하신다. 하나님은 보호하시고 든든히 지켜주시기 위해, 늘 등 뒤에 계시는 분이다.

하나님의 뒤에 계심은 사랑이다.

(공유적 인격 28)

정죄치 않음 do not sin

하나님은 돌아서면 또 죄짓는 인생을 한 번도 정죄하지 않으시는 분이다

God does not sin 정죄하지 않으시는 하나님!

"여자여, 사람들은 어디에 있느냐? 너를 정죄한 사람이 하나도 없느냐?"
여자가 대답하였다. "주님, 한 사람도 없습니다." 예수께서 말씀하셨다.
"나도 너를 정죄하지 않는다. 가서, 이제부터 다시는 죄를 짓지 말아라."

하나님은 모르는 것이 없다. 우리의 앉고 일어서는 것을 알고, 우리의 말과 생각과 행실을 아신다. 그 무엇보다 죄인 된 우리가 돌아서면 또 죄짓는 것을 아신다. 그럼에도 돌아오면 늘 용서해 주신다. 염치없고 두렵고 떨고 있는 우리를 단 한 번도 정죄하지 않으신다. 돌아서면 또 죄짓는 우리를 위해 자신이 하나님 되심을 포기하신 분이시기에 모든 것을 걸고 우리를 받아 주신다. 하나님은 돌아서면 또 죄짓는 인생을 한 번도 정죄하지 않으시는 분이다.

하나님의 정죄하지 않으심은 사랑이다.

> 공유적 인격 29

중심 center

하나님은 보이는 외모를 보지 않으시고
사람의 중심을 보시는 분이다

God sees the center of the mind 중심을 보시는 하나님!

너는 그의 준수한 겉모습과 큰 키만을 보아서는 안 된다.
사람은 겉모습만을 따라 판단하지만, 나 주는 중심을 본다.
하나님께서는 사람을 차별함이 없이 대하신다.

    하나님은 외모로 사람을 판단하지 않으신다. 하나님은 사람의 중심을 보신다. 모든 사람은 하나님의 형상을 가진다. 그렇기에 존재 자체로 귀하다. 세상에 비교할 수 없는 유일한 존재 가치가 있다. 사람을 외모로 판단하는 것은 하나님을 함부로 하는 것이다. 사람을 대하는 수준이 곧 하나님을 대하는 수준이다. 차별 없는 사랑은 사람의 외모에 있지 않고 중심에 있다. 하나님은 사람의 중심 외에 외형적인 잘남에 전혀 관심이 없으시다. 하나님은 보이는 외모를 보지 않으시고 사람의 중심을 보시는 분이다.

하나님의 중심을 보심은 사랑이다.

공유적 인격 30

길 way

예수님은 옳은 데로 인도하시는 길이신 분이다
Jesus is the way 길이신 예수님!

예수께서 대답하셨다. "내가 곧 길이요 진리요 생명이다.
나로 말미암지 않고서는, 아무도 아버지께로 올 사람이 없다."
예수밖에는, 다른 어떤 이에게서도 구원은 없습니다.
우리가 구원받을 이름은 사람들에게 주신 이름들 가운데
하늘 아래에 이 이름밖에는 달리 없습니다.

구원의 유일한 길, 천국의 유일한 길은 성자 하나님이신 예수 그리스도이시다. 선행, 수행, 재물, 우상 등 그 어떤 것도 이 길을 대신할 수 없다. 독선이다. 인간의 평가가 독선이라 할지라도 구원에 이르는 유일한 길을 그 어떤 다른 것에 내어줄 수 없다. 유일한 길, 예수 그리스도! 독선이 사랑이고 생명이기 때문이다. 예수님은 옳은 데로 인도하시는 길이신 분이다.

예수님의 길은 사랑이다.

> 공유적 인격 31

진리 truth

예수님은 보편적이고 불변적인 참과 진실되신 진리이신 분이다

Jesus is the truth 진리(眞理)이신 예수님!

진리를 알게 될 것이요, 진리가 너희를 자유롭게 할 것이다.
이분은 오셔서 물과 피를 거치신 분인데, 곧 예수 그리스도이십니다.
그는 물만이 아니라, 물과 피를 거쳐서 오셨습니다.
성령은 증언하시는 분입니다. 성령은 곧 진리입니다.

예수님은 참이시고 거짓이 없으시다. 사실과 진실만을 인정하며, 옳은 것과 바른 것만을 소유하신다. 왜곡되고 변질된 거짓을 용납할 수 없으며, 언제 어디서나 누구든지 인정할 수 있는 절대 완전한 참된 이치와 도리를 가지신다. 인간의 이성과 합리, 과학과 학문은 오직 진리 안에서 자유할 수 있다. 예수님은 보편적이고 불변적인 참과 진실되신 진리이신 분이다.

예수님의 진리는 사랑이다.

공유적 인격 32

생명 life

예수님은 죽음을 완전히 이겨내신 생명이신 분이다

Jesus is the life 생명(生命)이신 예수님!

이것은, 그분이 친히 우리에게 주신 약속인데, 곧 영원한 생명입니다.

예수님은 절대적이고 무한하고 완전한 생명을 가지며, 영원한 생명을 소유하신다. 유한하고 불완전하고 한시적인 생명은 사람의 죄로 정해진다. 사람을 원래의 생명으로 회복하시기 위해, 생명이신 하나님이 독생자로 출현하시어 십자가의 죽음과 부활로 유한한 생명의 한계에 능히 승리하여, 믿는 자마다 영원한 생명으로 인도하시고 보장하고 계신다. 예수님이 오신 이유는, 죄인으로 생명을 얻고 더 풍성히 얻게 하려는 것이다. 예수님의 생명은 죽음으로 제한할 수 없는 영원한 것이다. 예수님은 죽음을 완전히 이겨내신 생명이신 분이다.

예수님의 생명은 사랑이다.

> 공유적 인격 33

구원자 saviour

예수님은 온 인류의 죄를 대신하여 구원하시는 분이다

Jesus is saviour   구원(救援)자이신 예수님!

마리아가 아들을 낳을 것이니, 너는 그 이름을 예수라고 하여라.
자기 백성을 그들의 죄에서 구원하실 것이다.
하나님이 세상을 이처럼 사랑하셔서 독생자를 주셨으니,
누구든지 그를 믿으면 멸망하지 않고 영생을 얻을 것이다.

죄로 영원히 죽을 수밖에 없는 죄인을 구원할 분은 성자 하나님 곧 예수님 한 분밖에 없다. 예수 그리스도는 유일하시고 완전하신 구원자이시다. 성자 하나님 곧 예수 그리스도를 믿는 모든 사람에게 그분의 구원은 공평하게 일관되게 주어진다. 구원은 오직 예수님을 믿는 믿음 안에서 하나님의 은혜로만 값없이 주어지는 선물이다. 구원의 절대주권은 오직 하나님께 있다. 인간의 어떤 판단에도 구원의 그 어떤 영역을 허락하지 않는다. 목사는 구원을 절대 판단할 수 없다. 예수님은 온 인류의 죄를 대신하여 구원하시는 분이다.

예수님의 구원은 사랑이다.

> 5.3

참사람. 예수님
About Jesus, the true man

절대적 속성과 공유적 인격성을 가진 하나님은 자신의 모습을 나타내실 완전한 참사람의 모습이 필요했다. 예수 그리스도는 하나님의 현존이며, 하나님의 성육신이다. 육신이 되어 완전한 사람으로 우리 가운데 오셨다. 그리고 하나님의 절대적 속성과 공유적 인격성을 그대로 실천하심으로 참사람의 모습을 보이셨다.

예수 그리스도는 사람의 지성과 감성과 영성을 가지셨지만 죄는 없으시다. 죄가 전혀 없으시기에 욕심과 욕망의 삶도 없으시고, 외식과 위선의 삶도 없으시고, 불법과 불의의 삶도 없으시고, 교만과 불순종의 삶도 전혀 없으시다. 사람이 감당해야 하는 사탄의 물리적, 정서적, 영적 시험을 가장 극한 육체의 상황에서도 하나님의 말씀으로 이겨내셨고, 죄인의 인생 중에 받아야 하는 죽음의 최고 고난과 고통을 친히 십자가에서 죽으심으로 감당하셨다. 이는 온 인류의 죄를 대신하여 완벽하게 사하기 위함이며, 사람으로 참사람의 본을 보이시기 위함이다.

특히 사람의 감정은 하나님의 형상임을 잊지 않아야 한다. 예수님은 감정에 솔직하시다. 예수님은 기쁠 때 기뻐하시고, 슬플 때 슬퍼하시고, 화날 때 분노하시고, 두려울 때 두려워하시고, 미울 때 미워하시고, 놀랄 때 놀라신다. 우울한 감정은 슬픈 마음일 뿐이다. 예수님은 아픔에 공감하시고, 고독한 고립을 자처하시고, 인생의 무거운 책임을 친히 지신 분이다. 제한된 공간에서도 사시고, 사람의 천륜으로도 사시고, 율법을 지키시면서도 사신 분이다. 예수 그리스도는 탄생에서 죽음까지 완벽하고 완전하게 사람다운 사람, 참사람으로 사신다. 사람다운 참사람 예수 그리스도는 하늘에 계신 우리의 주님이시다.

사람다운 사람! 참사람! 예수님!

우리는 사람이다. 우리 곁에는 사람이 있다. 가정에도, 직장에도, 거리에도 우리 곁에는 언제나 사람이 있다. 우리는 사람을 위해 살아간다. 가족을 위해 살아간다. 다른 사람을 위해 살아간다. 결국 우리 자신을 위해 살아간다.

우리는 사람 때문에 울고 웃는다. 우리는 사람 때문에 화도 내고 분노한다. 우리는 사람 때문에 힘들기도 하고 참기도 한다. 우리는 사람 때문에 좌절하고 실망도 한다. 우리는 사람 때문에 보람도 찾고 행복도 찾는다. 나를 나 되게 살아가는 것은 분명 사람 때문일 것이다.

우리는 사람다운 사람으로 살기 위해 살아간다. 우리는 사람다운 사람을 만나기 위해 살아간다. 우리는 사람다운 사람과 함께 사람답게 살기 위해 살아간다. 사람이 사람으로 존재하는 가치가 여기에 있기 때문이다. 사람이 사람으로 살아가는 가치가 여기에 있기 때문이다. 사람이 사람다운 사람으로 세워질 때, 사람은 가장 존귀(尊貴)한 가치(價値)를 갖기 때문이다. 사람다운 사람의 존재 가치를 찾기 위해 사람들은 무척 노력한다. 우리 주변에는 돈에서 사람의 존재 가치를 찾는 사람들, 성공에서 사람의 존재 가치를 찾는 사람들, 종교에서 사람의 존재 가치를 찾는 사람들, 가정에서 사람의 존재 가치를 찾는 사람들, 사회에서 사람의 존재 가치를 찾는 사람들, 교회에서 사람의 존재 가치를 찾는 다양한 사람들이 있다.

  찾을수록 사람다운 사람의 존재 가치는 상실(喪失)된다. 사람의 존재보다 저들이 생각하는 가치를 더 중요하게 생각한다. 사람다운 사람보다 저들을 위한 맞춤형 사람을 더 필요로 한다. 그래서 지금은 사람의 가치가 돈으로 계산이 되는 시대가 되었다. 가정에서도 부모와 자녀들이 계산되어 살아간다. 학교에서도 학생들의 가치가 일등과 꼴등으로 철저하게 계산되고 있다. 사회에서도 사람들의 가치가 성공과 실패로 치열하게 계산되고 있다. 어디 이뿐인가. 교회에서까지 교인의 가치가, 부한 자와 가난한 자로 보일 듯 보이지 않게 계산되고 있다.

  이 세상 어디 하나 사람의 가치를 소유(所有)의 가치로 구분하지 않는 곳이 없다. 지금, 이 세상은 사람의 가치를 존재의 가치로 지키려는 곳이 줄어들고 있다. 이 세상 어디에서도 사람다운 사람을 찾기가 쉽지 않은 세상이다.

  사람들이 사람을 떠나고 있다. 사람들이 사는 세상에 사람다운 사람이 없기 때문이다. 사람들은 실패하면 사람을 버린다. 사람들은 건강을 잃으면 사람을 버린다. 사람들은 쓸모가 없다고 생각하면 사람을 버린다. 사람들은 더 이상 자신에게 필요하지 않다고 생각하면 사람을 버린다. 그래서 사람들이 사람을 떠나고 있다. 나름 모두에게 이유는 있다.

가족을 떠나 혼자 사는 사람들이 많다. 사람들과 사회를 등지고 소위 자연인으로 혼자 사는 사람들이 늘어나고 있다. 자연과 함께 나 혼자 일을 하고, 나 혼자 밥을 먹고, 나 혼자 잠을 자고, 나 혼자 생각하고, 나 혼자 가치를 찾아가고 있다. 좋은 대안인 것처럼 사람들은 생각한다.

과연 그럴까? 이것은 사람이 사람답게 대접받지 못한 모습이 아닐까. 사람이 사람다운 사람으로 대접받지 못한 최후의 발악은 아닐까. 사람이 사람다운 사람의 존재 가치를 상실한 비참한 모습은 아닐까. 사람이 사람다운 사람으로 살고 싶다는 처절한 절규의 메시지는 아닐까. 사람이 사람다운 사람의 존재 가치를 찾고 싶은 발악은 아닐까. 산에서든, 바다에서든, 자연에서든, 바람에서든, 물소리에서든, 돌에서든, 흙에서든, 미물에서든, 동물에서든, 찾을 수만 있다면, 찾아지기만 한다면, 어찌 사람을 떠나 홀로 은둔하지 않겠는가. 사람다운 사람의 존재 가치가 그곳에 있다면, 왜 모두가 떠나 살지 않겠는가.

사람은 사람으로 살아야 가치가 있다. 사람은 사람다운 사람

으로 살아야 가치가 있다. 사람은 사람다운 사람으로 사람과 함께 살아야 그 존재 가치가 있다. 그래서 사람은 사람다운 사람이 필요하다. 사람이 사람답지 못할수록 사람과 함께 있어야 한다. 사람이 사람다운 사람의 존재 가치를 상실할수록 사람다운 사람이 더욱 필요하기 때문이다.

　사람에게 실망하여 사람들이 사람들을 떠날 때, 사람에게 상처받아 사람들이 사람들을 외면할 때, 사람에게 배신당해 사람들이 사람들을 배신할 때, 사람다운 사람이 없어 희망과 소망을 찾을 수 없을 때, 여기 그 상실한 사람들과 함께하려는 한 사람이 있다. 여기 그 절망한 사람들과 함께하려는 한 사람이 있다. 여기 그 절박한 사람들 곁에 사람다운 사람으로 함께 하는 한 사람이 있다.

　사람다운 사람! 예수님! 그분의 존재 이유는 분명하다. 사람다운 사람으로 사는 것이다. 사람다운 사람으로 사람들 곁에 있는 것이다. 사람다운 사람으로 사람들 곁에 늘 항상 함께 사는 것이다. 그분의 삶은 너무나 평범하다. 사람들이 보기에는 특별함처럼 보였지만 그분은 평범하다. 그저 사람다운 사람으로 사는 것이요, 사람들의 사람다운 사람의 존재 가치를 위한 몸부림일 뿐이다.

그분의 삶이 특별한 것이 있다면, 그분은 하나님이시면서 사람과 함께 한다는 자체가 특별하다. 하나님으로 사람과 함께 하려고 사람다운 사람으로 늘 언제나 늘 가까이 사람 곁에 계심이 기적이다. 그는 언제나 사람 곁에 있었다. 그는 사람을 위해서만 살았다. 그는 사람을 위해서만 그 모든 것을 행하셨다. 그는 사람을 위해서는 그의 평범한 일상을 우리에게 특별하게 보여주셨다. 그 이유는 그분이 행하는 기적 속에는 가장 사람다운 사람의 모습이 있기 때문이다. 그분이 행하는 능력 속에는 사람을 사람답게 여기는 가치가 있기 때문이다. 그분의 모든 행적에는 사람, 사람다운 사람 밖에는 없기 때문이다.

성령으로 잉태된 예수님! 생기(生氣)의 사람이다. 살아 있는 영(靈)의 사람이다. 창조주 하나님의 말씀으로 창조된 가장 처음의 사람다운 사람이다. 사람다운 사람은 생리학적 사람이 아닌 성령의 첫 사람이다. 사람다운 사람, 재창조의 시작, 성령의 사람이 바로 예수님이다.

나병환자를 고쳐주신 예수님, 백부장의 하인을 고쳐주신 예수님, 베드로의 장모 열병을 고쳐주신 예수님, 중풍 병자를 고쳐주신 예수님, 바람과 바다를 잔잔케 하신 예수님, 귀신 들린 사람을 고쳐주신 예수님, 나인성 과부의 아들을 살려주신 예수님, 회당장 야이로의 딸을 살려주신 예수님, 열두 해 혈루증을 앓은 여인을 고쳐주신 예수님, 안식일에 꼬부라진 꼽추를 고쳐주신 예수님, 안식일에 수종 병 든 여인을 고쳐주신 예수님, 사마리아와 갈릴리 사이에서 문둥병자 열 명을 고쳐주신 예수님, 맹인들의 눈을 뜨게 하신 예수님, 말 못 하는 사람을 고쳐주신 예수님, 안식일에 한 편 손 마른 사람을 고쳐주신 예수님, 물고기 두 토막과 떡 다섯 조각으로 오천 명을 먹이신 예수님, 물고기 두 토막과 떡 일곱 조각으로 사천 명을 먹이신 예수님, 물 위를 걸어가신 예수님, 귀신 들린 가나안 여자의 딸을 고쳐주신 예수님, 귀신 들려 뇌전증을 앓는 아이를 고쳐주신 예수님, 가나 혼인 잔치에 물을 포도주로 만드신 예수님, 왕의 신하의 아들을 고쳐주신 예수님, 베데스다 연못의 38년 된 병자를 고쳐주신 예수님, 날 때부터 소경 된 사람을 고쳐주신 예수님, 죽은 지 나흘이 된 나사로를 살리신 예수님, 십자가 사형 틀에 못 박히신 예수님, 죽은 지 사흘 만에 다시 살아나신 예수님!

　그분은 무지(無知)한 사람에게는 지식과 지혜를 가르치셨다. 그분은 마음이 상한 사람에게는 치유(治癒)함을 주셨다. 그분은 병든 사람에게는 치료(治療)함을 주셨다. 왜일까? 무지하면 무시당하고, 상(傷)하면 괴롭고, 병들면 아프기 때문이다. 사람이다. 사람이기 때문에 그분은 가만히 있을 수 없었다.

　사람이 사람으로 태어나 사람답게 살고, 사람이 사람으로 태어나 사람답게 대접받고, 사람이 사람으로 태어나 사람다운 사람으로 존귀하게 살아가는 것 그분에게는 그 이상도 그 이하도 아니었다. 그래서 그분은 사람들과 함께하셨다. 그분은 사람 중에 늘 계셨다. 그분은 사람들을 위해 사셨다. 그분은 늘 언제나 사람다운 사람으로 우리 곁에 계신 것이다. 그분은 홀로 은둔(隱遁)하지 않았다. 그분은 자신만을 위해 자유(自由)로이 살지 않았다. 그분은 고행(苦行)과 수행(修行)을 위해 특별한 자리로, 사람들이 없는 자리로 가지 않았다.

그분에게는 세상 그 무엇도 사람보다 중요하지 않으신다. 자연(自然)의 위대함을 직접 보신 분인데, 우주(宇宙)의 크고 웅장함을 직접 보신 분인데, 천하(天下) 만물(萬物) 창조의 주인이 되신 분인데 어찌 그분이 계실 곳이 없으며, 어찌 그분이 기거할 곳이 없으며, 어찌 그분이 피할 곳이 없겠는가. 그러나 그분은 피할 수 있는 십자가 앞에서도, 피해야만 되는 십자가 앞에서도 사람들과 함께 계셨다. 사람 중에 계셨다. 사람다운 사람으로 그들 곁을 끝까지 지키셨다.

그분은 사람으로 태어나셨다. 그분은 사람으로 사셨다. 그분은 사람으로 먹고 마셨다. 그분은 사람으로 지치고 피곤하셨다. 그분은 사람으로 웃고 울었다. 그분은 사람으로 화를 내고 분노하셨다. 그분은 사람으로 고민하고 아파하셨다. 그분은 사람으로 외로워하고 고독하셨다. 그분은 사람으로 사람들 곁에서 사람다운 사람으로 사람답게 오직 사람을 위해서 살아가셨다.

그분은 사람다운 사람의 인격(人格)으로 살아가셨다. 그분은 사람다운 사람의 지성(知性)으로 살아가셨다. 그분은 사람다운 사람의 감성(感性)으로 살아가셨다. 사람다운 사람으로 살아온 그분의 삶은, 사람들과 함께 사람들과 어울려 사람들과 더불어 사는 것이다. 그분은 사람이 사람다운 사람으로 사는 것이 창조주(創造主) 하나님의 뜻임을 분명히 알았기 때문이다. 그래서 그분은 사람 중에서 사람다운 사람으로 살았다. 그래서 그분은 사람 중에서 사람다운 사람으로 지금도 살아 있는 것이다.

오늘도 우리는 사람들과 함께 살아간다. 오늘도 우리는 사람들 가운데 있다. 오늘도 우리는 사람 중에서 사람으로 살아가야 한다. 나도 저들의 사람이 되고, 저들도 나의 사람이 되어 살아가야만 한다. 사람이 모두 같은 사람은 아닌 것 같다. 사람은 사람다운 사람이 될 때, 사람으로 사람들 곁에서 그 존재 가치를 갖게 된다. 사람이 사람다움을 잃으면 어떻게 될까. 사람이 사람다운 사람으로 존재 가치를 잃으면 어떻게 될까. 그런 세상은 어떤 세상일까.

그분은 아셨을 것이다. 그분은 이미 보셨을 것이다. 아담으로

부터 지금까지의 사람다움의 상실(喪失)을, 사람다운 사람의 창조 가치의 상실을, 사람다운 사람의 존재 가치의 상실을 통찰하셨을 것이다. 그래서 그는 목숨을 걸었다. 그래서 그는 목숨을 걸고 재창조(再創造)에 나선 것이다. 그래서 그는 목숨을 걸고 성육신(聖肉身)을 결행한 것이다. 그래서 그는 목숨을 걸고 십자가(十字架)를 감당한 것이다. 그래서 그는 목숨을 걸고 다시 살아나신 것이다. 그래서 그는 목숨을 걸고 사람을 지키려고 하는 것이다.

그분은 사람다운 사람이 되었다. 그분은 사람다운 사람으로 살아갔다. 그분은 사람다운 사람을 삶의 이유로 삼았다. 그분은 사람다운 사람들과 함께 아름다운 동행을 꿈꾸고 오늘도 사람다운 사람으로 사람다운 사람들 곁에 함께 하고 계신다.

그분과 아름다운 동행에 우리는 사람다운 사람, 참사람 예수님을 만날 것이다. 사람다운 사람, 참사람 예수님을 만나 이렇게 고백할 것이다.

"유레카!"

「익투스_물고기」

"주는 그리스도이시며 살아 계신 하나님의 아들이십니다"

"Iησους 이에수스_주 Xριστος 크리스토스_그리스도 Θεου 데오스_하나님 Yιος 휘오스_아들 Σωτηρ 소테르_메시아"

> 참사람 1

예수님은 다투지 아니하며 큰 소리도 내지 않으신다
Jesus does not quarrel

그는 다투지도 않고, 외치지도 않을 것이다.
거리에서 그의 소리를 들을 사람이 없을 것이다.

예수님은 다투지 않으신다. 예수님은 큰 소리도 내지 않으신다. 예수님은 다투실 만한 일을 만들지 않으신다. 예수님은 큰 소리칠 만한 일을 만들지 않으신다. 늘 다른 사람의 처지에서 생각하고 늘 자신을 돌아보기 때문이다. 필요 이상의 말을 하지 않았으며, 꼭 필요한 말로 사람들을 가르치신다. 말보다 행함으로 자신의 권위를 보이신 분이다. 다투시고 큰 소리 낼만 한 일이 있었지만, 예수님은 늘 그렇게 진중하시다. 예수님은 다투지 아니하며 큰 소리도 내지 않으신다.

예수님은 사랑이기 때문이다.

> 참사람 2

예수님은 상한 갈대를 꺾지 않으시고
꺼져가는 심지를 끄지 않으신다
Jesus never gives up

정의가 이길 때까지, 그는 상한 갈대를 꺾지 않고,
꺼져 가는 심지를 끄지 않을 것이다.

예수님은 결코 사람을 포기하는 일이 없으시다. 상한 갈대는 쓸모가 없다. 꺼져 가는 심지도 사용이 다 된 것이다. 마른 막대기에 불과한 우리를 예수님은 끝까지 포기하지 않으시고, 존재의 귀함으로 소중히 대하신다. 다 포기하고 싶은 인생, 아무것도 할 수 없어 짐만 되는 인생, 응당 받아야 할 죄과로 고통받는 인생까지 예수님은 절대 포기하지 않으신다. 예수님은 상한 갈대를 꺾지 않으시고 꺼져가는 심지를 끄지 않으신다.

예수님은 사랑이기 때문이다.

> 참사람 3

예수님은 마음이 온유하고 겸손하시다
Jesus is gentle and humble in his heart

나는 마음이 온유하고 겸손하니, 내 멍에를 메고 내게 배워라.
그러면 너희는 마음에 쉼을 얻을 것이다.

예수님의 마음은 늘 친절하시다, 예수님은 늘 낮은 자리에 서서 남을 낮게 여기신다. 죄인 된 우리를 함부로 대하는 일이 없으시다. 예수님은 늘 지극히 작은 자들과 함께 낮은 곳에 머무신다. 그들과 함께하시고 그들에게 온유함과 겸손함으로 동행하신다. 늘 친구처럼… 예수님은 마음이 온유하고 겸손하시다.

예수님은 사랑이기 때문이다.

> 참사람 4

예수님은 힘쓰고 애써 간절히 기도하신다
Jesus is trying hard to pray earnestly

예수께서 고뇌에 차서 더욱 간절히 기도하시니,
땀이 핏방울같이 되어서 땅에 떨어졌다.

　예수님은 기도하지 않으셔도 될 분이다. 그러나 예수님은 늘 기도하는 자리에 계신다. 수많은 군중에 둘러싸여 있어도, 예수님은 늘 기도의 자리를 찾으신다. 새벽 한적한 곳을 찾으시고, 사람들이 없는 산으로 가신다. 하나님과 깊은 시간을 소중히 생각하신다. 예수님은 늘 하나님께 물으신다. 예수님의 기도는 간절한 기도이다. 늘 힘쓰고 애써 기도하신다. 늘 그렇게 진심으로 하나님 앞에 서는 분이시다. 예수님은 힘쓰고 애써 간절히 기도하신다.

　예수님은 사랑이기 때문이다.

> 참사람 5

예수님은 늘 들으시고 답하신다
Jesus always listens to and answers questions

예수께서 그들에게 말씀하셨다.
"나도 너희에게 한 가지를 물어보겠으니, 나에게 대답해 보아라.
요한의 세례가 하늘에서 온 것이냐? 사람에게서 온 것이냐?"

예수님은 늘 들으신다. 죄인 된 인간이 하나님 되신 예수님에 대하여 궁금해하고, 예수님의 말씀에 대해 궁금해하는 것을 언제나 환영하신다. 인간이 예수님의 가르침을 이해하지 못하는 것은 당연하다. 예수님을 잘 모르는 것은 당연하다. 그래서 예수님은 제자들의 질문, 바리새인들의 질문, 사두개인들의 질문, 헤롯의 질문, 빌라도의 질문 그리고 많이 궁금해하는 여러 사람들의 질문에 답하신다. 그것이 신약 성경의 복음서이다. 예수님은 늘 질문을 들으시고 답하신다.

예수님은 사랑이기 때문이다.

> 참사람 6

예수님은 늘 질문하신다
Jesus always asks questions

예수께서 혼자 기도하고 계실 때에, 제자들이 그와 함께 있었다.
예수께서 제자들에게 물으셨다. "사람들이 나를 누구라고 하느냐?"

예수님은 늘 질문하신다. 예수님의 교육은 질문하는 교육이다. 제자들의 질문에 답하시고, 제자들에게 물으신다. 질문을 통해 사고능력을 키우시고, 삶의 의미와 가치를 더욱 깊이 생각할 수 있도록 해 주신다. 정답을 듣기 위한 질문이 아니다. 제자들의 생각을 존중하기 위한 질문이다. 자신이 생각하는 것과는 맞지 않을지라도 예수님은 질문을 통해 제자들의 생각과 의견을 존중해 주신다. 그래서 예수님은 늘 질문하신다.

예수님은 사랑이기 때문이다.

> 참사람 7

예수님은 늘 가르치신다
Jesus teaches all the time

예수께서 입을 열어서 그들을 가르치셨다.

예수님은 늘 가르치신다. 3년의 세월 동안 대부분의 시간을 제자들과 사람들을 가르치는 일을 감당하신다. 예수님은 가르치는 일을 잘하신다. 예수님의 가르침에는 권위가 있다. 예수님의 가르침에는 행함이 있다. 예수님의 가르침은 늘 먼저 본을 보이신다. 예수님의 말, 행동 그리고 모든 일상이 제자들에게는 가르침이 된다. 예수님은 가르치기를 포기하지 않으신다. 예수님의 가르침에는 진리를 보수하는 단호함과 상황과 여건에 맞는 이해와 배려가 균형을 이룬다. 예수님의 가르침은 듣고 싶은 말을 해 주는 것이 아니라, 들어야 할 말을 해 주시는 것이다. 예수님은 늘 가르치신다.

예수님은 사랑이기 때문이다.

> 참사람 8

예수님은 자기 사람들을 끝까지 사랑하신다
Jesus loves his people to the end

유월절 전에, 예수께서는 이 세상을 떠나 아버지께로 가야 할 때가 된 것을 아시고, 세상에 있는 자기의 사람들을 사랑하시되, 끝까지 사랑하셨다.

예수님은 의리를 지키는 신의의 삶을 사신다. 예수님은 절대로 배신하지 않으신다. 예수님은 끝까지 신뢰하고 끝까지 사랑하신다. 부족하다 하여 배신하지 않으며, 실수하여 버리지 않으시고, 저항한다고 포기하지 않으신다. 제자들이 배신하여 다 떠나고 모른다고 저주하며 부인하고 스승을 팔아넘겨도, 예수님은 그런 제자들을 끝까지 사랑하시고 신의를 지켜 먼저 버리지 않으신다. 예수님은 자기 사람들을 끝까지 사랑하신다.

예수님은 사랑이기 때문이다.

참사람 9

예수님은 자발적 고독한 고립의 자리에 계신다
Jesus is in a place of spontaneous solitary isolation

그러나 예수께서는 외딴곳으로 물러가셔서 기도하셨다.
아주 이른 새벽에, 예수께서 일어나서 외딴곳으로 나가셔서,
거기에서 기도하고 계셨다.

예수님은 늘 사람들에게 둘러싸여 계신다. 예수님이 계신 곳이라면 사람들이 몰려온다. 예수님은 찾아온 사람들을 늘 진심으로 대하신다. 예수님의 가르침과 기적을 보며 수많은 사람들은 예수님을 왕으로 삼고자 한다. 그때마다 예수님은 스스로 사람들과 제자들을 떠나 기도의 자리를 찾아가신다. 사람들의 인기와 대중의 힘의 결과를 너무 잘 아시기 때문이다. 대중과 인기는 사람들을 분명 교만하게 만들기 때문이다. 그렇기에 예수님은 늘 자발적 고독한 고립의 자리에 계신다.

예수님은 사랑이기 때문이다.

참사람 10

예수님은 십자가에 순종하신다
Jesus is obedient to the cross

예수께서는 조금 더 나아가서, 얼굴을 땅에 대고 엎드려 기도하셨다.
"나의 아버지, 하실 수만 있으시면, 이 잔을 내게서 지나가게 해 주십시오.
그러나 내 뜻대로 하지 마시고, 아버지의 뜻대로 하십시오."

예수님은 늘 순종의 본을 보여주신다. 하나님으로 결코 순종의 길을 가지 않으시고 순종의 삶만 받으시면 된다. 하지만 제자들을 가르치는 스승으로 늘 순종의 삶으로 본을 보여주신다. 참사람으로 예수님도 십자가는 감당하기 힘든 고통이다. 그 무엇보다 십자가 앞에 자기 뜻이 아닌 아버지의 뜻을 구하며 가신 순종의 길은 믿음의 본이 아닐 수 없다. 예수님은 십자가에 순종하신다.

예수님은 사랑이기 때문이다.

> 참사람 11

예수님은 지극히 작은 자 하나를 자신처럼 귀하게 여기신다

Jesus values everyone

내가 진정으로 너희에게 말한다. 너희가 여기 내 형제자매 가운데,
지극히 보잘것없는 사람 하나에게 한 것이 곧 내게 한 것이다.

예수님의 사랑은 사람을 귀하게 여기시는 마음이다. 예수님은 사람을 가장 우선하여 소중하게 여기신다. 형제 중 지극히 작은 자 하나까지도 놓치지 않고 귀하게 여기신다. 예수님은 결코 죄인들을 함부로 대하지 않으신다. 외식하며 미혹하며 자신에게 사형을 집행하는 총독에게까지 함부로 하지 않으신다. 예수님은 제물보다 안식일보다 율법보다 지극히 작은 자 한 사람을 더 귀하게 여기신다. 예수님은 지극히 작은 자 하나를 자신처럼 귀하게 여기신다.

예수님은 사랑이기 때문이다.

> 참사람 12

예수님은 12명의 작은 교회를 목회하신다
Jesus pastors a small church

열두 사도의 이름은 이러하다. 베드로라고 부르는 시몬을 비롯하여,
그의 동생 안드레와 세베대의 아들 야고보와 그의 동생 요한과 빌립과
바돌로매와 도마와 세리 마태와 알패오의 아들 야고보와 다대오와
가나안 사람 시몬과, 예수를 넘겨 준 가룟 사람 유다이다.

예수님에게는 수많은 사람이 몰려온다. 수많은 사람이 예수님께 모여든다. 교회당만 세우면 수만 명이 모일 수 있고, 병원만 세우면 상급 대형 병원을 세울 수 있다. 예수님은 몰려든다고 해서 대형 교회를 세우지 않으신다. 예수님은 12명의 제자를 통해 작은 교회를 이루신다. 건물도 없이 일상의 삶을 함께 살아가신다. 3년 동안 예수님은 12명을 깊이 만나신다. 삶의 모든 것을 공유하신다. 그리고 끝까지 사랑하신다. 예수님은 12명의 작은 교회를 목회하신다.

예수님은 사랑이기 때문이다.

> 참사람 13

예수님은 거대 종교 건물 예루살렘 성전을 무너뜨린다고 하신다
Jesus breaks down a large church

내가 사람의 손으로 지은 이 성전을 허물고,
손으로 짓지 않은 다른 성전을 사흘 만에 세우겠다.

예수님은 대형 교회당 예루살렘 성전을 향해서는 분노하시고 무너뜨린다고까지 하신다. 46년 동안 지어진 대형 예배당이다. 지성소와 성전, 뜰과 담장까지 하나의 작은 도시를 이룰 정도의 대형 건물이다. 유대교 신앙의 상징이며, 유대교 종교 지도자들의 자존심이다. 매년 세 차례는 이스라엘 성인 남자가 다 모일 수 있는 초대형 메가 건물이다. 예수님이 보시기에는 강도의 소굴이다. 장사하는 곳이며, 돈이 모이는 곳이다. 외식과 위선, 거짓과 착취가 가득한 곳이다. 믿음의 본질과 신앙이 사라지고, 하나님과 말씀의 자리가 없는 곳이다. 예수님은 거대 종교 건물 예루살렘 성전을 무너뜨린다고 하신다.

예수님은 사랑이기 때문이다.

참사람 14

예수님은 30년을 평범한 목수의 일상으로
3년을 하나님의 아들의 특별한 사명으로 사신다
Jesus lives a normal life

이 사람은 목수의 아들이 아닌가? 그의 어머니는 마리아이고,
그의 아우들은 야고보와 요셉과 시몬과 유다가 아닌가?

    예수님은 일상의 평범한 삶을 귀하게 여기신다. 30년 동안 마리아와 요셉의 아들로, 야고보, 요셉, 시몬, 유다의 형으로, 여동생들의 오빠로, 세례 요한의 친척으로, 나사렛 동네 이웃으로, 이스라엘 나라의 백성으로 평범한 일상의 시민으로 사신다. 그리고 아버지가 일찍 돌아가셔서 아버지의 직업인 목수의 일을 물려받아 가족들의 생계를 책임지신다. 일상의 평범한 삶이 믿는 자에게 얼마나 귀하고 소중한 사명인지 몸소 보여주신다. 예수님은 30년을 평범한 목수의 일상으로 3년을 하나님의 아들의 특별한 사명으로 사신다.

예수님은 사랑이기 때문이다.

> 참사람 15

예수님은 도움의 필요를 채우신다
Jesus fills the need for help

예수께서는 모든 성읍과 마을을 두루 다니시면서,
유대 사람의 여러 회당에서 가르치며, 하늘나라의 복음을 선포하며,
모든 질병과 모든 아픔을 고쳐주셨다.

예수님은 마음이 너무 여리시다. 온통 사람을 귀하게 여기시는 마음뿐이다. 아픈 사람을 보면 그냥 지나치지 않으신다. 귀신 들려 고통받는 사람을 보면 그냥 지나치지 않으신다. 슬퍼하는 사람을 보면 그냥 지나치지 않으신다. 죄로 고통받는 사람을 보아도 마찬가지이다. 늘 그렇게 도움이 필요한 모든 사람에게 자신이 줄 수 있는 모든 것을 주신다. 예수님은 도움의 필요를 채우신다.

예수님은 사랑이기 때문이다.

참사람 16

예수님은 사회적 약자의 존엄을 회복하신다
Jesus respects the socially weak

"어린이들이 내게 오는 것을 허락하고, 막지 말아라.
하늘나라는 이런 사람들의 것이다."
"먹은 사람은 여자들과 어린아이들밖에, 남자 어른만도 오천 명쯤 되었다."

예수님 마음은 늘 사회적 약자에게 있다. 예수님 시대는 여자와 어린아이를 사람으로 취급하지 않는다. 인구조사에서도 제외가 된다. 주인이 소유하는 소유물에 불과하다. 그러나 예수님은 다르시다. 어린아이가 오는 것을 막지 않으시고, 천국을 어린아이 것으로 비유하신다. 예수님 곁에는 늘 여자들이 있고 예수님의 곁에 끝까지 함께 한 사람들도 대부분이 여자들이다. 예수님은 여자의 권리를 신장하고, 어린이의 존엄을 회복하신다. 예수님은 사회적 약자의 존엄을 회복하신다.

예수님은 사랑이기 때문이다.

> 참사람 17

예수님은 행동하는 권위를 가지신다
Jesus has the authority to act

사람들은 그의 가르치심에 놀랐다.
예수께서 율법 학자들과는 달리 권위 있게 가르치셨기 때문이다.

예수님의 권위는 말에 있지 않다. 지위와 권력에 있지 않다. 예수님은 말씀하신 대로 행하는 삶을 사신다. 믿음으로 행하는 삶을 사신다. 사랑을 실천하시며 그 어디나 천국으로 사신다. 예수님은 병든 자는 치료하시고 억눌린 자는 자유롭게 하시고 귀신 들린 자는 풀어주시고 눈먼 자는 눈을 뜨게 하시고 말 못 하는 자는 말하게 하시고 앉은뱅이는 걷게 하시고 문둥이는 깨끗하게 하시고 죽은 자는 살리신다. 겸손과 온유의 삶을 사시고 지극히 작은 자들의 선한 이웃이 되시고 정의와 공의로 바른 삶을 사시고 자신을 죽이는 자들까지 용서하시고 결국 십자가를 지신다. 예수님은 행동하는 권위를 가지신다.

예수님은 사랑이기 때문이다.

참사람 18

예수님은 안식의 율법을 어기고
생명을 살린 안식일의 주인이시다

Jesus prioritizes life on Lord's day

그리고 그들에게 말씀하셨다.
"안식일이 사람을 위하여 생긴 것이지, 사람이 안식일을 위하여 생긴 것이 아니다.
그러므로 인자는 안식일에조차도 주인이다."

예수님은 율법의 완성자이다. 왜곡된 율법에 저항하시고 변질된 율법을 개혁하신다. 사람을 위해 있는 안식일이 율법을 위해 존재하는 악법이 되었다. 수천 년을 이어온 악법을 주저없이 저항하고 개혁하신다. 사람을 위한 안식일로 회복하신다. 안식일이 생명보다 중요할 수 없고 사람보다 우선할 수 없다. 자유로운 안식일을 억압할 수 없다. 구별하여 쉼을 얻는 안식일이다. 예수님은 하나님이 정하신 생명의 안식일, 사람을 위한 안식일을 친히 회복하신다. 예수님은 안식의 율법을 어기고 생명을 살린 안식일의 주인이시다. 지금의 안식일은 주일이다.

예수님은 사랑이기 때문이다.

> 참사람 19

예수님은 말씀대로 가르치시고 살아가신다
Jesus teaches and lives as he says

내가 율법이나 예언자들의 말을 폐하러 온 줄로 생각하지 말아라.
폐하러 온 것이 아니라 완성하러 왔다.

예수님은 늘 구약의 성경을 인용하여 제자들과 사람들을 가르친다. 성경 말씀대로 가르치신다. 예수님이 곧 말씀이심에도 불구하고 철저하게 구약의 율법을 완성하신다. 예수님은 구약의 말씀에 벗어난 말씀은 가르치지 않는다. 또한 구약의 말씀이 어떤 의미를 지니는지 분명하고 정확하게 해석하여 적용하신다. 예수님은 율법의 구약을 하나님의 말씀으로 완성하신 일을 하신다. 하나님의 말씀을 일점일획이라도 놓치지 않고 오직 말씀하신 대로 가르치시고 또한 그렇게 살아가는 본을 보이신다. 예수님은 말씀대로 가르치시고 살아가신다.

예수님은 사랑이기 때문이다.

참사람 20

예수님은 덕과 유익을 중요하게 여기신다
Jesus values virtue and benefits

모든 것이 가하나 모든 것이 유익한 것은 아니요,
모든 것이 가하나 모든 것이 덕을 세우는 것은 아니니,
누구든지 자기의 유익을 구하지 말고 남의 유익을 구하라

예수님은 늘 덕과 유익을 중요하게 생각하신다. 하나님으로서 인간의 모든 책임과 의무를 다하지 않아도 된다. 하지만 믿음이 약한 자들을 실족시키지 않기 위해서 물세례도 받으신다. 할례도 받으신다. 안식일도 지키시며 3대 절기도 지키신다. 일상의 삶 가운데 늘 나보다 남을 낫게 여기는 마음을 가지고 사신다. 당신의 자유로움을 절제함으로 더 많은 사람을 얻고자 하신다. 남에게 대접을 받고자 하는 대로 남을 대접하는 것을 실천하신다. 늘 구원에 합당한 열매를 통해 피차 유익하게 하는 덕을 실천하신다. 예수님은 덕과 유익을 중요하게 여기신다.

예수님은 사랑이기 때문이다.

> 참사람 21

예수님은 말은 거칠지만,
행동은 부드러운 어부들을 제자로 삼으신다
Jesus makes sincere fishermen his disciples

예수께서 갈릴리 바닷가를 걸어가시다가,
두 형제, 곧 베드로라는 시몬과 그 동생 안드레가 그물을 던지고 있는 것을 보셨다.
그들은 어부였다.

예수님의 제자들은 대부분 갈릴리 어부 출신이다. 어부들은 거친 바다와 싸워야 하고 뜨거운 태양에 피부를 드러내야 하는 직업이기에 환경을 통해 그 말투는 늘 투박하고 거칠다. 성격은 다들 급하고 불같은 성정이다. 예수님은 거칠고 투박한 말과 급하고 불같은 기질보다는 저들의 중심을 보시기에 주저없이 제자로 삼으신다. 보석보다는 원석을 더 좋아하신 듯싶다. 그렇게 토기장이 되신 예수님은 원석인 제자들이 가르침을 통해 더욱 귀한 보석 같은 작품으로 빚어질 것을 늘 기대하신다. 예수님은 늘 진심을 보신다. 예수님은 말은 거칠지만, 행동은 부드러운 어부들을 제자로 삼으신다.

예수님은 사랑이기 때문이다.

⬡ 참사람 22 ⬡

예수님은 강도 만난 사람을 돌본 어떤 사마리아인을 선한 이웃이라 말씀하신다

Jesus refers to those who help as good neighbors

"너는 이 세 사람 가운데서, 누가 강도 만난 사람에게
이웃이 되어 주었다고 생각하느냐?" 그가 대답하였다.
"그에게 자비를 베푼 사람입니다." 예수께서 그에게 말씀하셨다.
"가서, 너도 그와 같이하여라."

우리에게 누가 선한 이웃일까. 예수님은 강도 만난 사람의 이웃은 제사장도 레위인도 아닌 이방인 사마리아인이라 하신다. 강도 만난 사람을 보고 종교 지도자인 제사장과 사회적 덕망이 있는 레위인은 그냥 지나쳐 가버린다. 그러나 이방인인 사마리아인은 그를 치료해 주고 숙소까지 잡아주고 추가 비용까지 약속한다. 예수님은 진정 사랑하는 마음으로 드러내지 않고 구제하는 선한 사람을 잘 알고 계신다. 예수님은 강도 만난 사람을 돌본 어떤 사마리아인을 선한 이웃이라 말씀하신다.

예수님은 사랑이기 때문이다.

> 참사람 23

예수님은 대접을 받고자 하는 대로
남을 대접하라 하신다
Jesus practices reverse position

그러므로 너희는 무엇이든지, 남에게 대접을 받고자 하는 대로,
너희도 남을 대접하여라. 이것이 율법과 예언서의 본뜻이다.

예수님은 늘 역지사지(易地思之) 삶을 사신다. 다른 사람의 처지에서 먼저 생각하신다. 우리가 다른 사람을 어떻게 섬기고 사랑할지에 대한 분명한 답을 주신다. 어떻게 사랑할 것인가? 내가 사랑을 받고자 하는 대로 사랑하면 되는 것이다. 그렇게 사랑을 실천하면 되는 것이다. 우리는 늘 다른 사람들의 대접 때문에 서운하고 마음이 상한다. 그러나 내가 먼저 대접받고자 하는 대로 남을 대접하면, 서운할 이유도 마음이 상할 이유도 없을 것이다. 예수님은 대접만 받는 사람은 전혀 관심이 없으시다. 예수님은 늘 역지사지(易地思之)의 마음을 갖고 대접을 받고자 하는 대로 남을 대접하라 하신다.

예수님은 사랑이기 때문이다.

참사람 24

예수님은 죄인들을 위해 광야 40일 금식하신 후 사탄의 시험을 감내하신다
Jesus endures the extreme temptation of man

그 즈음에 예수께서 성령에 이끌려, 광야로 가셔서, 악마에게 시험을 받으셨다.
예수께서 밤낮 사십일을 금식하시니 시장하셨다.

예수님은 시험을 받지 않으신다. 시험하지도 않으신다. 그러나 사탄은 늘 인간을 시험한다. 사탄은 육신의 일, 마음의 일, 영혼의 일로 늘 인간을 시험한다. 죄인 된 인간은 시험으로 늘 진통하고 있다. 늘 시험으로 넘어진 인간을 돕기 위해 친히 사탄의 시험을 담당하신다. 그리고 인간의 가장 연약한 육신과 마음과 영혼의 조건을 만들어 시험을 감당하신다. 말씀으로 모든 시험을 이기신다. 예수님은 죄인들을 위해 광야 40일 금식하신 후 사탄의 시험을 감내하신다.

예수님은 사랑이기 때문이다.

> 참사람 25

예수님은 고난과 역경 중에도 기뻐하신다
Jesus rejoices in the midst of hardship

너희가 나 때문에 모욕을 당하고, 박해를 받고,
터무니없는 말로 온갖 비난을 받으면, 너희에게 복이 있다.
너희는 기뻐하고 즐거워하여라. 하늘에서 받을 너희의 상이 크기 때문이다.
너희보다 먼저 온 예언자들도 이와 같이 박해를 받았다.

예수님 때문에 모욕을 당하고 박해를 당하고 터무니없는 말로 온갖 비난을 받을 때에도 기뻐하고 즐거워하라고 하신다. 이는 주님이 주신 복이기 때문이다. 예수님은 고난이 복이라 하신다. 십자가가 복이라 하신다. 그렇기에 믿음으로 행하면서 받은 고난과 역경을 기뻐하라고 하신다. 예수님도 지시는 십자가, 오르신 골고다, 흘리신 물과 피가 고통스럽지만, 온 인류를 구원하시는 길이기에 마음 깊이 기뻐하고 즐거워하신다. 예수님은 고난과 역경 중에도 기뻐하신다.

예수님은 사랑이기 때문이다.

> 참사람 26

예수님은 외식과 위선을 죽도록 싫어하신다
Jesus hates hypocrisy to death

율법 학자들과 바리새파 사람들아, 위선자들아, 너희에게 화가 있다!
뱀들아, 독사의 자식들아, 너희가 어떻게 지옥의 심판을 피하겠느냐?

예수님은 죄인들을 기뻐하신다. 자백하여 회개하는 삶을 사는 이들을 얼마나 기뻐하고 귀하게 여기시는지 모른다. 세리도 창녀도 이방인도 예수님은 너무나도 따뜻하게 대하신다. 돌이켜 회개하면 그 누구도 좋아하신다. 그러나 겉과 속이 다르고 말과 행실이 다르고 거짓으로 남을 속이는 자들은 몹시 싫어하신다. 예수님은 거룩한 척, 믿음이 좋은 척, 사랑하는 척, 신실한 척, 기도하는 척하는 사람들의 위선과 외식을 향해 분노하시고 욕하시고 저주하신다. 예수님은 위선자들에게는 몹시 단호하시다. 예수님은 외식과 위선을 죽도록 싫어하신다.

예수님은 사랑이기 때문이다.

⬡ 참사람 27

예수님은 죽음을 의연하게 받아들이신다
Jesus accepts death resolutely

일어나서 가자. 보아라, 나를 넘겨 줄 자가 가까이 왔다.

죽음 앞에 의연한 사람은 없다. 이 땅의 삶을 마무리하고 가족과 세상을 떠나는 것은 쉬운 일이 아니다. 죽음은 슬픈 일일 수밖에 없다. 예수님은 죽음을 의연하게 받아들이신다. 33년의 젊은 나이에도 그 고통에도 뜻을 돌이켜 달라 기도했지만, 아버지의 뜻을 이루는 일에 기쁨으로 동참하신다. 예수님의 죽음은 자신의 죄로 인한 죽음이 아니라 모든 인류를 구원하기 위한 죽음임을 잘 알고 있기 때문이다. 그리고 온 인류가 영원히 사는 길임도 잘 알고 있었기 때문이다. 이에 따라 우리의 죽음도 의연해질 수 있는 것이다. 삶도 사명이라면 죽음도 또 다른 삶을 위한 사명이다. 사랑은 죽음보다 강하다. 사랑은 죽음도 의연하게 한다. 예수님은 죽음을 의연하게 받아들이신다.

예수님은 사랑이기 때문이다.

(참사람 28)

예수님은 실패한 베드로를 먼저 찾아가 식사를 대접하신다

Jesus encourages failure with a warm meal

예수께서 그들에게 "와서 아침을 먹어라." 하고 말씀하셨다.
제자들 가운데서 아무도 감히 "선생님은 누구십니까?" 하고 묻는 사람이 없었다.
그가 주님이신 것을 알았기 때문이다.
예수께서 가까이 와서, 빵을 들어서 그들에게 주시고, 또 생선도 주셨다.

예수님은 자신을 세 번이나 부인한 베드로를 먼저 찾아가신다. 그렇게 사랑하셨는데 저주하면서까지 부인한 제자가 밉지도 않으실까. 그런 제자를 찾아간 예수님은 왜 그랬는지 무엇 때문인지 사는 꼴이 고작 이것인지 추궁하며 묻지 않으신다. 밤새 생계를 위해 고기를 잡고 돌아온 제자 베드로에게 아침 식사를 차려 주신다. 어서 아침을 먹으라 하신다. 빵도 주시고 생선도 주신다. 그것뿐이시다. 예수님의 식탁은 맛보아 알 수 있는 보이는 생명이고 사랑이다. 예수님은 실패한 베드로를 먼저 찾아가 식사를 대접하신다.

예수님은 사랑이기 때문이다.

> 참사람 29

예수님은 섬김을 받아야 할 자리에서 도리어 섬김의 삶을 사신다
Jesus lives a life of service

인자는 섬김을 받으러 온 것이 아니라 섬기러 왔으며,
많은 사람을 위하여 자기 목숨을 대속물로 내주러 왔다.

예수님은 섬김을 받으셔야 할 분이다. 섬김을 받기에 충분하신 분이다. 십자가의 죽음이 하루도 채 남지 않은 저녁 예수님은 제자들을 불러 마지막 만찬을 나누시고 그 자리에서 제자들 한 명 한 명의 발을 씻어주신다. 예수님의 눈길과 손길 그리고 마음결을 느낀다. 참 아름답고 감동이 되는 사랑스러운 장면이다. 겸손하시고 온유하시고 존경스럽고 경이로운 모습이다. 주와 선생이 되어 본을 보이신다는 말씀 앞에 우리가 섬겨야 할 섬김의 참모습을 본다. 예수님은 섬김을 받아야 할 자리에서 도리어 섬김의 삶을 사신다.

예수님은 사랑이기 때문이다.

⬡ 참사람 30 ⬡

예수님은 하나님의 때를 기다리고, 그 시간을 사신다
Jesus waits for God's time and lives that time

> 너희는 명절을 지키러 올라가거라. 나는 아직 내 때가 차지 않았으므로,
> 이번 명절에는 올라가지 않겠다. 그리고 제자들에게 와서,
> 그들에게 말씀하셨다. "남은 시간을 자고 쉬어라. 보아라, 때가 가까이 왔다.
> 인자가 죄인들의 손에 넘어간다."

예수님은 시간의 주인이시지만 자신을 위해 시간을 쓰지 않으신다. 예수님은 철저하게 아버지 하나님의 시간을 사신다. 아버지 하나님의 때를 기다리시고 그때를 순종하신다. 늘 하나님의 시간을 기다리는 분이시다. 하나님의 시간을 살기에 그 시간을 성실하게 살아가신다. 예수님은 조급해하거나 서두르지 않으신다. 하나님의 순리와 섭리에 늘 순종하신다. 이는 우리의 생각이 하나님의 생각과 다르며, 하늘이 땅보다 높음같이 우리의 생각보다 하나님의 생각이 높으며 우리의 길보다 하나님의 길이 높기 때문이다. 예수님은 하나님의 때를 기다리고, 그 시간을 사신다.

예수님은 사랑이기 때문이다.

(참사람 31)

예수님은 자신의 살과 피를 아낌없이
일용할 양식으로 내어주신다
Jesus divides flesh and blood into daily food

그들이 먹고 있을 때에, 예수께서 빵을 들어서 축복하신 다음에,
떼어서 그들에게 주시고 말씀하셨다. "받아라. 이것은 내 몸이다."
또 잔을 들어서 감사를 드리신 다음에, 그들에게 주시니,
그들은 모두 그 잔을 마셨다. 그리고 예수께서 말씀하셨다.
"이것은 많은 사람을 위하여 흘리는 나의 피, 곧 언약의 피다."

예수님은 자신의 생명을 나누어 주신다. 예수님은 자신의 전부인 살과 피를 나누어 주신다. 예수님은 우리에게 새 생명을 주신다. 예수님은 우리가 새로운 피조물이 되기를 원하신다. 예수님은 죄악 이전 본래 창조된 하나님의 형상으로 살기를 원하신다. 예수님의 새 생명을 부여받은 작은 예수로 살기를 원하신다. 예수님의 살과 피로 사는 것은 그분의 말씀과 기도로 사는 것이다. 예수님은 자기 살과 피를 아낌없이 일용할 양식으로 내어주신다.

예수님은 사랑이기 때문이다.

> 참사람 32

예수님은 일곱 번씩 일흔 번까지도 용서하신다
Jesus forgives to the end

예수께서 대답하셨다.
"일곱 번까지가 아니라, 일곱 번을 일흔 번까지라도 해야 한다."

용서의 수준이 사랑의 수준이다. 예수님의 용서는 무한하다. 어찌 실망하고 한탄할 일이 없겠는가? 예수님은 죄인들을 너무 잘 아신다. 돌아서면 또 죄짓는 인생임을 아신다. 같은 잘못을 반복하는 것도 잘 아신다. 유혹과 욕심에 자꾸 넘어짐도 잘 아신다. 연약함과 부족함을 너무 잘 아신다. 그렇기에 예수님은 죄가 미운 것이지 죄인 된 인간을 미워할 수 없는 분이다. 그래서 예수님은 죄인을 무한대로 용서하신다. 예수님은 돌이켜 회개하는 모든 사람을 용서하신다. 예수님은 우리가 서로 용서함 같이 우리 죄를 용서하신다. 예수님은 어느 사람도 예외 없이 변함없이 용서하신다. 예수님은 일곱 번씩 일흔 번까지도 용서하신다.

예수님은 사랑이기 때문이다.

(참사람 33)

예수님은 대적하는 자들에게까지 친절하시다
Jesus is kind to those who oppose him

그들은 그날부터 예수를 죽이려고 모의하였다.

예수님의 가르침은 과감하시다. 예수님은 말씀대로 가르치시고 말씀대로 적용하신다. 예수님의 말씀은 강하고 확실하다. 예수님은 전통과 관례를 용납하지 않으신다. 예수님은 기득권의 전횡을 허용하지 않으신다. 성전을 허물라 하고, 성전을 뒤엎고, 율법을 개혁하고, 외식에 저항하는 예수님의 단호한 가르침에 대적하는 종교 지도자들은 예수님을 죽이기로 모의한다. 그럼에도 저들을 단죄하지 않으시고 끝까지 가르치시고 온유함으로 책망하신다. 저들과 대화하시고 저들에게 물으시고 저들을 피하지 않으신다. 그 영혼들을 끝까지 사랑하기에 무관심하지 않으시고 친절함을 잊지 않으신다. 예수님은 대적하는 자들에게까지 친절하시다.

예수님은 사랑이기 때문이다.

(참사람 34)

예수님은 십자가를 지심으로 자기부인과
자기 십자가 지는 삶의 본이 되신다
Jesus denies himself and carries his cross

그리고 예수께서 모든 사람에게 말씀하셨다. "누구든지 내 뒤를 따라오려거든,
자기를 부인하고, 날마다 자기 십자가를 지고 나를 따라오너라."

예수님은 제자가 되려면 자기를 부인하고 자기 십자가를 져야 한다고 하신다. 그런 가르침에 예수님은 본을 보이신다. 예수님은 하나님 되심을 부인하고 성육신하여 철저하게 참사람으로 살아가신다. 인간의 고통과 아픔과 시험을 몸소 감당하시며 자기를 부인하는 삶을 사신다. 결국 자신의 생명을 내어줌으로 십자가에서 물과 피를 다 쏟으시고 죽으신다. 예수님은 하나님이시지만 인간으로 자기 비하의 삶을 사는 모습에서 자기를 부인하고 자기 십자가를 지는 절정의 삶을 친히 보이신다. 예수님은 십자가를 지심으로 자기부인과 자기 십자가 지는 삶의 본이 되신다.

예수님은 사랑이기 때문이다.

(참사람 35)

예수님은 구하는 자에게 좋은 것, 곧 성령을 주신다
Jesus gives good things to those who save

구하여라, 주실 것이요, 찾아라, 찾을 것이요, 문을 두드려라, 열어 주실 것이다.
너희 가운데서 아들이 빵을 달라고 하는데 돌을 줄 사람이 어디에 있으며,
생선을 달라고 하는데 뱀을 줄 사람이 어디에 있겠느냐?
너희가 악해도 너희 자녀에게 좋은 것을 줄 줄 알거든,
하물며 하늘에 계신 너희 아버지께서, 구하는 사람에게 좋은 것을 주시지 않겠느냐?

예수님은 우리의 필요를 잘 아신다. 부귀영화와 무병장수는 독이 될 수 있다. 예수님은 나보다 나를 더 잘 아시는 분이시다. 구하고 찾고 두드리라 하심은 늘 대화하고 싶은 마음이다. 이런저런 일상에서 우리의 삶의 이야기를 듣고 싶어 하신다. 그리고 늘 주고 싶어 하신다. 가장 필요한 것을 가장 좋은 것으로 주고자 하신다. 구하는 것마다 줄 수 없고, 찾는 것마다 찾게 해 줄 수 없고, 두드리는 것마다 보여줄 수 없는 것은 진정 우리를 사랑하시기 때문이다. 그렇기에 예수님은 구하는 자에게 늘 좋은 것, 곧 성령을 주신다.

예수님은 사랑이기 때문이다.

참사람 36

예수님은 당을 짓고 수군거리는 것을 몹시 싫어하신다
Jesus most wishes to be one

다름이 아니라, 여러분이 저마다 말하기를 "나는 바울 파다"
"나는 아볼로 파다" "나는 게바 파다" "나는 그리스도 파다" 한다고 합니다.

  예수님은 모두 하나 되게 하기 위해 우리에게 많은 것에 본이 되신다. 사랑의 수고를 얼마나 하시는지 모른다. 예수님의 살과 피를 나누어 주신다. 십자가에서 자기 물과 피를 다 쏟으시고 생명을 줌으로써 막힌 담을 허시고 우리 모두의 화목 제물이 되어 주신다. 이는 오직 우리의 하나됨을 위해서다. 남녀노소 빈부귀천에 상관없이 예수님 한 분으로 한마음 한뜻이 되기를 원하신다. 예수님이 우리에게 그토록 바라시는 것이 있으시다. 우리의 하나됨이다. 예수님은 교회로 모여 편을 가르고 줄을 세우고 파당을 짓는 것을 무척 싫어하신다. 그렇게 모여 비난하고 정죄하는 것을 경멸하신다. 그곳이 곧 지옥이기 때문이다. 예수님은 당을 짓고 수군거리는 것을 몹시 싫어하신다.

  예수님은 사랑이기 때문이다.

> 참사람 37

비난과 모함, 정죄와 위선의 말들을 몹시 미워하신다
Jesus hates the words of slander

너희가 심판을 받지 않으려거든, 남을 심판하지 말아라.
너희가 남을 심판하는 그 심판으로 하나님께서 너희를 심판하실 것이요,
너희가 되질하여 주는 그 되로 너희에게 되어서 주실 것이다.

예수님은 듣기는 속히 하고 말하기는 더디 하기를 원하신다. 예수님은 참된 말, 옳은 말, 진리의 말, 의로운 말, 은혜의 말, 덕을 세우는 말, 감사의 말, 살리는 말, 칭찬의 말, 진실의 말, 사랑의 말, 유익의 말, 하나 되는 말을 더없이 기뻐하신다. 예수님은 거짓말, 외식하는 말, 죽이는 말, 부정의 말, 허황된 말, 과장하는 말, 진실하지 않은 말, 없는 말을 만들어 내는 말, 험담의 말, 비난의 말, 정죄의 말, 판단의 말, 행함이 없는 말, 맹목적인 긍정의 말을 몹시 미워하신다. 사람의 혀는 배의 키요, 태우는 불이다. 말들의 입에 재갈을 물려 온전함을 이루어가야 한다. 예수님은 비난과 모함, 정죄와 위선의 말들을 몹시 미워하신다.

예수님은 사랑이기 때문이다.

참사람 38

예수님은 낙심하는 자, 근심하는 자를 일으켜 세우신다
Jesus raises the discouraged

너희는 마음에 근심하지 말아라. 하나님을 믿고 또 나를 믿어라.

예수님은 소망이시다. 예수님은 희망이시다. 세상의 행복과 출세와 성공과 재물과 다른, 예수님을 통한 마음의 평안과 기쁨과 사랑이 우리의 소망 되기를 바라신다. 해야 할 일보다 하고 싶은 일에 매여 낙심하지 않기를 원하신다. 인간의 욕심 때문에 더욱더 채울 수 없는 것들로 실망하고 낙심하고 근심하지 않기를 원하신다. 비교하여 더 많이 갖고자 하는 근심을 기뻐하지 않으신다. 우리의 소망이 늘 예수님께 있기를 바라신다. 소망이신 예수님을 푯대 삼아 최선을 다하는 우리를 기뻐하신다. 그렇게 최선을 다한 우리의 실패를 격려하시고 일으켜 세워주신다. 예수님은 낙심하는 자, 근심하는 자를 일으켜 세우신다.

예수님은 사랑이기 때문이다.

〈 참사람 39 〉

예수님은 심령이 가난한 자들과 마음이 상한 자들과 늘 함께하신다
Jesus is always with the broken heart

마음이 가난한 사람은 복이 있다. 하늘 나라가 그들의 것이다.
주님은, 마음 상한 사람에게 가까이 계시고, 영혼이 짓밟힌 사람을 구원해 주신다.

예수님은 가난하시다. 마음이 가난하시다. 예수님은 늘 상한 마음이시다. 그래서 늘 마음이 부요하시다. 그래서 마음이 사랑이시다. 가난한 심령, 상한 심령은 늘 예수님을 찾는다. 늘 예수님을 만날 수 있다. 예수님의 마음이 가난하고 상한 심령이기 때문이다. 가난한 심령은 예수님 때문에 핍박받고 미움받는 마음이다. 상한 심령은 말씀대로 살아갈 때 타협하고 변질된 다수로부터 외면받고 소외당하는 외롭고 고독한 마음이다. 예수님은 심령이 가난한 사람과 상한 심령의 사람을 가까이하신다. 예수님은 심령이 가난한 자들과 마음이 상한 자들과 늘 함께하신다.

예수님은 사랑이기 때문이다.

참사람 40

예수님은 연약한 죄인들에게 끝도 없이 너그럽고 관대하시고, 회개하여 돌아온 죄인들을 더없이 기뻐하신다
Jesus is endlessly generous to those who repent

내가 너희에게 말한다. 이와 같이 하늘에서는,
회개할 필요가 없는 의인 아흔아홉보다,
회개하는 죄인 한 사람을 두고 기뻐할 것이다.

예수님은 죄인들의 연약함을 잘 아신다. 예수님은 연약한 죄인들을 사랑하신다. 예수님은 돌아온 죄인들에게 끝도 없이 너그럽고 관대하시다. 예수님은 회개하여 돌아온 죄인들을 더없이 기뻐하신다. 회개하여 돌아온 죄인들로 인하여 기쁨을 이기지 못하신다. 회개하여 돌아온 죄인들을 잠잠히 사랑하시며 그들의 이름을 즐거이 부르며 기뻐하고 또 기뻐하신다. 예수님께는 이보다 더 기쁜 일은 없으시다. 예수님은 연약한 죄인들에게 끝도 없이 너그럽고 관대하시고, 회개하여 돌아온 죄인들을 더없이 기뻐하신다.

예수님은 사랑이기 때문이다.

참사람 41

예수님은 고운 모양도 없고 풍채도 없으시다
Jesus has no fine shape and no appearance

그는 주 앞에서, 마치 연한 순과 같이, 마른 땅에서 나온 싹과 같이 자라서,
그에게는 고운 모양도 없고, 훌륭한 풍채도 없으니,
우리가 보기에 흠모할 만한 아름다운 모습이 없다.

예수님은 연한 순같이 가냘프시다. 예수님은 마른 땅에서 나온 싹같이 가냘프시다. 예수님은 고운 모양도 없으시다. 예수님은 훌륭한 풍채도 없으시다. 사람이 보기에는 흠모할 만한 아름다운 외모의 모습이 없으시다. 예수님은 보시기에 잘 생기고 멋있게 보이지 않는 분이다. 그런데 예수님은 참 멋있으시다. 따뜻하시다. 깊이가 있으시고 위엄이 있으시다. 의지하고 싶고 안기고 싶은 분이다. 울고 싶고 기대고 싶은 분이다. 늘 만나고 싶고 함께 하고 싶은 분이다. 나의 전부를 보이고 싶은 분이다. 예수님은 사람의 외모를 보지 않으시고 그 중심을 보신다. 예수님은 각 사람을 상품으로 보지 않으시고 걸작품으로 보신다. 예수님은 고운 모양도 없고 풍채도 없으시다.

예수님은 사랑이기 때문이다.

참사람 42

예수님은 사랑한다는 말을 단 한 번도
하신 적이 없으시다

Jesus has never said I love you

예수께서 이르시되 네 마음을 다하고 목숨을 다하고 뜻을 다하여
주 너의 하나님을 사랑하라 하셨으니, 이것이 크고 첫째 되는 계명이요,
둘째도 그와 같으니 네 이웃을 네 자신 같이 사랑하라 하셨으니,
이 두 계명이 온 율법과 선지자의 강령이니라

사랑보다 귀한 것이 있을까? 예수님은 사랑이시다. 예수님의 삶은 곧 사랑이다. 예수님이 제자들과 함께하는 모든 삶이 사랑이다. 예수님은 사랑을 말로 하지 않으신다. 예수님은 행함으로 사랑을 보이신다. 예수님은 함께 하심으로 사랑을 실천하신다. 예수님은 십자가에서 사랑을 완성하신다. 예수님이 말씀하신 온 율법과 선지자의 강령은 한마디로 사랑하라는 사랑의 실천이다. 말로 표현하는 사랑이 아니라 행함으로 보이는 사랑이다. 사랑은 감정의 고백이나 백만 송이 장미에 담을 수 없다. 예수님은 사랑한다는 말을 단 한 번도 하신 적이 없으시다.

예수님은 사랑이기 때문이다.

> 참사람 43

예수님은 진실한 말을 좋아하신다
Jesus likes truthful words

오직 너희 말은 옳다 옳다, 아니라 아니라 하라.
이에서 지나는 것은 악으로부터 나느니라

예수님은 거짓을 멀리하시고 정직을 가까이하신다. 사람의 마음과 생각을 아시는 예수님은 정직한 사람에게 끊임없이 관대하시다. 정직은 진실한 삶에서 진실한 말로 나온다. 긍정의 말은 맹신을 조장하여 거짓된 가르침에 일방적 복종을 하게 만드는 목사들의 속임수이다. 긍정의 말은 모든 것을 위선 뒤에 숨기고 오직 진실을 왜곡하는 거짓의 선동일 뿐이다. 긍정의 말은 목사의 배만 섬기게 하며, 결국 진실의 말이 향하는 예수님과 상당한 거리를 두는 것이다. 맹신적 긍정의 말은 악에서 나오는 것이다. 예수님을 믿는 사람들은 진실의 말로 변화되어야 한다. 진실한 삶, 진실한 말에는 예수님이 보인다. 옳은 것은 옳다 라고 하고 아닌 것은 아니다 라고 하는 것이 진실이고 정직이다. 예수님은 진실한 말을 좋아하신다.

예수님은 사랑이기 때문이다.

참사람 44

예수님은 항상 사는 것에 집중하신다
Jesus is always focused on living

이때로부터 예수 그리스도께서 자기가 많은 고난을 받고 죽임을 당하고
제 삼일에 살아나야 할 것을 제자들에게 비로소 나타내시니
베드로가 예수를 붙들고 항변하여 이르되,

예수님은 항상 하나님의 일을 생각하신다. 하나님의 일은 살리는 일이다. 사탄의 일은 죽이는 일이다. 많은 고난을 받고 죽임을 당하고, 제 삼일에 살아나야 하는 가르침에 베드로는 예수님께 화를 내며 대항한다. 예수님은 사람의 일, 즉 죽이는 것만 생각하는 베드로에게, "사탄아 내 뒤로 물러가라"고 질책하신다. 예수님은 많은 고난을 받고 죽임을 당하는 것이 아니라 다시 살아나는 것에 집중하신다. 예수님은 죽어야 다시 산다는 것을 잘 알고 계신다. 그래서 늘 사는 일에 집중하신다. 살면 또 살아지는 것이 인생이다. 예수님은 항상 사는 것에 집중하신다.

예수님은 사랑이기 때문이다.

> 참사람 45

예수님은 항상 실천하도록 가르치신다
Jesus always teaches us to practice

내가 너희에게 분부한 모든 것을 가르쳐 지키게 하라

예수님은 항상 실천하도록 가르치신다. 가르침을 실천하게 만드는 것은 삶의 본을 보이는 것이다. 삶의 본을 보이는 가르침은 항상 사람들을 경청하게 한다. 예수님의 가르침에는 늘 경청하는 사람들이 있다. 사람들이 예수님의 가르침에 놀란 것은 가르침 대로 살아가는 예수님의 삶이 있었기 때문이다. 외식하는 가르침과 미혹하는 가르침의 끝에는 지옥의 멸망이 있다. 예수님의 가르침에는 항상 사랑의 열매가 있다. 천국의 소망이 가득하다. 주여! 주여! 하는 자가 천국에 들어가는 것이 아니라 하늘에 계신 아버지의 뜻대로 행하는 자가 천국에 들어간다. 하나님의 뜻대로 행하는 가르침이 예수님의 가르침이다. 그렇기에 예수님은 항상 실천하도록 가르치신다.

예수님은 사랑이기 때문이다.

참사람 46

예수님은 교회에서 말을 조심해야 한다고 하신다
Jesus should be careful what he says in church

예수께서 이르시되, 내가 올 때까지 그를 머물게 하고자 할지라도
네게 무슨 상관이냐 너는 나를 따르라 하시더라
이 말씀이 형제들에게 나서 그 제자는 죽지 아니하겠다 하였으나,
예수의 말씀은 그가 죽지 않겠다 하신 것이 아니라,
내가 올 때까지 그를 머물게 하고자 할지라도 네게 무슨 상관이냐 하신 것이러라

예수님은 교회에서 사람들이 남의 말 하는 그것에 대해 우려하신다. 교회는 성화(聖化) 되어 가는 죄인들이 모이는 곳이다. 교회는 성숙하지 않은 인격을 가진 사람이 함께하는 곳이다. 그렇기에 늘 남의 말 하기를 좋아한다. 쉽고 가볍게 확인되지 않는 사실을 말하고, 있는 사실도 과장하고 축소하는 말을 한다. 베드로가 요한을 시기하여 결국은 요한을 죽지 않는 사람으로 소문을 낸 것이다. 그리스도인은 주님을 따르는 사람이지 남에 대해 말하는 사람이 아니다. 예수님은 교회에서 말을 조심해야 한다고 하신다.

예수님은 사랑이기 때문이다.

> 참사람 47

예수님은 다양한 제자들과 동역하신다
Jesus works with various disciples

열두 사도의 이름은 이러하다. 베드로라고 부르는 시몬을 비롯하여, 그의 동생 안드레와 세베대의 아들 야고보와 그의 동생 요한과 빌립과 바돌로매와 도마와 세리 마태와 알패오의 아들 야고보와 다대오와 가나안 사람 시몬과, 예수를 넘겨 준 가롯 사람 유다이다.

예수님은 다양한 제자들을 부르신다. 일자무식한 어부들이다. 이들은 비상식적이고 다혈질이고 단순하고 고집이 세고 이기적이고 계산적이다. 민족의 혈세를 빨아먹고 사는 세리도 있다. 자기밖에 모르는 매국노이며 폭군이다. 민족의 해방을 위해 목숨을 걸며 그 기회만 보고 있는 급진적인 혁명 운동가인 열심당원도 있다. 많이 배우고 유식한 사람으로 이해타산과 손익계산에 능통하여 재정 회계를 맡은 사람도 있다. 이들 모두는 자신의 삶에 최선을 다하고 있다. 예수님은 출신, 배움, 소유, 지위와 상관없이 차별하지 않고 제자로 부르신다. 예수님은 다양한 제자들과 동역하신다.

예수님은 사랑이기 때문이다.

참사람 48

예수님은 모든 일을 질서 있게 협력하신다
Jesus cooperates in everything in an orderly manner

거기에는 남자만도 약 오천 명이 있었다. 예수께서 제자들에게 말씀하셨다.
사람들을 한 오십 명씩 떼를 지어서 앉게 하여라.
그리고 남은 부스러기를 주워 모으니, 열두 광주리나 되었다.

예수님께 몰려오는 사람들이 많다. 남자만 오천 명, 여자와 어린아이를 포함하면 만 명이 훌쩍 넘는 사람들이다. 그때마다 어린아이에게 있는 작은 것으로 만 명이 넘는 사람들을 배불리 먹이신다. 예수님은 오십 명씩 한 그룹으로 앉게 하신 후에 배식하신다. 그 많은 사람이 질서정연하게 음식을 먹게 하신다. 먹고 난 후에도 남은 음식을 버리지 않고 모으신다. 잔반이 열두 광주리나 된다. 정리, 정돈까지 깔끔하게 하신다. 예수님은 남을 배려하는 마음이 늘 깊으시다. 예수님은 모든 일을 질서 있게 협력하신다.

예수님은 사랑이기 때문이다.

<참사람 49>

예수님은 성장과 성숙의 시간을 충분히 가지신다
Jesus has enough time for growth and maturity

이때부터 예수께서 비로소 전파하여 이르시되,
'회개하라 천국이 가까이 왔느니라' 하시더라

예수님은 3년의 하나님의 일을 위해 배우고 연단하고 성장하고 성숙해지는 30년의 시간을 가지신다. 12살 시절 성전의 선생들도 예수님의 지혜와 대답을 놀랍게 여긴다. 그럼에도 충분한 시간을 통해 기다리신다. 하나님은 모세를 왕궁에서 40년, 광야 양치기로 40년 그렇게 80년을 기다린 후 출애굽의 지도자로 사용하신다. 하나님은 요셉을 가정에서 15년, 종살이와 옥살이로 15년, 그렇게 30년을 기다린 후에 애굽의 총리로 사용하신다. 하나님은 바울을 유대교에서 20년, 광야에서 2년, 고향 다소에서 13년, 그렇게 35년을 기다린 후에 이방인의 사도로 사용하신다. 예수님은 충분히 배우고, 깨닫고, 연단 되는 시간의 순리 가운데 하나님의 일꾼을 예비하신다. 예수님은 성장과 성숙의 시간을 충분히 가지신다.

예수님은 사랑이기 때문이다.

> 참사람 50

예수님은 가르침에서 전문성과 섬세함을 보이신다
Jesus shows professionalism and delicacy in teaching

> 예수께서 시몬 베드로에게 이르시되,
> "요한의 아들 시몬아, 네가 이 사람들보다 나를 더 사랑하느냐?" 하시니,
> 이르되 "주님, 그러하나이다. 내가 주님을 사랑하는 줄 주님께서 아시나이다."
> 이르시되, "내 어린 양을 먹이라."

예수님은 베드로에게 동일한 것 같지만, 다른 질문을 세 번 하신다. 첫 번째는 필레오 사랑으로 어린 양을 맡기며 어린 양을 먹이라 하신다. 두 번째는 아가페 사랑으로 중간 양을 맡기며 중간 양을 치라 하신다. 세 번째는 필레오 사랑으로 늙은 양을 맡기며 늙은 양을 먹이라 하신다. 맡기신 양에 따라 사랑의 정도도, 교육의 방법도 다르게 하라는 가르침이다. 또한 예수님은 어머니 마리아의 임종까지 사도 요한에게 맡기시며, 자신에 대한 평생의 친밀한 이야기를 듣게 하셔서, 결국 요한복음, 요한일서, 요한이서, 요한삼서, 요한계시록의 성경을 남기게 하신다. 요한은 사랑의 사도이다. 예수님은 가르침에서 전문성과 섬세함을 보이신다.

예수님은 사랑이기 때문이다.

> 참사람 51

예수님은 비아돌로로사의 수난을 친히 담당하신다
Jesus is personally in charge of the suffering of Viadolosa

또 갈대로 예수의 머리를 치고, 침을 뱉고, 무릎을 꿇어서 그에게 경배하였다.
이렇게 예수를 희롱한 다음에, 그들은 자색 옷을 벗기고, 그의 옷을 도로 입혔다.
그런 다음에, 그들은 예수를 십자가에 못 박으려고 끌고 나갔다.

예수님은 비아돌로로사의 수난의 길을 친히 가신다. 모든 것을 친히 담당하신다. 누구에게도 대신하지 않게 하신다. 누구와도 함께 하지 않게 하신다. 수난과 고통도 친히 감당하신다. 죄인들의 비난과 조롱과 능욕과 수치와 부끄러움도 친히 담당하신다. 벌거벗은 채로 채찍질과 침 뱉음과 고문과 비웃음과 손가락질과 욕설과 저주를 온몸으로 당하신다. 가시 면류관과 못 박힘과 창에 찔림과 피와 물이 다 쏟아지는 고통을 친히 온몸으로 담당하신다. 예수님은 자기부인의 삶과 자기 십자가 지는 것에도 본을 보이신다. 예수님은 비아돌로로사의 수난을 친히 담당하신다.

예수님은 사랑이기 때문이다.

> 참사람 52

예수님은 하늘로 올라가신 그대로 다시 오신다 약속하신다
Jesus promises to come back as he has risen to heaven

이르되, "갈릴리 사람들아, 어찌하여 서서 하늘을 쳐다보느냐?
너희 가운데서 하늘로 올려지신 이 예수는 하늘로 가심을 본 그대로 오시리라."
하였느니라

예수님은 언약의 성취로 이 땅에 오신다. 예수님은 제자들과 수많은 사람이 보는 앞에서 하늘로 올라가신다. 그리고 하늘로 가심 그대로 다시 오시겠다고 약속하신다. 개신교는 예수님의 다시 오심을 기다리는 재림의 종교이다. 성경은 예수님의 재림에 대해 1,518회 약속하고 있다. 이는 너무나도 분명하고 확실한 사실이고 진리라는 뜻이다. 우리 가운데 다시 오실 분은 오직 나사렛 예수 그리스도 한 분뿐이다. 예수님은 우리가 재림의 소망을 잊지 않고 살기를 원하신다. 예수님은 하늘로 올라가신 그대로 다시 오신다 약속하신다.

예수님은 사랑이기 때문이다.

참사람 53

예수님은 일하신다

Jesus works

내 아버지께서 이제까지 일하시니, 나도 일한다.

예수님은 일하신다. 예수님은 평생 죽는 날까지 죽도록 고생하고 일하신다. 예수님은 먹고 살기 위해 얼굴에 땀을 흘려 노동하신다. 예수님은 30년 동안 먹고 살기 위해 목수로 사람의 일을 하신다. 예수님은 3년 동안 가난한 자들을 부요하게 하시며, 갇힌 자들을 자유롭게 하시며, 마음이 상한 자들을 치유하시며, 병든 자들과 귀신 들린 자들을 고치시며, 죽은 자들을 살리시며 보혜사의 일을 하신다. 예수님은 제자의 배신으로 잡히시며, 모함과 조롱으로 밤새 고문당하시며, 거짓과 선동으로 십자가를 지고 고난의 길을 오르시며, 온 인류의 죄를 위해 십자가에서 죽으시며, 영생을 위해 부활의 첫 열매가 되어 3일 만에 다시 살아나시며 구원자의 일을 하신다. 예수님은 사람의 일이 아니라 하나님의 일을 하신다. 일하시는 예수님을 믿는 것이 하나님의 일이다. 예수님은 아버지께서 일하시니 평생 자신도 일하신다.

예수님은 사랑이기 때문이다.

에필로그
EPILOGUE

왜 그리스도인이 되려고 하는가

　사람다운 사람이 되려고 그리스도인이 되는 것이다. 사람답게 살아가려고 그리스도인이 되려는 것이다. 참사람이 되려고 그리스도인 되려는 것이다. 예수님은 참사람이다. 예수님은 사람다운 사람 참사람이다. 우리는 그리스도인이 되어 참사람 예수 그리스도를 닮아가야 한다.

　신앙은 참사람 예수 그리스도를 믿고 사람다운 사람으로 사람답게 살아가는 믿음의 여정이다. 신앙은 믿는 방식이 아니라 살아가는 방식이다. 신앙은 종교의 형식이 아니라 사람답게 살아가는 방식이다. 신앙은 하나님을 대하는 수준이다. 신앙은 하나님을 대하는 수준으로 곧 사람을 대하는 것이다. 사람을 대하는 수준이 곧 하나님을 대하는 수준이다.

하나님의 자기 비하

하나님은 누구신가. 하나님은 어떤 분이신가. 하나님의 자기 비하를 아는가. 하나님의 자기 축소를 아는가. 하나님의 변덕을 아는가. 하나님께서는 사람을 창조할 하등에 이유가 없었다. 하나님께서는 사람으로 오실 이유가 전혀 없었다. 그럼에도 하나님께서는 사람을 창조하신다. 그럼에도 하나님께서는 인간으로 오신다. 창조는 하나님 자신을 인간으로 격하한 것이다. 인간으로 오신 성육신은 하나님 자신을 축소한 것이다. 불변하신 하나님이 그 자리에서 내려오시면서 하나님은 변하지 않을 수 없었다.

하나님께서 변덕을 감수하면서까지 자기를 비하하고 축소하신 이유가 무엇일까. 사랑 때문이다. 사랑하기 때문이다. 사람 때문이다. 사람을 사랑하기 때문이다. 사랑 때문에, 사람 때문에 우실 수 없는 하나님께서 울고 계신다. 고통받지 않아도 될 하나님께서 고통하고 계신다. 아파하지 않아도 될 하나님께서 아파하고 계신다. 질투하지 않아도 될 하나님께서 질투하고 계신다. 기다리지 않아도 될 하나님께서 기다리고 계신다. 참지 않아도 될 하나님께서 참고 있으시다. 친구가 되지 않아도 될 하나님께서 친구가 되어 주신다.

평범한 그리스도인들의 저항Protest과 교회의 개혁Reformation

　이런 하나님을 알고 있는가. 이런 하나님을 만났는가. 이런 하나님과 동행하고 있는가. 이런 하나님을 알고 이런 하나님을 만나고 이런 하나님과 동행할 수 있어야 저항할 수 있고 개혁할 수 있다. 하나님께로 돌아가기 위해 저항하는 것이고, 하나님께로 돌아가기 위해 개혁하는 것이다. 이런 하나님과 아름다운 동행을 하며 사람답게 살아가기 위해 예수 그리스도를 믿는 신앙의 삶을 올바르게 사는 것이다. 이런 하나님으로 인해 우리는 각자 양심에 따라 용기를 내어 저항과 개혁을 외쳐야 한다. 교회의 "ROSC"

　신앙은 사람을 대하는 태도가 달라지는 것이고, 세상을 대하는 태도가 달라지는 것이다. 저항과 개혁의 이유는 하나님께서 사람을 대하는 태도로 사람을 대하고, 세상을 대하는 태도로 세상을 대하기 위해서이다. 저항과 개혁의 이유는 예수님의 눈으로 사람을 보고, 예수님의 마음으로 사람을 대하기 위해서이다. 우리는 하나님을 올바르게 알고, 하나님을 인격적으로 만나고, 하나님과 늘 동행하기 위해 날마다 스스로, 적극적으로, 능동적으로 저항과 개혁을 해 나가야 한다. 이는 우리가 사람답게 살아가는 이유이기도 하기 때문이다.

선지자의 성토

"우리가 스스로 우리의 행위들을 조사하고 여호와께로 돌아가자. 오라. 우리가 여호와께로 돌아가자. 여호와께서 우리를 찢으셨으나 도로 낫게 하실 것이요, 우리를 치셨으나 싸매어 주실 것임이라."

선한 양심과 위엄을 가진 평범한 그리스도인들이여!
저항하라! 외치라!
"ROSC" "ROSC" "ROSC"

바른 상식과 이성을 가진 주님의 교회들이여!
개혁하라! 외치라!
"ROSC" "ROSC" "ROSC"